Vertrauensschutz in der Europäischen Union

Tagungsband der 9. Jahrestagung des Europäischen Forums für Außenwirtschaft, Verbrauchsteuern und Zoll e. V. (EFA) am 19. und 20. Juni 1997 in Nürnberg

Zusammengestellt von
Prof. Dr. Reginhard Henke, Münster

Bundesanzeiger
Verlag

Die Deutsche Bibliothek – CIP-Einheitsaufnahme

Europäisches Forum für Aussenwirtschaft, Verbrauchsteuern und Zoll:
Tagungsband der . . . Jahrestagung des EFA . . . / Europäisches Forum für
Aussenwirtschaft, Verbrauchsteuern und Zoll (EFA). – Köln : Bundesanzeiger.

Vertrauensschutz in der Europäischen Union : am 19. und 20. Juni 1997 in
Nürnberg / Hrsg.: Europäisches Forum für Außenwirtschaft, Verbrauchsteuern und
Zoll e. V. (EFA). – Köln : Bundesanzeiger, 1997
   Tagungsband der . . . Jahrestagung des EFA . . . ; 9)
  (AW-Prax)
  ISBN 3-88784-799-7

Satz: Lichtsatz Groß, Euskirchen-Wüschheim
Druck und buchbinderische Verarbeitung: Bundesdruckerei GmbH, Bonn
Printed in Germany
ISBN 3-88784-799-7

Inhaltsübersicht

Geleitwort

Prof. Dr. Peter Witte,
Vorsitzender des Europäischen Forums für
Außenwirtschaft, Verbrauchsteuern und Zoll e. V.

Vertrauensschutz

In Zeiten, in denen es mit dem Vertrauen in vielen Lebensbereichen zu Ende zu gehen scheint, werden verstärkt vertrauensbildende Maßnahmen ergriffen. Dazu gehören bekannte Werbeaussagen wie: „Wir haben verstanden!" und „Vertrauen ist aller Anfang". Die Wirtschaft weiß, wie wichtig das gute Klima ist.

Doch nicht nur im Verhältnis der Unternehmen zu ihren Kunden, sondern auch in der Beziehung zum Staat wird die Diskussion um Vertrauen intensiver. Allen ist klar, daß es grundsätzlich der Rechtssicherheit und eines Vertrauensschutzes bedarf. Doch was heißt das konkret? Wo fangen diese an bzw. wo hören sie auf? Muß beispielsweise der Wirtschaftsbeteiligte klüger sein als die Zollstelle und deren Fehler erkennen? Darf man sich auf Informationen und Entscheidungen der Verwaltung verlassen oder muß man sich selber schlau machen?

Wie es konkret um den Vertrauensschutz in der Europäischen Gemeinschaft aussieht, war Gegenstand der 9. Jahrestagung des Europäischen Forums für Außenwirtschaft, Verbrauchsteuern und Zoll am 19. und 20. Juni 1997 in Nürnberg. Neuere Entscheidungen des Europäischen Gerichtshofs und des Bundesverfassungsgerichts sorgten für besondere Aktualität.

Die Franken waren gute Gastgeber. Allen voran sind die Industrie- und Handelskammer Nürnberg für Mittelfranken, die DATEV, die Oberfinanzdirektion Nürnberg und die Stadt Nürnberg zu nennen. Es gab viel Raum und Gelegenheit für vielfältige Begegnungen. Nicht zuletzt der Empfang im Historischen Rathaussaal durch den Oberbürgermeister und die DATEV bot den etwa 180 Teilnehmern Gelegenheit zu ausgiebigen Gesprächen. Gemäß der Zielsetzung des EFA kamen wieder einmal Menschen zusammen, die als Berater, Richter, Hochschullehrer, Verwaltungsangehörige oder Wirtschaftsbeteiligte im Alltag häufig nur übereinander reden.

Selten war der Referentenkreis so hochkarätig. Die Teilnahme des Bundesministers der Justiz Prof. Dr. Edzard Schmidt-Jortzig, des Richters des Bundesverfassungsgerichts Prof. Dr. Udo Steiner und von Prof. Dr. Carl Otto Lenz, Generalanwalt am Gerichtshof der Europäischen Gemeinschaften, erfüllt uns mit besonderem Stolz. Der hier vorliegende Tagungsband soll die Referate und Diskussionen mit ihren vielfältigen Gedanken und Anregungen dokumentieren und zur Fortsetzung der Überlegungen anregen.

Mit Herausgabe der AW-Prax, der Zeitschrift für Außenwirtschaft in Recht und Praxis, durch das EFA entstand die Idee eines regelmäßigen, umfangreichen Dokumentierens der Vorträge und Diskussionen der jeweiligen Zollrechtstage. Mit der 8. Jahrestagung in Wien 1996 zum Thema „Hemmnisse und Sanktionen in der EU" ist der Anfang gemacht worden. Wiederum gilt besonderer Dank dem Bundesanzeiger Verlag. Zu danken habe ich aber auch den Referenten und Diskussionsleitern für die zügige Bearbeitung und meinem Kollegen, Herrn Professor Dr. Reginhard Henke, für die erneute Koordinierung der Arbeiten.

Auf Wiedersehen in Bremen beim 10. Europäischen Zollrechtstag am 18./19. Juni 1998.

Zur Geschichte des Europäischen Forums für Außenwirtschaft, Verbrauchsteuern und Zoll e. V.

Alles begann am 5. Januar 1988. Nach sorgfältiger Vorbereitung wurde die Deutsche Zolljuristische Vereinigung e. V. – DZV – gegründet. Ziel war und ist über die in der Praxis vor allem zwischen Wirtschaft und Verwaltung häufig anzutreffende Frontenbildung hinweg ein Forum für den wissenschaftlichen Gedanken- und praktischen Erfahrungsaustausch zu schaffen. Von Beginn an strebt die Vereinigung das Gespräch an zwischen allen an Fragen des grenzüberschreitenden Warenverkehrs Interessierten. Die Satzung erwähnt namentlich die Berufsgruppen der in der Gesetzgebung, der Verwaltung, der Gerichtsbarkeit, den freien Berufen und der Forschung und Lehre tätigen Personen.

Entsprechend vielfältig sind die Themen, denen man sich in den letzten fast zehn Jahren zugewandt hat. Dabei hat immer wieder die aktuelle Entwicklung des europäischen Zollrechts auf dem Weg zum Zollkodex und seine Anwendung, die Harmonisierung des Verbrauchsteuerrechts, das Bemühen der Europäischen Union um die Angleichung der Exportkontrollen und der Europäische Binnenmarkt im Mittelpunkt der unterschiedlichen Projekte gestanden.

Die Hinwendung zu Europa und die Erkenntnis, daß mit dem Begriff Zollrecht die Vielfalt der angesprochenen Rechtsgebiete nur unzureichend wiedergegeben wird, hat dazu geführt, daß am 21. Juni 1995 anläßlich des 7. Deutschen Zollrechtstages in Dresden eine Namensänderung erfolgte. Die DZV nannte sich um in „Europäisches Forum für Außenwirtschaft, Verbrauchsteuern und Zoll e. V.", European Forum for External Trade, Excise and Customs. Momentan gehören über 200 Mitglieder dem EFA an.

Zollrechtstage

Ein Hauptanliegen des Forums ist, mindestens einmal jährlich einen besonderen Diskussionsrahmen zu bieten, um die beschriebenen Ziele zu fördern und die Rechtsentwicklung zeitnah, praxisorientiert und kritisch zu begleiten. Herzstück dieser Aktivitäten ist der „Deutsche bzw. Europäische Zollrechtstag", der zuletzt von über 180 Teilnehmern besucht wurde. Seit 1989 haben neun Zollrechtstage stattgefunden. Die dabei gehaltenen Vorträge und die entsprechenden Diskussionsberichte wurden überwiegend in der Zeitschrift für Zölle und Verbrauchsteuern – ZfZ – und der AW-Prax dokumentiert. Nach 1994 erscheint seit 1996 neben den Tagungsberichten in verschiedenen Zeitschriften ein besonderer Tagungsband. Im einzelnen fanden bislang folgende Zollrechtstage statt:

- Münster 1989 „Zoll- und Verbrauchsteuerrecht auf dem Weg zum Binnenmarkt 1992", ZfZ-Sonderheft 1989
- Gelsenkirchen 1990 „Außenwirtschaftsrecht und Probleme des innerdeutschen Handels", ZfZ 1990, S. 194 ff.
- Hamburg 1991 „Europäisches Zollrecht im Wandel", ZfZ 1991, S. 194 ff.
- Berlin 1992 „Verbote und Beschränkungen im innergemeinschaftlichen Warenverkehr, Harmonisierung der Verbrauchsteuern", ZfZ 1992, S. 194 ff.
- München 1993 „Europäischer Wirtschaftsraum und Binnenmarkt", ZfZ 1993, S. 290 ff.
- Münster 1994 „Steuern und Wirtschaft in Europa", gemeinsame Veranstaltung mit der Universität Münster anläßlich des 60jährigen Bestehens des Instituts für Steuerrecht, *Birk/Ehlers,* Rechtsfragen des europäischen Steuer-, Außenwirtschafts- und Zollrechts, Köln 1995 und ZfZ 1994, S. 258 ff.

- Dresden 1995 „Zoll auf dem Weg ins Jahr 2000", ZfZ 1995, S. 259 ff, AW-Prax 1995, S. 278 ff.
- Wien 1996 „Hemmnisse und Sanktionen in der EU", Tagungsband zusammengestellt von *Henke,* Köln 1996; AW-Prax 1996, S. 317, ZfZ 1996, S. 369 ff.
- Nürnberg 1997 „Vertrauensschutz in der Europäischen Union", AW-Prax 1997, Heft 11, ZfZ 1997, Heft 11

Vortragsveranstaltungen und Außenwirtschaftsrechtstage

Zwischen den Zollrechtstagen finden regelmäßig Vortragsveranstaltungen in Münster statt, zumeist in Zusammenarbeit mit dem Institut für Steuerrecht der Universität Münster. Dabei hat sich die gute Zusammenarbeit mit dem früheren Vorsitzenden des wissenschaftlichen Beirates, Herrn Prof. Dr. Dieter Birk, bestens bewährt. Seit 1996 findet darüber hinaus jährlich ein Außenwirtschaftrechtstag in Münster statt. Er wird veranstaltet im Zusammenarbeit mit dem Institut für Wirtschaftsverwaltungsrecht der Universität Münster und seinem Direktor, unserem Beiratsvorsitzenden, Herrn Prof. Dr. Dirk Ehlers.

- *Dewitz,* Klaus, Richter am FG, Münster „Geschäftsführerhaftung im Mineralölsteuerrecht", ZfZ 1988, S. 360 ff.
- *Friedrich,* Dr. Klaus, Rechtsanwalt, Frankfurt „Rechtsprobleme der Erdgassteuer", ZfZ 1990, S. 9 ff.
- *Beermann,* Dr. Albert, Vizepräsident des BFH, München „Rechtsschutz durch den EuGH"
- *Sievert,* Dr. Monika, Finanzpräsidentin, Münster „Harmonisierung der Verbrauchsteuern", ZfZ 1991, S. 162 ff.
- *Steiner,* Dr. Norbert, BASF AG, Ludwigshafen, „Umweltabgaben und Ökosteuern", Steuerrechtliche Vierteljahresschrift 1992, S. 205 ff.
- *Wamers,* Paul, Vizepräsident des ZKA, Köln „Zollfahndung – Strukturen und Aufgaben", ZfZ 1993, S. 70 ff., 101 ff.
- *Wiedow,* Alexander, EG-Kommission, Brüssel „Steuerharmonisierung in der EG"
- *Prieß,* Dr. Hans-Joachim, LL.M., Rechtsanwalt, Brüssel „Aktuelle Rechtsfragen des Ausfuhrerstattungsrechts", ZfZ 1996, 258

Außenwirtschaftsrechtstage

- 1996 „Rechtsfragen der Ausfuhrkontrolle und Ausfuhrförderung", Tagungsband herausgegeben von *Ehlers/Wolffgang* in der Schriftenreihe zum Außenwirtschaftsrechtstag, Münster, LIT 1997
- 1997 „Rechtsfragen der Europäischen Marktordnungen", Tagungsband herausgegeben von *Ehlers/Wolffgang* in der Schriftenreihe zum Außenwirtschaftsrechtstag, Münster, LIT in Vorbereitung

Wissenschaftlicher Beirat und Vorstand

Kennzeichnend für die Vereinigung ist die von Anfang an gute Zusammenarbeit zwischen Vorstand und Beirat. Während ersterer auch aus arbeitstechnischen Gründen einen Schwerpunkt in Münster hat, spiegelt sich im Beirat die Vielfalt der angesprochenen Berufsgruppen wider.

Wissenschaftlicher Beirat

- Prof. Dr. Dirk *Ehlers* (Vorsitzender), Direktor des Instituts für Wirtschaftsverwaltungsrecht der Universität Münster
- Dr. Albert *Beermann*, Vizepräsident des Bundesfinanzhofs, München
- Prof. Dr. Dieter *Birk*, Direktor des Instituts für Steuerrecht der Universität Münster
- Hinrich *Glashoff*, Steuerberater, Frankfurt
- Jürgen *Himstedt*, Oberfinanzpräsident, Münster
- Siegmar *Kunas*, Ministerialdirektor, Leiter der Abteilung Zölle und Verbrauchsteuern im Bundesministerium der Finanzen, Bonn
- Dr. Hans-Joachim *Prieß*, Rechtsanwalt, Brüssel
- Christoph B. *Wolf*, Rechtsanwalt, Leiter des Referats Zoll- und Außenwirtschaftsrecht des DIHT, Bonn

Vorstand

- Prof. Dr. Peter *Witte* (Vorsitzender), Münster
- Prof. Dr. Hans-Michael *Wolffgang* (Geschäftsführer), Münster
- Isabell *Halla-Heißen* (stellv. Vorsitzende), Münster
- Dr. Klaus *Friedrich*, Rechtsanwalt, Frankfurt
- Prof. Dr. Reginhard *Henke*, Münster
- Friedrich *Lichtenberg*, Ministerialrat, Bonn

Informationen

Eine Kontaktaufnahme zum EFA kann über die Geschäftsstelle erfolgen. Sie liefert Informationen, Satzung, Mitgliederverzeichnis und Sonstiges. Die Forumsmitglieder werden durch regelmäßige Rundbriefe über die aktuellen Aktivitäten auf dem Laufenden gehalten. Sie erhalten den Tagungsband und als Leser der AW-Prax monatlich Nachrichten, Meinungen, Aktuelles.

Geschäftsstelle

Europäisches Forum für Außenwirtschaft, Verbrauchsteuern und Zoll e. V.
Herrn Prof. Dr. H.-M. Wolffgang
Institut für Steuerrecht
Universitätsstr. 14–16 – D-48143 Münster
Telefon/Telefax (02 51) 79 30 65; e-Mail: efa @ uni-muenster.de.

Eröffnung

Dr. Dieter Riesterer,
Hauptgeschäftsführer der IHK Nürnberg für Mittelfranken

Meine sehr geehrten Damen und Herren,

die 9. Jahrestagung des Europäischen Forums für Außenwirtschaft, Verbrauchsteuern und Zoll (EFA) stellt für unsere Stadt und für unsere Kammer einen Höhepunkt im diesjährigen Veranstaltungskalender dar.

Zahlreiche kompetente Gäste aus ganz Europa sind gekommen. Ranghohe Repräsentanten aus Politik, Justiz, Verwaltung und Wirtschaft stehen an der Spitze und verleihen dieser Tagung zusätzliche Bedeutung.

Im Namen unseres Kammerpräsidenten, Professor Weiler, begrüße ich Sie alle sehr herzlich! Bitte erlauben Sie, daß ich namentlich willkommen heiße:

- Herrn Bundesminister Prof. *Schmidt-Jortzig*
- Herrn Generalanwalt Prof. *Lenz* vom Gerichtshof der Europäischen Gemeinschaften in Luxemburg
- Herrn Prof. *Steiner,* Richter des Bundesverfassungsgerichts in Karlsruhe
- Herrn Dr. *Müller-Eiselt,* Richter am Bundesfinanzhof in München sowie
- Herrn Oberfinanzpräsident Dr. *Seelig*
- Herrn Prof. *Witte* als den Vorsitzenden des Europäischen Forums.

Ihnen, Herr Professor Witte, sowie allen Ihren Mitarbeitern danke ich recht herzlich, daß Sie Nürnberg zum Austragungsort für Ihre 9. Jahrestagung gewählt haben. Wir empfinden dies als eine Auszeichnung.

Worte der Anerkennung verdient auch das Haus DATEV, das gestern die Mitgliederversammlung des Europäischen Forums aufgenommen und somit zum Gelingen dieses Jahrestreffens in besonderer Weise beigetragen hat.

Nürnberg als Tagungsort ist – so meine ich – keine schlechte Entscheidung. Zwar haben wir keine Hauptstadtfunktion wie Wien, wo Sie im letzten Jahr zusammengekommen sind, aber auch Nürnberg kann auf eine reiche Geschichte stolz sein, und mit Wien verbindet uns zusätzlich eine Kaiserkrone, die wir (offen gestanden) ganz gerne wieder in unserer Stadt beherbergen würden!

In einer fast 1000jährigen Geschichte hat es Nürnberg zur Freien Reichsstadt gebracht. Sie ist zum „Schatzkästlein des Deutschen Reiches" ernannt worden, und sie ist im Mittelalter zu einer Handels- und Kulturstadt von europäischem Rang aufgestiegen.

Die Industrie- und Handelskammer, 1560 gegründet, gehört zu den ältesten in Deutschland überhaupt.

Weit früher als andernorts machte sich Nürnberg die Vorteile der industriellen Revolution zu eigen, was dann zur ersten Eisenbahn in Deutschland ebenso geführt hat wie zu einer Industrialisierung, die Nürnberg bis heute einen Platz unter den zehn größten Verdichtungsräumen in Deutschland sichert.

Interessant ist auch die Tatsache, daß die Idee eines deutschen Zollvereins in Nürnberg geboren wurde. Schon 1819 gründete der Nürnberger Kaufmann Bauerreiß den „Deutschen Handelsverein", der durch Friedrich List das Projekt eines „deutschen Zollvereins" ausarbeiten ließ und den bayerischen König Ludwig I. dazu bewegen konnte, schon 1828 einen Zollverein zwischen Bayern und Württemberg zu schließen. Aus ihm wurde bald der „Mitteldeutsche" und dann der „Deutsche Zollverein", der bekanntlich dazu beigetragen hat, daß aus der „industriellen Revolution" eine einzigartige Gründer- und Blütezeit in ganz Deutschland werden konnte.

Wie schon vor 100 Jahren geht es auch heute um Integration, um Deregulierung und damit um Belebung des internationalen Wirtschaftsverkehrs.

Wir alle begrüßen die rasche und weitgehende europäische Integration. Wir alle sehen aber auch die Probleme, die sich daraus ergeben und die gerade die Wirtschaft belasten.

Rund 200 Mrd. ECU pro Jahr müssen die Unternehmen in der Europäischen Union für den Verwaltungsaufwand aufbringen, den die einzelnen Mitgliedstaaten verlangen (Quelle: KMU-Beobachtungsstelle der Europäischen Union). Besonders betroffen ist, wie so häufig, der Mittelstand!

Das Übel wird noch verstärkt durch zusätzlich verordnete Qualitätsansprüche der Verwaltung an die Wirtschaft, durch Überwälzung bisheriger Aufgaben und Verantwortlichkeiten auf die betriebliche Ebene und durch die wachsende Unsicherheit in den Firmen, die sich aus diesen Entwicklungen zwangsläufig ergeben.

Vor diesem Hintergrund ist es richtig und notwendig, der Wirtschaft wieder mehr Halt zu geben, die Grundlage für festes Vertrauen zu schaffen und vorhandenes Vertrauenskapital besser zu schützen.

„Vertrauensschutz in der Europäischen Union" – dies ist also ein Leitthema, das so recht in unsere heutige Zeit paßt und das sich in würdiger Weise einreiht in den Themenkatalog, dem sich das Europäische Forum für Außenwirtschaft, Verbrauchsteuern und Zoll Jahr für Jahr zuwendet.

Grußwort

Dr. Horst Seelig,
Oberfinanzpräsident der OFD Nürnberg

Sehr geehrter Herr Vorsitzender,

sehr geehrter Herr Minister, Herr Riesterer,

liebe Kolleginnen und Kollegen,

meine Damen und Herren,

auch ich darf Sie zu der diesjährigen Tagung hier in Nürnberg ganz herzlich begrüßen und wünsche Ihnen in dieser schönen Stadt einige interessante Stunden. Herr Prof. Witte, zunächst darf ich Sie auch beglückwünschen zu Ihrer Entscheidung. Sie haben mit Nürnberg als Tagungsort – und Herr Riesterer hat schon darauf hingewiesen – eine ausgezeichnete Entscheidung getroffen, ist diese liebenswürdige Großstadt doch Sitz einer großen Oberfinanzdirektion, der nordbayrischen Oberfinanzdirektion mit einer großen Zoll- und Verbrauchsteuerabteilung, und ich sage auch noch mit einer wachsenden Zoll- und Verbrauchsteuerabteilung, zumindest was die Aufgaben aber auch das Personal angeht, und das ist ja in unserer heutigen Zeit, wenn wir das gesamte Bundesgebiet sehen, etwas Außergewöhnliches.

Der Zuständigkeitsbereich der Oberfinanzdirektion und damit auch der Zollabteilung umfaßt die drei fränkischen Regierungsbezirke, Unterfranken, Mittelfranken, Oberfranken und die Oberpfalz mit insgesamt rund 5 Millionen Einwohnern. Die wirtschaftlichen Schwerpunkte liegen in Unterfranken in Aschaffenburg, dann Schweinfurt, Würzburg; dann haben wir in Mittelfranken natürlich den Raum hier im Groß- und Ballungsraum Nürnberg, Fürth, Erlangen; in Oberfranken haben wir Bamberg, Bayreuth; und die Oberpfalz, die sehr viele Kleinbetriebe aufweist, und natürlich dort haben wir eine internationale Grenze, die für die Zollverwaltung derzeit bei uns mit sehr vielen Problemen behaftet ist.

Die Umbenennung der vormals Zolljuristischen Vereinigung bedeutet ja zugleich auch eine Neuorientierung hin zu einem europäischen Forum für die Wirtschaft, für die Wissenschaft, für die Verwaltung und die Justiz. Die Wahl des letztjährigen Tagungsortes – Wien – unterstrich deutlich die neue grenzüberschreitende Ausrichtung des Forums. Diesem Anspruch wird Nürnberg ebenfalls gerecht, wenn wir die wirtschaftliche und politische Verknüpfung Nordbayerns mit den osteuropäischen Staaten bedenken.

Sehr geehrter Herr Vorsitzender, Sie haben aber nicht nur mit dem Tagungsort, sondern auch mit dem praxisnahen Thema Ihrer Veranstaltung eine gute Wahl getroffen. Vertrauensschutz in der europäischen Union ist gerade für die Zusammenarbeit der Wirtschaft mit den Zollbehörden von großer Bedeutung. Denn der Schutz des Vertrauens erstreckt sich ja nicht nur auf die Gesetzgebung oder auf die Rechtsprechung, sondern vor allem auch auf den Gesetzesvollzug und der ist von uns zu verantworten.

Ich kann aus der Verwaltungspraxis meiner Zollabteilung auf einen vor kurzem in 2. Instanz entschiedenen Rechtsstreit aus dem Marktordnungsbereich verweisen, in dem wir gerade versuchen, über die Revision beim BGH ein für uns günstigeres Urteil zu erreichen. Immerhin geht es um 2 Millionen DM. Es geht um einen Amtshaftungsanspruch wegen falscher Auskünfte eines Zollbeamten über den Ablauf von nicht ganz einfach zu berechnenden Fristen. Dabei hätte dieser Streit vermieden werden können, wenn nur auf beiden Seiten ausreichender Sachverstand vorhanden gewesen wäre. Wir als Verwaltung müssen zugeben, daß die Auskunft des Beamten nicht korrekt war. Insbesondere mündliche Auskünfte erfordern auf seiten der Verwaltung ein hohes Maß an Sachkenntnis gepaart mit Flexibilität. Wir werden also bei uns der Aus- und Fortbildung in der Mittelinstanz ein großes Augenmerk schenken müssen, und wir werden diesen Bereich seitens der Oberfinanzdirektion sehr stark vertiefen müssen. Bei der dem Fall zugrunde liegenden äußerst komplizierten Materie ist auf der anderen Seite jedoch sehr bedenklich, daß alle mit der Sache befaßten Firmenmitarbeiter offensichtlich unzureichend ausgebildet waren. Im Bereich der Besitz- und Verkehrsteuern, für die ich ja auch zuständig bin, würde kaum jemand Probleme einer Steuererstattung etwa in der Größenordnung von 2 Millionen DM von angelernten Mitarbeitern ohne Inanspruchnahme eines Steuerberaters klären lassen. Im Zollbereich ist dies leider tägliche Praxis. Allein bei Großfirmen ist in der Regel ausgebildetes Personal anzutreffen. Die Zollverwaltung – und ich spreche da nicht nur für meine Abteilung – bemüht sich seit Jahren durch Vorträge und Seminare insbesondere in Zusammenarbeit mit der Industrie- und Handelskammer gegenzusteuern. Ich glaube, wir sind da auf dem richtigen Weg, und wir werden auf diesem Felde weiterarbeiten. Vielleicht wäre dies aber auch mal ein Thema für Ihre Vereinigung. Ich wünsche Ihrer Tagung einen angenehmen, interessanten und erfolgreichen Verlauf und Ihnen allen Glückauf.

Vertrauensschutz und Rechtspolitik

Prof. Dr. Edzard Schmidt-Jortzig, MdB,
Bundesminister der Justiz, Bonn

„Vertrauen ist der Anfang von allem" – treffender als diese Werbung einer großen deutschen Bank hatte es selbst Goethe nicht auf den Punkt gebracht.

I.

Ohne ein festes Maß an Vertrauen kann keine Familie, keine Wirtschaft und kein Staat funktionieren. Vertrauensschutz ist deshalb ein Kernelement jeder Rechtsordnung, jeder Ordnung eines Zusammenlebens überhaupt. Staatliches Handeln soll für den Einzelnen voraussehbar und kalkulierbar sein, damit er hierauf aufbauend seine Dispositionen für die Zukunft treffen kann. Otto Bachof hat es auf der Staatsrechtslehrertagung 1973 wie folgt formuliert: „Je stärker der von der öffentlichen Gewalt ausgehende Zwang ist, je mehr sie deshalb das Verhalten des Einzelnen bindet, je abhängiger der Einzelne in seinen Dispositionen und Entscheidungen von einer Entscheidung der öffentlichen Hand ist, um so stärker ist er darauf angewiesen, auf die Zuverlässigkeit dieser Entscheidung vertrauen zu dürfen."

1. Aus diesem Grund genießt der Vertrauensschutz im Grundgesetz Verfassungsrang. Das Bundesverfassungsgericht leitet ihn aus dem Rechtsstaatsprinzip ab und hat im 13. Entscheidungsband wie folgt formuliert: „Für den Bürger bedeutet Rechtssicherheit in erster Linie Vertrauensschutz."

2. Auch auf europäischer Rechtsordnungsebene spielt Vertrauensschutz in fast allen Politikbereichen eine Rolle. Dies impliziert, daß jeweils ganz unterschiedliche sachliche Gesichtspunkte einfließen. Und es kommt hinzu, daß die Rechtstraditionen von 15 Mitgliedstaaten zu berücksichtigen sind. Dennoch hat der Europäische Gerichtshof den Grundsatz des Vertrauensschutzes früh als Allgemeinen Rechtsgrundsatz des Gemeinschaftsrechts anerkannt und ihn im Laufe der Zeit immer weiter ausdifferenziert.

II.

Eine uneingeschränkte Gewährleistung des Prinzips des Vertrauensschutzes ist indessen weder auf nationaler noch auf europäischer Ebene möglich. Die Wahrung anderer, dritter Belange erfordert einen proportionalen Ausgleich, der jedem Schutzgut die ihm zukommende Bedeutung sichert. Vertrauensschutz kann also nur auf der Grundlage eines Abwägungsprozesses gewährt werden.

1. In dem Moment, in dem der Staat sich nicht mehr allein darauf beschränkt, seinen Bürgern Freiheiten zu gewähren, sondern auch soziale Aktivitäten entfaltet, wächst die Notwendigkeit, sich flexibel den sich wandelnden Umständen anpassen zu können.

a) Die Verfügbarkeit von Ressourcen stellt keine Konstante dar, so daß der Bürger, der von Gewährleistungen des Staates profitiert, im Gegenzug eine mögliche Einschränkung seines rechtlichen Status quo in Kauf nehmen muß. Unter dem Etikett des Vertrauensschutzes darf daher keine schlichte Besitzstandswahrung betrieben werden. Dies entspräche weder dem Zweck staatlicher Leistungen noch der Dynamik einer modernen Gesellschaft. Wer die Vorteile staatlich regulierter Märkte und von staatlichen Subventionierungen nutzen will, muß sich auf Veränderungen der betreffenden Konditionen einstellen. Die den Wirtschaftsteilnehmern staatlich eingeräumte Förderung ihrer Gewinnerzielung schließt eine Berufung auf Vertrauensschutz gegenüber dem Staat aus, wenn sich die Gewinnerwartungen für die Zukunft ändern.

b) Im Nationalen Recht hat das Bundesverfassungsgericht darin mit seiner Rechtsprechung zur unechten Rückwirkung von Gesetzen Maßstäbe gesetzt. Nur wenn in noch nicht abgewickelte Tatbestände eingegriffen wird (bei abgeschlossenen Vorgängen jeweils erst recht), genießen die unter der alten Rechtslage getroffenen Dispositionen Vertrauensschutz. Ansonsten ist der Gesetzgeber frei, einmal gewährte Vergünstigungen für die Zukunft wieder zu entziehen. Wäre es nicht so, würde der Staat die Gestaltungsfähigkeit verlieren.

2. Auch auf europäischer Ebene wird die Frage des Vertrauensschutzes häufig in Bereichen aufgeworfen, die ein hohes Regulierungs- und oft auch Subventionsniveau aufweisen. Ein besonders anschauliches Beispiel sind die Agrarmärkte. Die zahlreichen Maßnahmen und Anreize, die hier zur Wirtschaftsförderung und -steuerung ergriffen werden, erfordern ein hohes Maß an Flexibilität in der Feinsteuerung.

Der Europäische Gerichtshof hat deshalb zwar etwa die grundsätzliche Geltung des Rückwirkungsverbotes anerkannt. Ausnahmen läßt er jedoch in Anwendung des Verhältnismäßigkeitsgrundsatzes zu, wenn die Rückwirkung zur Wahrung wichtiger Ziele der Gemeinschaft erforderlich und der Schutz eines berechtigten Vertrauens der Betroffenen gewährleistet ist. Dabei geht das Gericht davon aus, daß die Wirtschaftsteilnehmer umso weniger auf die Beibehaltung einer bestimmten Situation vertrauen dürfen, je weiter das den Gemeinschaftsorganen eingeräumte Ermessen für deren Änderung ist. Dies trifft gerade etwa auf die Agrarpolitik zu.

a) Der Gerichtshof stellt also durchaus spezifische Anforderungen an die Schutzwürdigkeit des Vertrauens eines Marktteilnehmers. Dieser Eindruck bestätigt sich bei der Beantwortung der Frage, zu welchem Zeitpunkt ein an sich schutzwürdiges Vertrauen entfällt. Nach ständiger Rechtsprechung des EuGH ist dies bereits dann der Fall, wenn ein Vorschlag der Kommission für den Rechtsakt in der Fachpresse veröffentlicht worden ist.

b) Es ist das ein Zeitpunkt, den übrigens auch die Bundesregierung für ihren Bereich immer wieder in Anspruch zu nehmen versucht. Demgegenüber entspricht es aber gefestigter Rechtsprechung des Bundesverfassungsgerichts, daß im nationalen Recht von einem vertrauensausschließenden Tatbestand erst mit Verabschiedung des betreffenden Gesetzes durch den Bundestag ausgegangen werden kann.

c) Diese Unterschiede zeigen, daß die europäische Rechtsordnung zwar ebenso wie die deutsche darauf angelegt ist, einen Ausgleich zwischen Vertrauensschutz und Rechtssicherheit einerseits und dem öffentlichen Interesse andererseits herbeizuführen. In Anbetracht der Zielsetzungen auf europäischer Ebene, die den wirtschaftlichen Interessen der Gemeinschaft hohes Gewicht verleihen, unterscheidet sich die Grenzziehung im Ergebnis jedoch in nicht unerheblicher Weise.

3. Besondere Probleme ergeben sich deshalb dort, wo nationales und Gemeinschaftsrecht ineinandergreifen. Dies ist insbesondere der Fall im Zusammenhang mit der Rückgewähr von staatlichen Beihilfen, die unter Verstoß gegen Gemeinschaftsrecht ausgezahlt worden sind. Ausgangspunkt ist dabei, daß das Gemeinschaftsrecht zwar für die Beurteilung der materiellen Rechtmäßigkeit einer Beihilfe maßgeblich ist. Die Rückforderung hat jedoch durch die nationalen Behörden zu erfolgen, die nationales Verfahrensrecht anwenden.

In diesem Zusammenhang ist im Jahr 1983 das Urteil des Europäischen Gerichtshofes in der Rechtssache „Deutsche Milchkontor" ergangen, in dem der Gerichtshof erstmals grundlegende Aussagen zum Vertrauensschutz in der Europäischen Gemeinschaft getroffen hat. So hat er festgestellt, daß das Bestreben, ein Gleichgewicht zwischen den

Prinzipien des Vertrauensschutzes und der Rechtssicherheit einerseits und dem Grundsatz der Gesetzmäßigkeit der Verwaltung andererseits zu schaffen, den Rechtsordnungen aller Mitgliedstaaten gemeinsam ist. Deshalb könne es nicht als Verstoß gegen dieses Rechtsprinzip gelten, wenn nationales Recht bei der Rückforderung solcher Beihilfen berechtigtes Vertrauen und Rechtssicherheit schütze. Voraussetzung ist nach Auffassung des EuGH allerdings, daß die nationale Behörde die Vorschriften ebenso anwendet wie im Falle der Rückforderung rein nationaler Leistungen und daß bei einer Abwägung dem Gemeinschaftsinteresse in vollem Umfang Rechnung getragen wird. Insbesondere darf die Gewährung von Vertrauensschutz nicht die praktische Undurchführbarkeit des Gemeinschaftsrechtes bewirken.

Von dieser Grundsatzentscheidung ausgehend hat der Gerichtshof in zahlreichen Urteilen den Inhalt des gemeinschaftsrechtlichen Vertrauensschutzgrundsatzes konkretisiert und so die Rechtsentwicklung, vorrangig im Sinne einer Rechtsklarstellung vorangetrieben.

III.

Für den europarechtlichen Vertrauensschutz spielen zum zweiten aber auch die Regelungen des Sekundärrechts eine wichtige Rolle.

1. Kontinuität durch Vertrauensschutz ist auch im Sekundärrecht nicht nur aufgrund rechtsstaatlicher Gesichtspunkte geboten, sondern zugleich unmittelbar für die Gewährleistung der Grundrechte relevant. Nur derjenige kann von den persönlichen Freiheitsrechten wirklich Gebrauch machen, für den die Konsequenzen seines Handelns abschätzbar sind. Entwicklungsbrüche in diesem Bereich sind aber auch aus ökonomischen Überlegungen heraus nicht sinnvoll. Kontinuität ist wichtig, um der Wirtschaft autonome Entscheidungen zu ermöglichen. Unsicherheit hemmt insbesondere Investitionen und damit die Entwicklung der Wirtschaft insgesamt.

Diese Berücksichtigung ökonomischer Interessen darf aber nicht zur Unbeweglichkeit und Reformunfähigkeit der Politik führen. Auch dies ist langfristig der gesamtwirtschaftlichen Entwicklung abträglich. Wir kennen dieses Problem im Norden etwa von der langen Geschichte der „Butterschiffe". Diesen beiden Gegenpolen muß eine Regelung des Sekundärrechts gerecht werden.

2. Deshalb ist bei den Sachregelungen von vornherein darauf Bedacht zu nehmen, sie so zu treffen, daß es nicht zu einer Enttäuschung berechtigten, d. h. schutzwürdigen Vertrauens kommen kann. Gegebenenfalls sind sachgerechte Übergangsregelungen zu treffen.

Gleichwohl wird sich immer wieder die Frage stellen, ob der Vertrauensschutz im Einzelfall in ausreichender Weise berücksichtigt worden ist. Ich darf hier beispielsweise an die langwierigen Auseinandersetzungen im Zusammenhang mit der Bananenmarktordnung erinnern, die sich nicht zuletzt um diesen Punkt dreht.

Auch wenn das Abwägungsergebnis also im Einzelfall unterschiedlich bewertet werden kann, ist doch ein entsprechender Abwägungsprozeß bei jeder Entscheidung erforderlich, der deren mögliche Auswirkungen unter dem Gesichtspunkt des Vertrauensschutzes beleuchtet.

3. Wegen der Komplexität dieser Abwägungsprozesse im Spannungsfeld von Reformfähigkeit und Bestandsschutz gibt es bislang nur Ansätze zu spezifischen Regelungen im Sekundärrecht.

a)   An erster Stelle ist hier der Zollkodex der Europäischen Gemeinschaften aus dem
      Jahr 1992 zu nennen. Dort wird nicht nur die Frage des Vertrauensschutzes, son-

dern das Verwaltungsverfahren insgesamt geregelt. Die Entscheidung, gerade in diesem Bereich erstmals umfassend eine einheitliche Regelung des Verwaltungsverfahrens zu schaffen, ist in Anbetracht der Tatsache konsequent, daß die Grundlage der Europäischen Wirtschaftsgemeinschaft nach ihrem Gründungsvertrag eine Zollunion war.

b) Daneben finden sich Regelungen, die die Frage des Vertrauensschutzes nicht positiv regeln, aber die Entscheidung darüber im Einzelfall vorgeben. So hat die Kommission im Dezember 1994 eine neue Durchführungsverordnung im Hinblick auf die Ausfuhr landwirtschaftlicher Erzeugnisse erlassen. Ziel der Verordnung ist es, Sachverhalte zu regeln, in denen aufgrund bestimmter Angaben des Exporteurs Ausfuhrerstattungen gezahlt wurden, sich nachträglich jedoch Umstände herausstellen, die zum Wegfall bzw. zur Reduzierung dieser Ausfuhrerstattungen führen müßten. Aus der Verordnung ergibt sich insoweit, daß eine etwaige Differenz zwischen der gewährten Erstattung und derjenigen, auf die nach den Umständen objektiv ein Anspruch bestanden hätte, vom Exporteur zurückgezahlt werden muß. Eine Erwartung, den zunächst ausgezahlten Betrag in jedem Fall und in voller Höhe auch behalten zu dürfen, kann damit beim Exporteur berechtigterweise nicht mehr entstehen.

IV.

In Anbetracht des weitgehend dominierenden Richterrechts und der nur punktuellen positivrechtlichen Regelungen ist die Frage zu stellen, ob die Rechtsentwicklung nicht reif ist für eine allgemeine Kodifizierung des Vertrauensschutzes in der Europäischen Union. Das ist die gleiche Frage, die sich insgesamt für das allgemeine Verwaltungsrecht der Europäischen Union stellt.

a) Die Niederlande haben im Rahmen der (gerade abgeschlossenen) Regierungskonferenz im vergangenen Jahr angeregt, über die Schaffung einer spezifischen Ermächtigungsgrundlage hierfür im EG-Vertrag und einen Auftrag zur Ausarbeitung einer sekundärrechtlichen Regelung nachzudenken. Dieser Gedanke wurde von ihnen jedoch nicht weiter verfolgt, wohl weil viele Beteiligte die Zeit noch nicht für reif hielten.

b) Eine solch allgemeine Regelung hätte indes unbestreitbar Vorteile. Die rechtsstaatlich gebotene Vorhersehbarkeit des Verwaltungshandelns und auch der gerichtlichen Entscheidungen gebietet es grundsätzlich, klare Leitlinien für Abwägungsentscheidungen, wie sie gerade im Bereich des Vertrauensschutzes zwingend erforderlich sind, vorzugeben. Der Bürger muß Anhaltspunkte dafür gewinnen können, welche Wertigkeit betroffenen Interessen im Einzelfall zugemessen werden kann. Die Rechtsprechung des Gerichtshofes hat in diesem Bereich freilich (wie gezeigt) bereits Wichtiges geleistet. Der EuGH kann sich jedoch grundsätzlich nur anhand der ihm vorgelegten Fallkonstellationen äußern, so daß die Rechtsentwicklung durch ihn nur langsam und punktuell voranschreitet.

Im Rechtsstaat ist die Konkretisierung derartiger Umstände vorrangig Aufgabe des Gesetzgebers. Und eben das gilt auch für die Europäische Union, die wie jeder ihrer Mitgliedstaaten rechtsstaatlichen Grundsätzen verpflichtet ist.

Darüber hinaus ist immer wieder festzustellen, daß bei Einzelregelungen, die von Spezialisten erarbeitet werden, allgemeine juristische Gesichtspunkte häufig zu kurz kommen. Eine Kodifizierung im Sinne einer Querschnittsregelung könnte sicherstellen, daß dem Vertrauensschutz auch hier konsequent Rechnung getragen wird.

c) Aber auch ich bezweifele, daß dieses Ziel in naher Zukunft zu erreichen ist. Schon in der Geschichte des deutschen Verwaltungsverfahrensrechtes hat es viel Zeit und große Anstrengungen gekostet, eine solche Kodifizierung zu verwirklichen.

Ich bin mir nicht sicher, ob in der Europäischen Union derzeit – und sei es nur in einer Anstrengung „Maastricht III" – genügend Interesse und Kraft vorhanden ist, um ein solches Projekt zu realisieren, das aufgrund der sehr unterschiedlichen mitgliedstaatlichen Traditionen in diesem Bereich ungleich größere Schwierigkeiten aufwirft. Um so größere Bedeutung hat eine entsprechende Vorbereitung durch die Rechtswissenschaft, zu der dieser Kongreß einen wesentlichen Beitrag leistet.

V.

Hinter der Thematik des Vertrauensschutzes steht immer das Spannungsverhältnis zwischen Reformfähigkeit und Sicherheitsstreben, zwischen notwendiger Veränderung und Kontinuität, und das heißt letztlich zwischen der Aufgabe des Gesetzgebers, immer wieder auch durch Änderungen des Rechts ein möglichst hohes Maß an Gerechtigkeit zu erhalten bzw. schaffen, und dem Grundsatz der Rechtssicherheit. Gustav Radbruch hat zu diesem Konflikt zwischen Rechtssicherheit und materieller Gerechtigkeit treffend angemerkt: „Welcher dieser beiden Werte in einem . . . Konfliktfall der höhere ist, kann . . . nicht allgemeingültig entschieden werden."

Weil es also keine Patentlösung gibt, geht es in hohem Maße um eine Politik der ruhigen Hand, die Regelungen schaffen muß, welche Voraussehbarkeit ermöglichen. In diesem Sinne gilt es, auch in Europa allgemeingültige geschriebene Vertrauensschutzgrundsätze zu schaffen. Dies ist allerdings wegen der divergierenden Interessen und der unterschiedlichen Rechtstraditionen ein schwieriger Prozeß.

Ich bin aber sicher, daß Ihr Kongreß diese Entwicklung einen entscheidenden Schritt voranbringt.

Vertrauensschutz im Gemeinschaftsrecht

Prof. Dr. Carl Otto Lenz,
Generalanwalt am Gerichtshof der Europäischen Gemeinschaften, Luxemburg

Inhalt

1. Grundlagen

Auch wenn der Grundsatz des Vertrauensschutzes im Gemeinschaftsrecht keine geschriebene Grundlage findet, so kommt ihm doch nach der Rechtsprechung des Gerichtshofes der Rang eines allgemeinen Rechtsgrundsatzes des Gemeinschaftsrechts zu.

Eine erste Erwähnung des Grundsatzes des Vertrauensschutzes findet sich in der Rechtsprechung des Gerichtshofes bereits in einer Entscheidung aus dem Jahr 1957, der Rechtssache *Algera*[1].

Der Gerichtshof stellte fest, daß es sich bei der Frage der Zulässigkeit des Widerrufs von begünstigenden Verwaltungsakten, die subjektive Rechte verleihen, um ein in Rechtsprechung und Lehre der Mitgliedstaaten wohlvertrautes verwaltungsrechtliches Problem handelt.

Der Vertrag enthalte dazu jedoch keine Vorschriften. Um sich nicht dem Vorwurf einer Rechtsverweigerung auszusetzen, sei der Gerichtshof daher verpflichtet, diese Frage von sich aus unter Berücksichtigung der in Gesetzgebung, Lehre und Rechtsprechung der Mitgliedstaaten anerkannten Regeln zu entscheiden. Weiter heißt es in dem Urteil, daß in dem Fall, in dem das subjektive Recht wirksam erworben worden ist, das Bedürfnis überwiegt, das *Vertrauen auf den dauernden Fortbestand der geschaffenen Rechtsstellung zu schützen,* gegenüber dem Interesse der Verwaltungsbehörde an einer Rückgängigmachung ihrer Entscheidung[2].

In der Rechtssache *Lemmerz-Werke*[3] hatte der Gerichtshof unter anderem zu prüfen, inwieweit die Klägerin des Ausgangsverfahrens auf die Rechtmäßigkeit und den Fortbestand einer Freistellungsentscheidung der Hohen Behörde vertrauen durfte. Bedeutung hat dieses Urteil auch dadurch gewonnen, daß es erstmals von einem *Anspruch* der Klägerin *auf Vertrauensschutz* ausgegangen ist[4].

Den entscheidenden Durchbruch in der Frage der Geltung des Grundsatzes des Vertrauensschutzes brachte das Urteil in der Rechtssache *Westzucker*[5].

---

1 Urteil vom 12.07.1957 in den verb. Rs 7/56 und 3/57 bis 7/57, Algera u. a., Slg. 1957, 83.
2 a.a.O., S. 118.
3 Urteil vom 13.07.1965 in der Rs 111/63, Lemmerz-Werke, Slg. 1965, 893.
4 a.a.O., S. 911.
5 Urteil vom 04.07.1973 in der Rs 1/73, Westzucker, Slg. 1973, 723.

Es ging in diesem Vorlageverfahren um Ausfuhrerstattungen für bereits gewährte Exportlizenzen und die Anwendung einer erst später in Kraft getretenen ungünstigeren Verordnung auf diesen Sachverhalt.

Vom Bundesverfassungsgericht wurde hierfür der Begriff der *unechten Rückwirkung* geprägt zur Kennzeichnung des Problems des Vertrauensschutzes bei der Anwendung von Gesetzesänderungen auf die künftigen Wirkungen von unter altem Recht entstandenen Sachverhalten.

Der Gerichtshof stellte zunächst fest, daß nach einem allgemeinen anerkannten Grundsatz Gesetzesänderungen, soweit nichts Abweichendes bestimmt ist, auf die künftigen Wirkungen unter dem alten Recht entstandener Sachverhalte anwendbar sind. Dann wurde die Frage aufgeworfen, ob eine solche Auslegung des Gemeinschaftsrechts gegen einen *Grundsatz der Rechtssicherheit* verstoße, wonach das berechtigte Vertrauen der Betroffenen zu schützen ist.

In seiner Einzelfallprüfung untersuchte der Gerichtshof, ob folgende Kriterien gegeben waren:

- Beeinträchtigung einer gefestigten Rechtsposition,
- Vorhersehbarkeit,
- Kausalzusammenhang zwischen dem Vertrauen des Betroffenen in die Fortgeltung des alten Rechts und dem Vertrauensschaden sowie
- Interesse der Gemeinschaft an der sofortigen Anwendung der Neuregelung.

Zwar ergab die Prüfung dieser Tatbestandsmerkmale nichts, was den Schluß zuließe, in diesem konkreten Einzelfall sei gegen einen Grundsatz der Rechtssicherheit verstoßen worden, wonach das berechtigte Vertrauen der Betroffenen zu schützen sei[6]. Dennoch wurde der Vertrauensschutzgrundsatz hier implizit als *selbständiger allgemeiner Rechtsgrundsatz des Gemeinschaftsrechts* anerkannt, indem dieser zum Gültigkeitsmaßstab für allgemeine Gesetze erhoben wurde.

Von seiner ursprünglich auf das Verwaltungsrecht beschränkten Funktion wurde der Grundsatz des Vertrauensschutzes dann mit der Entscheidung *Dürbeck*[7] in eine verfassungsrechtliche Dimension erhoben[8].

Ausgangssachverhalt dieses Vorabentscheidungsverfahrens war ein Rechtsstreit, den ein deutscher Importeur von Frischobst aus Drittländern gegen die deutschen Zollbehörden führte. Diese hatten es abgelehnt, bestimmte Mengen Tafeläpfel mit Ursprung in Chile in der Bundesrepublik zum freien Verkehr zuzulassen, weil ihre Überführung in den freien Verkehr nach gemeinschaftlichen Verordnungen verboten gewesen sei. Die Kommission hatte Schutzmaßnahmen erst nach dem Abschluß von Liefer- und Charterverträgen durch Importeure erlassen, ohne Übergangsbestimmungen zugunsten dieser Importeure vorzusehen.

Unter Hinweis auf sein Urteil in der Rechtssache Tomadini[9] führt der Gerichtshof aus, daß der Grundsatz des Vertrauensschutzes zu den *Grundprinzipien der Gemeinschaft* gehöre, jedoch dürfe der Anwendungsbereich dieses Grundsatzes nicht so weit ausgedehnt werden, daß die Anwendung einer neuen Regelung auf die künftigen Folgen von Sachverhalten schlechthin ausgeschlossen ist, die unter der Geltung der früheren Regelung entstanden sind, ohne daß Verpflichtungen gegenüber den Behörden über-

---

6 a.a.O., Rn. 5–13.
7 Urteil vom 05.05.1981 in der Rs 112/80, Dürbeck, Slg. 1981, 1095.
8 K.-D. Borchardt, Vertrauensschutz im Europäischen Gemeinschaftsrecht, EuGRZ 1988, 309 (310).
9 Urteil vom 16.05.1979 in der Rs 84/78, Tomadini, Slg. 1979, 1801.

nommen worden sind. Dies gelte besonders für einen Bereich wie die gemeinsamen Marktorganisationen, deren Ziel gerade eine ständige Anpassung erfordere, um den Veränderungen der Wirtschaftslage in den verschiedenen Agrarsektoren Rechnung zu tragen.

Ein stärkerer Schutz des Vertrauens besteht in diesen Bereichen dann, wenn im Rahmen einer besonderen Regelung durch die Gemeinschaftsorgane bestimmte Schutzvorschriften zugunsten der Wirtschaftsteilnehmer damit verknüpft werden, daß von diesen Verpflichtungen gegenüber den Behörden übernommen werden. Solche Verpflichtungen können in Kontingentierungen oder vorherigen Anmeldungen von Ein- und Ausfuhren bestehen. Werden solche Vereinbarungen getroffen, muß ihnen bei der nachträglichen Änderung der Rechtslage in verstärkter Weise Rechnung getragen werden, d. h., es kann die zwingende Notwendigkeit zum Erlaß von Übergangsbestimmungen bestehen.

2. Anwendungsbereich

a) Persönlicher Anwendungsbereich

Als Komponente des Freiheitsschutzes gehört der Vertrauensschutz seiner rechtstheoretischen Natur nach zu den *allgemeinen Rechtsgrundsätzen,* die unmittelbar aus dem Gerechtigkeitsprinzip ableitbar und zugleich jeder Rechtsordnung als deren ethischer Mindestgehalt vorgegeben sind[10].

So konnte der Gerichtshof auch die Geltung dieses Grundsatzes im Gemeinschaftsrecht anerkennen und ihn den *Grundprinzipien der Gemeinschaft* zuordnen. Somit besteht eine primär individualschützende Dimension. Hinsichtlich der grundsätzlichen Anwendbarkeit zugunsten der einzelnen Wirtschaftsteilnehmer verbleiben keinerlei Bedenken. Dazu hat der Gerichtshof in der Rechtssache *Mavridis*[11] entschieden, das Recht auf *Vertrauensschutz stehe jedem einzelnen zu,* wenn sich herausstelle, daß die Verwaltung der Gemeinschaft bei ihm begründete Erwartungen geweckt hat.

Nachdem der Gerichtshof in mehreren Verfahren bereits angedeutet hatte, daß auch Mitgliedstaaten einem gemeinschaftlichen Verwaltungshandeln mit Hilfe des Vertrauensschutzgrundsatzes entgegentreten könnten, hat er schließlich diese Möglichkeit in seinem Urteil in der Rechtsache *Italien gegen Kommission*[12] anerkannt.

Gegenstand des Rechtsstreits war unter anderem die Festlegung eines Fristbeginns für die Rückforderung von Beihilfen über den EAGFL. Die Kommission wählte den für Italien ungüstigeren früheren Zeitpunkt. Die italienische Regierung berief sich in ihrem Vorbringen auch auf ihr berechtigtes Interesse, das sie in die Kommission gesetzt hätte, die sich in einem Schreiben bereit erklärt hatte, auf den späteren Zeitpunkt abzustellen. Der Gerichtshof stellte dann nur kurz fest, daß sich die italienische Regierung auf dieses berechtigte Interesse berufen konnte, ohne weitere Ausführungen dazu zu machen[13]. Eine solche Lösung ergibt sich aber als konsequente Folge der besonderen Strukturen des Gemeinschaftsrechts.

Denn in den Fällen, in denen die Mitgliedstaaten der gemeinschaftlichen Verwaltung ebenso wie einzelne Wirtschaftsteilnehmer unterworfen sind, müssen beide einen gleichartigen Schutz geltend machen können[14].

---

10 K.-D. Borchardt, a.a.O.
11 Urteil vom 19.5.1983 in der Rs 289/81, Mavridis, Slg. 1983, 1731.
12 Urteil vom 14.11.1989 in der Rs 14/88, Italienische Republik gegen Kommission, Slg. 1989, 3677.
13 a.a.O., Rn. 30.
14 C. Crones, Selbstbindung der Verwaltung im europäischen Gemeinschaftsrecht, Schriftenreihe Europäisches Recht, Politik und Wirtschaft; Bd. 190.

b) Sachlicher Anwendungsbereich

Im Bereich des Verwaltungsrechts spielt der Grundsatz des Vertrauensschutzes weiter eine herausragende Rolle, vor allem in den Fällen des Widerrufs und der Rücknahme von individuellen Entscheidungen der Gemeinschaftsorgane. Aus der Rechtsprechung des Gerichtshofes läßt sich entnehmen, daß der Vertrauensschutz als absolute Schranke für eine Aufhebung individueller rechtmäßiger Entscheidungen anzusehen ist, wenn diese subjektive Rechte verliehen haben und ex tunc widerrufen werden sollen[15].

Relativ ist die Schranke nur dann, wenn es sich um den Widerruf ex tunc von rechtswidrig begünstigenden, individuellen Entscheidungen handelt. Ein Widerruf ist dann nur aufgrund einer umfassenden Interessenabwägung im Einzelfall zulässig. Der Aufhebung einer solchen Entscheidung mit ex nunc Wirkung vermag der Vertrauensgrundsatz nach der Rechtsprechung keine Schranken zu setzen.

Dazu der Gerichtshof: Ein Widerruf wegen Rechtswidrigkeit kann zwar in bestimmten Fällen mit Rücksicht auf wohlerworbene Rechte nicht ex tunc erfolgen, stets jedoch ex nunc[16].

Zunehmend Gewicht gewonnen hat die Frage, unter welchen Voraussetzungen Zusagen und Auskünfte und andere Maßnahmen des soft-law geeignet sein können, als Anknüpfungspunkte für schutzwürdiges Interesse zu dienen. Relevant wird dabei das Problem, inwiefern der einzelne in seinem Vertrauen in eine bestimmte Verwaltungspraxis der Gemeinschaftsorgane geschützt wird.

So hatte der Gerichtshof in dem Urteil *Thyssen*[17] über eine Klage der Thyssen AG nach dem EGKS-Vertrag zu entscheiden. Thyssen begehrte die Aufhebung einer Entscheidung der Kommission, durch die gegen Thyssen eine Geldbuße verhängt worden war. Thyssen hatte seinerzeit die ihr zugeteilte Produktionsquote im Rahmen der Stahlerzeugung überschritten. Die Überschreitungsmenge wurde in Ausführung eines Auftrages an die Bochumer Stahlwerke AG geliefert. Die Thyssen AG trug in ihrer Klagebegründung unter anderem vor, die angegriffene Entscheidung sei rechtswidrig, weil hohe Beamte der Kommission ihr zugesichert hätten, keine Geldbuße zu verhängen, wenn die Quote nur zu dem Zweck überschritten werde, dem Abnehmer das für die Fortsetzung der Tätigkeit benötigte Vormaterial zu liefern.

Der Gerichtshof urteilte ganz knapp, das Vorbringen zu der angeblichen Zusage von Beamten der Kommission sei zurückzuweisen, da *kein Beamter eines Gemeinschaftsorgans sich wirksam verpflichten könne, das Gemeinschaftsrecht nicht anzuwenden,* es könne durch eine solche Zusage kein schutzwürdiges Vertrauen begründet werden.

In der Rechtssache *Unifrex*[18] machte die Klägerin, die Firma Unifrex, eine Verletzung des Grundsatzes des Vertrauensschutzes geltend, weil ihrer Ansicht nach Währungsausgleichsbeträge unter Verstoß gegen die ständige Praxis nicht rechtzeitig den Veränderungen der Kursparitäten angepaßt worden seien.

Der Gerichtshof stellt zunächst fest, daß das System der Währungsausgleichsbeträge nicht als eine Art Absicherung der Unternehmer gegen die Risiken einer Änderung der Wechselkurse angesehen werden könne. Im vorliegenden Fall habe den betroffenen Wirtschaftsteilnehmern nicht verborgen bleiben können, daß Verhandlungen im Rat über eine Anpassung der Kurse stattfanden, um eine Erhöhung der Währungsaus-

---

15 ständ. Rspr. seit den Urteilen in den Rs Algera, a.a.O. und SNUPAT, Rs 42 und 49/59, Slg. 1961, 109.
16 Urteil vom 01.06.1961 in der Rs 15/60, Simon, Slg. 1961, 239 und die Urteile in den Rs Algera a.a.O. und Herpels, Urteil vom 09.03.1978, Rs 54/77, Slg. 1978, 585.
17 Urteil vom 16.11.1983, Rs 188/82, Thyssen, Slg. 1983, 3721.
18 Urteil vom 12.4.1984 in der Rs 282/82, Unifrex, Slg. 1984, 1969.

gleichsbeträge zu verhindern und daß eine Verordnung der Kommission ergangen war, mit der die Währungsausgleichsbeträge bis zum Erlaß der Ratsentscheidung eingefroren würden.

Unter diesen Umständen könne ein Wirtschaftsteilnehmer nicht berechtigterweise auf eine Änderung der Währungsausgleichsbeträge vertrauen, solange die in diesen Kreisen zwangsläufig bekannten Verhandlungen im Rat noch zu keinem Ergebnis geführt hätten.

Daß aber nicht nur Verwaltungsakte, sondern auch Maßnahmen allgemeinen Charakters durchaus einen Vertrauenstatbestand schaffen können, ergibt sich aus dem Urteil *Kommission/Rat*[19].

Der Rat hatte sich an einen förmlichen Beschluß über Rahmenbestimmungen und Kriterien der Anpassung des Besoldungsniveaus an veränderte Lebenshaltungskosten ohne weitere Rechtfertigung nicht gehalten. Dieser Beschluß war auf die Beendigung der regelmäßig auftretenden Schwierigkeiten zwischen Rat, Kommission und den für das Personal auftretenden Organisationen gerichtet und galt für drei Jahre. Der Gerichtshof entschied daraufhin, im Hinblick auf die Besonderheit der Dienstverhältnisse für Bedienstete der Gemeinschaft sei die Verbindlichkeit des ersten Ratsbeschlusses festzustellen.

Dies folge aus dem Rechtssatz, daß das Vertrauen der Betroffenen in die Einhaltung von Verpflichtungen aus dem Beamtenstatut durch den Hoheitsträger zu schützen sei. Auch wenn dieser Rechtssatz in erster Linie bei Einzelfallentscheidungen Anwendung finde, sei es doch nicht ausgeschlossen, daß er gegebenenfalls bei der Ausübung allgemeinerer Befugnisse zu beachten ist.

Vorliegend war dies der Fall, da der Rat durch seinen Beschluß Verpflichtungen übernommen hatte, an deren Einhaltung er sich für den von ihm selbst festgelegten Zeitraum gebunden hatte. Zwar ergibt sich aus dem Wortlaut des Beschlusses, daß sich der Rat einen weiten Ermessensspielraum erhalten wollte. Der Gerichtshof verneinte aber eine zu weite Auslegung des Wortlauts, da ansonsten die festgestellte Verbindlichkeit ausgehöhlt werde.

Danach habe der Rat gegen den Rechtssatz, daß das berechtigte Vertrauen zu schützen sei, verstoßen.

Inwieweit sich Kläger auf eine Entschließung des Parlaments berufen können, um eine Verletzung ihres berechtigten Vertrauens geltend zu machen, hatte der Gerichtshof in der Rechtssache *Salerno*[20] zu entscheiden.

In diesem Rechtsstreit ging es um die Frage, ob die Kläger bei ihrer Einstellung bei der Europäischen Gesellschaft für Zusammenarbeit (EZG), einer internationalen Vereinigung belgischen Rechts, als Beamte der Kommision anzusehen waren.

Nach einer Entschließung des Parlaments, die mit einer Stellungnahme zu dem Vorschlag der Kommission an den Rat für eine Verordnung über die EZG verbunden war, sollten den betroffenen Bediensteten ihre bisher erworbenen Ansprüche erhalten bleiben. Auch sollten sie rückwirkend vom Tag der Einstellung bei der EZG in den Genuß der neuen Bestimmungen kommen. Außerdem – so die Kläger – habe die Haushaltsbehörde erklärt, daß die Eingliederung des Personals der EZG in die Kommission entsprechend der Entschließung des Parlaments vorgenommen werden sollte. Nach dem so erklärten Willen des Parlaments hätte die Eingliederung rückwirkend erfolgen müssen.

---

19 Urteil vom 05.06.1973 in der Rs 81/72, Kommisssion/Rat, Slg. 1973, 575.
20 Urteil vom 11.7.1985, verb. Rs 87, 130/77, 22/83, 9 und 10/84, Salerno, Slg. 1985, 2523.

Die Kläger hätten berechtigt darauf vertrauen können, daß diese Entschließung und die Erläuterung der Haushaltsbehörde bei Erlaß der Verordnung befolgt werden würden. Jedoch entschied der Gerichtshof, daß eine Entschließung des Parlaments *keinen zwingenden Charakter* habe und kein berechtigtes Vertrauen darauf entstehen lassen könne, daß die Organe ihr entsprechen. Erläuterungen im Haushaltsplan könnten weder individuelle Rechte begründen noch ein berechtigtes Vertrauen schaffen. Das Verhalten des Rates könnte auch keine Erwartung der Kläger hinsichtlich der Rückwirkung der Ernennung hervorrufen[21].

Zu den Grenzen des Vertrauensschutzes äußert sich der Gerichtshof dabei in den Rechtssachen *Tomadini*[22] und *Dürbeck*[23], wonach der Anwendungsbereich dieses Grundsatzes nicht so weit ausgedehnt werden dürfe, daß die Anwendung einer neuen Regelung auf die künftigen Folgen von Sachverhalten schlechthin ausgeschlossen sei, die unter der Geltung der früheren Regelung entstanden sind, ohne daß Verpflichtungen gegenüber den Behörden übernommen worden sind.

Bei der Änderung einer Agrarregelung sei das berechtigte Vertrauen insbesondere dann zu schützen, wenn die Marktteilnehmer den zuständigen Behörden bereits unter der Geltung der vorherigen Regelung ihre Absicht mitgeteilt haben, während eines Zeitraums, der den Zeitpunkt der Einführung der neuen Regelung überschreitet, bestimmte Handelsgeschäfte vorzunehmen und sich hierzu – gegebenenfalls unter Stellung einer Kaution – unwiderruflich verpflichtet haben[24].

Eine gegen das Gemeinschaftsrecht verstoßende Praxis eines Mitgliedstaats könne niemals eine gemeinschaftsrechtlich geschützte Rechtsposition begründen, und zwar auch dann nicht, wenn die Kommission es unterlassen habe, die erforderlichen Maßnahmen zu ergreifen, um diesen Staat zu einer korrekten Anwendung der Gemeinschaftsregelung zu veranlassen. Ein Verstoß gegen den Grundsatz des Vertrauensschutzes könne daher nicht unter Berufung auf die überraschende Aufgabe einer derartigen, langjährigen Praxis durch eine Mitgliedstaat geltend gemacht werden[25].

Da die Richtlinien ihrem Wesen nach nur den Mitgliedstaaten Verpflichtungen auferlegen, könne sich der einzelne vor dem Ablauf der für ihre Durchführung vorgesehenen Frist nicht auf den Grundsatz des berechtigten Vertrauens berufen[26].

3. Voraussetzungen

Zwar ist bei Verfahrensvorschriften im allgemeinen davon auszugehen, daß sie auf alle zum Zeitpunkt ihres Inkrafttretens anhängigen Rechtsstreitigkeiten anwendbar sind; dies gilt jedoch nicht für materiellrechtliche Vorschriften. Diese werden im allgemeinen so ausgelegt, daß sie für vor ihrem Inkrafttreten entstandene Sachverhalte nur gelten, wenn aus ihrem Wortlaut, ihrer Zielsetzung oder ihrem Aufbau eindeutig hervorgeht, daß ihnen eine solche Wirkung beizumessen ist.

Diese Auslegung gewährleistet die Beachtung der Grundsätze der Rechtssicherheit und des Vertrauensschutzes, nach denen die Gemeinschaftsgesetzgebung klar und für die Betroffenen vorhersehbar sein muß[27].

---

21 a.a.O., Rn. 58 und 59.
22 a.a.O., siehe Fn. 9.
23 a.a.O., siehe Fn. 7.
24 Urteil vom 27.04.1978 in der Rs 90/77, Stimming, Slg. 1978, 995; vgl. auch Urteil vom 14.02.1978 in der Rs 68/77, IFG, Slg. 1978, 353.
25 Urteil vom 15.12.1982 in der Rs 5/82, Maizena, Slg. 1982, 4601.
26 Urteil vom 05.04.1979 in der Rs 148/78, Ratti, Slg. 1979, 1629.
27 Urteil vom 12.11.1981, verb. Rs 212 bis 217/80, Salumi, Slg. 1981, 2735 und Urteil vom 10.02.1982 in der Rs 21/81, Bout, Slg. 1982, 381.

Die Voraussetzungen des Vertrauensschutzes werden bestimmt durch seine Funktion als Ausprägung des Freiheitsrechts, das der Betroffene gegenüber der öffentlichen – hier – gemeinschaftlichen Gewalt innehat.

Diese Voraussetzungen sind im einzelnen:

a) das Bestehen einer Vertrauenslage
b) die Nichtvorhersehbarkeit der Änderung der Rechtslage
c) die Kausalität zwischen dem Vertrauen und dem Vertrauensschaden
d) die Interessenabwägung zwischen den Individualinteressen und den Belangen der Gemeinschaft

Einige ausgewählte Beispiele aus der Rechtsprechung des Gerichtshofes sollen verdeutlichen, welche spezifischen Anforderungen an das Eingreifen des Vertrauensschutzgrundsatzes gestellt werden müssen.

Der Gerichtshof wurde in der Rechtssache *Lührs*[28] durch mehrere Vorlagefragen des Finanzgerichts Hamburg mit der Frage nach den Voraussetzungen des Vertrauensschutzes befaßt. Aufgrund verschiedener Verordnungen des Rates und der Kommission zur Behebung von Versorgungsschwierigkeiten bei Kartoffeln waren die Ausfuhren des Transportkaufmanns Lührs nach Schweden mit einer erhöhten Abgabe belastet worden. Hiergegen wandte er sich mit seiner Klage.

Die einschlägige Verordnung des Rates war aufgrund einer sehr geringen Kartoffelernte und der dadurch verursachten Mangellage, den erheblich gestiegenen Preisen und den Versorgungsschwierigkeiten erlassen worden.

Der Gerichtshof entschied, daß sich aus den Einzelumständen ergebe, daß die Verordnung des Rates in einem zwingenden öffentlichen Interesse erlassen wurde, welche das sofortige Inkrafttreten der getroffenen Regelung erforderte. Das einwandfreie Funktionieren des Gemeinsamen Marktes verlange eine Maßnahme, die geeignet war, eine Entwicklung aufzuhalten, bei der sich die steigende Tendenz der Preise und die anomalen Ausfuhren nach Drittländern wechselseitig stimulierten.

Diese Maßnahme konnte die beteiligten Fachkreise zudem nicht überraschen, die, sollten sie sich der anomalen Lagen noch nicht bewußt geworden sein, doch auf jeden Fall durch die vorhergehenden Gemeinschaftsmaßnahmen und durch die von den Mitgliedstaaten, die traditionsgemäß Kartoffeln ausführen, bereits getroffenen Maßnahmen gewarnt worden waren.

Umsichtige und besonnene Wirtschaftsteilnehmer mußten folglich den Erlaß einer einschneidenden Gemeinschaftsmaßnahme vorhersehen, so daß sie sich in diesem Falle nicht auf ein berechtigtes Vertrauen berufen konnten.

Weiter führte der Gerichtshof aus, daß die getroffene Übergangsmaßnahme nicht als stärker einschränkend angesehen werden kann, als es der Grundsatz, daß das berechtigte Vertrauen zu schützen ist, erfordert.

Ein derartiges Vertrauen könne nur bei Wirtschaftsteilnehmern bestehen, die sich auf die Fortdauer der gewohnten, festbegründeten Wirtschaftsbeziehungen verlassen hatten[29].

---

28 Urteil vom 01.02.1978 in der Rs 78/77, Lührs, Slg. 1978, 169.
29 a.a.O., Rn. 5, 6 und 9.

Der Grundsatz der Rechtssicherheit verbiete es zwar im allgemeinen, den Beginn der Geltungsdauer eines Rechtsaktes der Gemeinschaft auf einen Zeitpunkt vor der Veröffentlichung zu legen; dies könne aber ausnahmsweise dann anders sein, wenn das angestrebte Ziel es verlange und das berechtigte Vertrauen der Betroffenen gebührend beachtet sei[30].

Die Berufung auf ein berechtigtes Vertrauen gegenüber nachteiligen Gesetzesänderungen bei getroffenen und nicht ohne Verlust rückgängig zu machenden Vermögensdispositionen ist ausgeschlossen, wenn die Änderung vorhersehbar war. Dies ist nach dem Urteil *Coopératives Agricoles de Céréales*[31] etwa schon dann der Fall, wenn die Kommission beim Rat am Tag des Abschlusses des Ausfuhrvertrages einen entsprechenden Verordnungsvorschlag eingebracht hat und die Rücknahme des eine Woche später gestellten Antrages auf Ausfuhrerstattung erst vier Wochen später unmöglich wird[32].

Ein schutzwürdiges Vertrauen wird vom Gerichtshof gerade dann verneint, wenn eine die Situation kennzeichnende Unsicherheit den interessierten Kreisen nicht unbekannt sein konnte.

Selbst wenn eine gesicherte Disposition bereits vorliegt, kann der Verzicht auf Übergangsregelungen nach dem Urteil *Tomadini* gerechtfertigt sein, wenn ihnen ein zwingendes Interesse des Gemeinwohls entgegensteht.

Nichts verbiete die in einem ordnungsgemäßen Verfahren erfolgende rückwirkende Wiedereinführung von Maßnahmen, die zunächst unter Verstoß gegen das Gemeinschaftsrecht ohne Anhörung des Parlaments erlassen worden sind, wenn diese Wiedereinführung dem Allgemeininteresse entspricht und die betroffenen Wirtschaftsteilnehmer nicht in ihrem berechtigten Vertrauen enttäuscht werden. Eine Bejahung der gegenteiligen Auffassung würde an die Anhörung des Parlaments, so bedeutsam sie auch sein mag, Folgen knüpfen, die in keiner Bestimmung des Gemeinschaftsrechts vorgesehen sind, und die Befugnisse des Parlaments selbst ebenso wie die der Organe, die seine Stellungnahme einholen müssen, grundlos einschränken[33].

In der Rechtssache *Delacre gegen Kommission*[34] wandten sich mehrere französische Backwarenhersteller vergeblich gegen die angeblich abrupte und tiefgreifende Herabsetzung des Beihilfeniveaus für den Erwerb von Markenbutter. Zum Zwecke der Reduzierung der Butterbestände in der Gemeinschaft hatte die Kommission zum einen eine Senkung der Preise von Interventionsbutter beschlossen. Zum anderen hatte sie versucht, die Kosten für den Erwerb von Markenbutter zu verringern, indem bestimmten Unternehmen Beihilfen gewährt wurden. Die Beihilfen erhielt, wer erfolgreich an einer Einzelausschreibung teilgenommen hatte. Den Zuschlag erhielt derjenige, der entweder den höchsten Preis oder den niedrigsten Beihilfesatz bot. Die Kommisssion setzte von Zeit zu Zeit einen Höchstbeihilfesatz fest, der in den Angeboten nicht überboten werden durfte. Die Klägerinnen hatten nach einer Änderung des Höchstsatzes mit ihren zuvor regulären Geboten diese Grenze überschritten. Für einen Zuschlag kamen sie damit nicht mehr in Frage.

---

30 Urteile vom 16.02.1982 in den Rs 258/80, Rumi, Slg. 1982, 487 und Rs 276/80, Padana, Slg. 1982, 517 sowie Urteil vom 30.11.1983 in der Rs 235/82, Ferriere San Carlo, Slg. 1983, 3949.
31 Urteil vom 10.12.1975 in der Rs 95/74, Coopératives Agricoles de Céréales, Slg. 1975, 1615.
32 vgl. auch Urteile vom 25.01.1979 in der Rs 98/78, Racke, Slg. 1979, 69 und in der Rs 99/78, Decker, Slg. 1979, 101.
33 Urteil vom 30.09.1982 in der Rs 114/81, Tunnel Refineries, Slg. 1982, 3189.
34 Urteil vom 14.02.1990 in der Rs C-350/88, société française des Biscuits Delacre u. a./Kommission, Slg. 1990, I-395.

Die Kommission habe den Vertrauensgrundsatz dadurch verletzt, so das Vorbringen der Klägerinnen, daß sie eine bisherige ständige Praxis abrupt und nicht vorhersehbar tiefgreifend geändert habe.

Der Gerichtshof betonte in seinem Urteil zunächst das der Kommission im Bereich der Gemeinsamen Agrarpolitik zustehende weite Ermessen, das sich auch auf die Verwaltung der Butterbestände beziehe.

Darüber hinaus dürfen Marktbürger nach ständiger Rechtsprechung nicht auf die Beibehaltung einer bestehenden Situation vertrauen, die die Gemeinschaftsorgane im Rahmen ihres Ermessens ändern können. Dies trifft auch zu, selbst wenn der Grundsatz des Vertrauensschutzes zu den Grundprinzipien der Gemeinschaft gehört. Dies muß erst recht gelten, so der Gerichtshof, auf einem Gebiet wie dem der gemeinsamen Marktorganisationen, derer Zweck eine ständige Anpassung an die Veränderungen der wirtschaftlichen Lage mit sich bringt. Daraus folgt, daß sich die Wirtschaftsteilnehmer nicht auf ein wohlerworbenes Recht auf Beibehaltung eines Vorteils berufen können, der sich für sie aus der Einführung einer gemeinsamen Marktorganisation ergibt und der ihnen zu einem bestimmten Zeitpunkt zugute gekommen ist. Zudem hätten die Klägerinnen als umsichtige und besonnene Wirtschaftsteilnehmer den stetigen Anstieg des Butterverkaufspreises und die damit zusammenhängende Kürzung des Beihilfebetrages voraussehen müssen.

Eine ähnliche Entscheidung traf der Gerichtshof in seinem Urteil *Accrington Beef*[35]. Die Kläger des Ausgangsrechtsstreits trugen unter anderem vor, die Kommission habe gegen den Grundsatz des Vertrauensschutzes verstoßen, indem sie die Mindestmengen für Ausfuhren von bestimmtem gefrorenem Rindfleisch in Drittländer ohne vorherige Unterrichtung oder Anhörung der betroffenen Marktteilnehmer erhöht habe.

Der Gerichtshof stellte fest, daß sich Marktbürger nach der ständigen Rechtsprechung nicht auf den Schutz ihres Vertrauens auf die Beibehaltung einer bestehenden Situation berufen können, wenn diese durch die Gemeinschaftsorgane im Rahmen ihres Ermessens geändert werden könne.

Dies gelte insbesondere in einem Bereich wie dem der gemeinsamen Marktorganisationen, da deren Zweck eine ständige Anpassung an die Veränderungen der wirtschaftlichen Lage mit sich brächte.

Der Grundsatz des Vertrauensschutzes könne auch nicht von einem Unternehmen geltend gemacht werden, das sich einer offensichtlichen Verletzung der geltenden Bestimmungen schuldig gemacht habe[36].

4. Wirkungen

Eine auf die Verletzung des Grundsatzes des Vertrauensschutzes gestützte Rüge ist im Rahmen einer Klage nach Artikel 173 des Vertrages zulässig, da dieser Grundsatz Bestandteil der Gemeinschaftsrechtsordnung ist und ein derartiger Verstoß eine Verletzung dieses Vertrages oder einer bei seiner Durchführung anzuwendenden Rechtsnorm im Sinne des zitierten Artikels darstellt[37].

Der Vertrauensgrundsatz ist eine den einzelnen schützende Rechtsnorm, deren Verletzung die Haftung der Gemeinschaft nach Artikel 215 Abs. 2 auslösen[38] und auf den

---

35 Urteil vom 12.12.1996 in der Rs C-241/95, Accrigton Beef u. a., noch nicht in der Slg.
36 Urteil vom 12.12.1985 in der Rs 67/84, Sideradria, Slg. 1985, 3983.
37 Urteil vom 03.05.1978 in der Rs 112/77, Töpfer, Slg. 1978, 1019.
38 Urteil vom 14.05.1975 in der Rs 74/74, CNTA, Slg. 1975, 533.

eine Individualklage nach Artikel 173 Abs. 2 gestützt werden kann[39]: Die auf eine Verletzung des Vertrauensschutzes gestützte Rüge ist im Rahmen einer Klage nach Artikel 173 des Vertrages zulässig, da dieser Grundsatz Bestandteil der Gemeinschaftsordnung ist und ein derartiger Verstoß eine Verletzung dieses Vertrages oder einer bei seiner Durchführung anzuwedenden Rechtsnorm im Sinne des zitierten Artikels darstellt, so der Gerichtshof in den Entscheidungsgründen des Urteils *Töpfer*.

Obgleich das System der Währungsausgleichsbeträge nicht subjektive Interessen der Unternehmen, sondern das Funktionieren der gemeinsamen Marktorganisation schützen soll, erkennt der Gerichtshof an, daß seine Anwendung in der Praxis dazu führt, das Wechselkursrisiko im zwischenstaatlichen Handel auszuschalten. Unter diesen Umständen könne der Unternehmer mit Recht darauf vertrauen, daß von ihm abgeschlossene Geschäfte, von denen er praktisch nicht mehr zurücktreten kann, weil er sich gegen Zahlung einer Kaution unter Vorausfestsetzung eines Erstattungsbeitrages Ausfuhrlizenzen hat erteilen lassen, nicht unvorhersehbaren Änderungen unterliegen, die ihm, falls sie mit einer Rücküberbürdung des Wechselkursrisikos verbunden sind, unweigerlich Verluste verursachen. Indem die Kommission ohne vorherige Ankündigung und ohne Übergangsmaßnahmen von der Anwendung der Ausgleichsbeträge Abstand nahm, habe sie den Grundsatz des Vertrauensschutzes verletzt und ist nach Auffassung des Gerichtshofes für den daraus entstandenen Schaden haftbar[40].

Abschließend soll das System der Rückforderung von zu Unrecht gewährten Beihilfen nach der Rechtsprechung des Gerichtshofes dargestellt werden. So widerspricht es zwar nicht der Rechtsordnung der Gemeinschaft, wenn das nationale Recht im Rahmen der Rückforderung das berechtigte Vertrauen und die Rechtssicherheit schützt; da die Überwachung der staatlichen Beihilfen durch die Kommission in Artikel 93 des Vertrages zwingend vorgeschrieben ist, darf ein beihilfe-begünstigtes Unternehmen auf die Ordnungsmäßigkeit der Beihilfe jedoch grundsätzlich nur dann vertrauen, wenn diese unter Einhaltung des darin vorgesehenen Verfahrens gewährt wurde.

Einem sorgfältigen Gewerbetreibenden ist es regelmäßig möglich, sich zu vergewissern, daß diese Verfahren eingehalten wurde[41]. Da die nationale Behörde kein Ermessen besitzt, ist der Empfänger einer rechtswidrig gewährten Beihilfe nicht mehr im ungewissen, sobald die Kommission eine Entscheidung erlassen hat, in der die Beihilfe für mit dem Gemeinsamen Markt unvereinbar erklärt und ihre Rückforderung verlangt wird.

Die Rückforderung der Beihilfe findet grundsätzlich nach Maßgabe des einschlägigen nationalen Rechts statt. Jedoch darf dessen Anwendung die gemeinschaftsrechtlich vorgeschriebene Rückforderung nicht praktisch unmöglich machen.

Insbesondere muß bei der Anwendung einer Vorschrift, die die Rücknahme eines Verwaltungsaktes von der Abwägung der verschiedenen Interessen abhängig macht, das Interesse der Gemeinschaft in vollem Umfang berücksichtigt werden[42].

„Die Grundsätze des Vertrauensschutzes und der Rechtssicherheit [sind] Bestandteil der Rechtsordnung der Gemeinschaft. Daher kann es nicht als dieser Rechtsordnung widersprechend angesehen werden, wenn nationales Recht in einem Bereich wie dem der Rückforderung von zu Unrecht gezahlten Gemeinschaftsbeihilfen berechtigtes

---

39 a.a.O., siehe Fn. 35.
40 vgl. auch Rs 97/76, Merkur, Slg. 1977, 1063, wo allerdings eine Haftung abgelehnt wird, sowie Rs 90/77, Stimming, Slg. 1978, 995.
41 Urteil vom 20.03.1997 in der Rs C-24/95, Alcan, noch nicht in der amtl. Slg., Rn. 25; vgl. auch Urteile vom 20.9.1990 in der Rs C-5/89, Kom/D, Slg. 1990, I 3437 Rn. 13, 14 und vom 14.01.1997 in der Rs C-169/95, E/Kom, noch nicht in der amtl. Slg., Rn. 51.
42 Rs Alcan, a.a.O., Rn. 24, m.w.N.

Vertrauen und Rechtssicherheit schützt. Eine Untersuchung der nationalen Regelungen der Mitgliedstaaten über die Rücknahme von Verwaltungsakten und die Rückforderung von zu Unrecht gewährten öffentlichen Geldleistungen zeigt im übrigen, daß das Bestreben, in der einen oder anderen Form ein Gleichgewicht zwischen dem Grundsatz der Rechtssicherheit und des Vertrauensschutzes andererseits herzustellen, den Rechtsordnungen der Mitgliedstaaten gemeinsam ist."[43]

„[Dieser] Grundsatz, wonach bei Anwendung der nationalen Rechtsvorschriften keine Unterschiede zu gleichartigen, rein nationalen Verfahren gemacht werden dürfen, beinhaltet allerdings auch eine Verpflichtung: Bei der Anwendung einer Bestimmung, die die Rücknahme eines rechtswidrigen Verwaltungsakts von der Würdigung der verschiedenen in Rede stehenden Interessen abhängig macht, muß dem Interesse der Gemeinschaft in vollem Umfang Rechnung getragen werden. Für eine Regelung wie zum Beispiel § 48 Absatz 2 Satz 1 VwVfG müssen also das öffentliche Interesse an der Rücknahme des Verwaltungsaktes einerseits und der Vertrauensschutz für seinen Adressaten andererseits vollständig einander gegenüber gestellt werden."[44]

Sicherlich ist nicht auszuschließen, daß der Empfänger einer rechtswidrigen Beihilfe sich ausnahmsweise auf Umstände berufen kann, aufgrund deren sein Vertrauen in die Ordnungsmäßigkeit der Beihilfe geschützt ist, so daß er sie nicht zurückzuerstatten braucht.

In einem solchen Fall ist es Sache des nationalen Gerichts, so es befaßt wird, alle Umstände zu würdigen und dem Gerichtshof gegebenenfalls Auslegungsfragen vorzulegen.

Ein Mitgliedstaat, dessen Behörden eine Beihilfe unter Verletzung des Verfahrens des Artikel 93 gewährt haben, kann sich hingegen nicht unter Berufung auf das geschützte Vertrauen der Begünstigten der Verpflichtung entziehen, Maßnahmen zur Durchführung einer Entscheidung der Kommission zu ergreifen, die die Rückforderung der Beihilfe anordnen. Andernfalls wären die Artikel 92 und 93 EG-Vertrag insoweit wirkungslos, als die nationalen Behörden sich auf ihr eigenes rechtswidriges Verhalten stützen könnten, um Entscheidungen der Kommission nach diesen Bestimmungen ihrer Wirkung zu berauben.

Nach ständiger Rechtsprechung kann sich ein Mitgliedstaat nämlich nicht auf Bestimmungen, Übungen oder Umstände seiner internen Rechtsordnung berufen, um sich der Durchführung gemeinschaftsrechtlicher Verpflichtungen zu entziehen[45]. Stellt die Kommission fest, daß eine von einem Staat oder aus staatlichen Mitteln gewährte Beihilfe mit dem Gemeinsamen Markt unvereinbar ist, so entscheidet sie gemäß Artikel 93 Absatz 2 des Vertrages, daß der betreffende Staat sie binnen einer von ihr bestimmten Frist zurückzufordern hat.

So entschied der Gerichtshof auch in der Rechtssache Alcan, daß unter den Umständen wie denen des Ausgangsverfahrens die Nichtrücknahme des Beihilfebescheides das Gemeinschaftsinteresse schwer beeinträchtigen würde und die gemeinschaftsrechtlich gebotene Rückforderung praktisch unmöglich machen würde.

---

43 Urteil vom 21.09.1983 in den verbundenen Rechtssachen 205 bis 215/82, Deutsche Milchkontor, Slg. 1983, S. 2633, Rn. 30.
44 a.a.O. Fn. 43, Rn. 32.
45 Urteil vom 20.09.1990 in der Rs C-5/89, Kommission/Deutschland, Slg. 1990, I-3437, Rn. 13 ff.

Vertrauensschutz als Verfassungsgrundsatz

Professor Dr. Udo Steiner,
Richter des Bundesverfassungsgerichts, Universität Regensburg

Inhalt

I. Die Gewährung rechtlichen Vertrauensschutzes als juristische Nachkriegsschöpfung

„Vertrauensschutz" im öffentlichen Recht und insbesondere auf der Grundlage des nationalen Verfassungsrechts ist ein juristisches Stichwort der grundgesetzgeprägten Nachkriegsrechtsordnung. Es fehlt in den Sachregistern der vorkonstitutionellen rechtswissenschaftlichen Literatur[1]. Rechtsstaatsprinzip (Art. 20 Abs. 3, 28 Abs. 1 Satz 1 GG) und Grundrechte tragen die in den 50er Jahren ausgegebene Losung: Vertrauen ist gut, Vertrauensschutz ist besser. Diese Losung ist längst für alle Staatsgewalten ausgegeben: für Gesetzgebung, Verwaltung und auch – freilich mit Einschränkungen – für die Judikative. Der Siegeszug dieser Losung hat den lebensnotwendigen Bewegungs- und Veränderungsbedarf der Rechtsordnung nicht unerträglich beschränkt, denn: Rechtlicher Vertrauensschutz wird nicht dem gewährt, dessen Erwartung an staatliches Verhalten enttäuscht wird, sondern nur dem, der gutgläubig disponiert hat. Gewährung von Vertrauensschutz bedeutet auch nicht notwendig eine rechtliche Veränderungs-sperre für die Zukunft; Gesetzgebung, Rechtsprechung und Rechtswissenschaft haben flexible und sachangemessene Instrumente zur Gestaltung eines Kompromisses zwischen der gebotenen Stetigkeit des Rechts und dessen unabweisbarem Modernisierungsbedarf zur Verfügung gestellt: Bestandsschutz auf Zeit, Übergangsregelungen, Entschädigung, Erstattungsansprüche. Bilanz und Zwischenbilanz des verfassungsrechtlichen Vertrauensschutzes stehen im Mittelpunkt meines folgenden Beitrags.

II. Felder gesicherter Vertrauensschutzstandards

1. Verwaltung und Vertrauensschutz

Die Erfolgsgeschichte des Vertrauensschutzes im Verwaltungsrecht ist zunächst eine originäre Leistung der Verwaltungsgerichtsbarkeit. Das Urteil des OVG Berlin vom

---

1 Siehe etwa Gerhard Anschütz/Richard Thoma, Handbuch des Deutschen Staatsrechts, Bd. 2, 1932.

14.11.1956[2] gilt als Signal: Es begrenzt die Aufhebung rechtswidriger begünstigender Verwaltungsakte, und die Richter dürfen noch unkompliziert und ohne grundgesetzlichen Beistand argumentieren: Auch der rechtswidrige Verwaltungsakt bedeute Bekundung der Staatsautorität. Deshalb könne derjenige, der auf seine Gültigkeit vertraut, den Schutz des Rechts beanspruchen. Und sie fügen in rechtsdogmatischer Unschuld hinzu: „Der hieraus abgeleitete Grundsatz des Vertrauensschutzes ist allgemein anerkannt und bedarf keiner näheren Begründung."[3] 1977 übernimmt der Gesetzgeber das Vertrauensschutzprinzip in das Verwaltungsverfahrensgesetz und konzipiert Vorschriften zur materiellen Bestandskraft von Verwaltungsakten[4]. Ein zeitgleich inspirierter Gesetzgeber modifiziert in der Abgabenordnung das allgemeine Konzept, soweit die besondere steuertechnische Gestaltung der Bescheide dies erfordert[5]. Auch die Vorschriften des SGB X lassen die Handschrift des Verwaltungsverfahrensgesetzes erkennen; hinzugefügt ist allerdings – artgerecht – etwas „soziales Öl"[6]. Deutlich ist dabei im Verwaltungsrecht geworden: Es gibt unter der Geltung des Grundgesetzes mehrere Wege der Vertrauensschutzgewährung; uneingeschränkte Besitzstandswahrung ist nur einer von ihnen und wird eher selten begangen. Die Konzeptionskraft des Gesetzgebers ist gefragt, und – subsidiär – die Regelbildungskompetenz der Gerichte. Rechtsprechung, Praxis und Gesetzgebung gehen den verwaltungsrechtlichen Weg des Vertrauensschutzes ohne zeitaufwendigen Boxenstopp bei der Verfassungsgerichtsbarkeit. Wenig hat das Bundesverfassungsgericht auf diesem Feld interveniert. Es verlangt vom Fachgesetzgeber nur – um einen allerdings wichtigen Punkt hervorzuheben –, die Vorschriften über die Abänderung oder Aufhebung rechtswidriger begünstigender Verwaltungsakte so auszuformen, daß die Verwaltung bei ihren Korrekturentscheidungen dem Gesichtspunkt des Vertrauensschutzes zugunsten des Bürgers zumindest Rechnung tragen *kann*[7]. Will der Gesetzgeber dies nicht, so muß er sehr gewichtige Gründe dafür anführen können, daß er das Interesse des Bürgers an der Aufrechterhaltung einer rechtswidrigen Begünstigung ausnahmslos außer Betracht läßt[8]. Insofern erscheint § 48 VwVfG als ein Verfassungsmodell: Seine Ermessensstruktur gibt Raum für individuellen Vertrauensschutz. Aus gut verstandenem Grundgesetz hat sich das Bundesverfassungsgericht bei der verwaltungsgerichtlichen Regel*bildung* durch Verfassungskonkretisierung zurückgehalten. Aber auch die verfassungsgerichtliche Überprüfung der verwaltungsgerichtlichen Regel*anwendung* nimmt das Bundesverfassungsgericht behutsam vor. Es judiziert den Satz[9]: Formt der Gesetzgeber im Rahmen der Vorschriften über die Rücknahme und den Widerruf von Verwaltungsakten den Vertrauensschutz verfassungskonform aus, so kann das Bundesverfassungsgericht die Anwendung dieser Vorschriften durch die allgemeinen Gerichte nur in engen Grenzen überprüfen. Diese Einschränkung ist beispielsweise bedeutsam geworden für die verfassungsgerichtliche Kontrolle der Rücknahme einer prüfungsfreien Bestellung von

---

2 DVBl. 1957, S. 503 ff.

3 DVBl. 1957, S. 506.

4 Verfassungsgebotener oder verfassungsnaher Vertrauensschutz im Verwaltungsrecht (siehe dazu allgemein Dirk Ehlers, in: Erichsen/Hrsg., Allgemeines Verwaltungsrecht, 10. Aufl. 1995, S. 109 f.) ist natürlich nicht identisch mit der Frage der materiellen Bestandskraft von Verwaltungsakten. In den Zusammenhang des verwaltungsrechtlichen Vertrauensschutzes gehören z. B. auch Zusage und Auskunft. Siehe dazu aus steuerrechtlicher Sicht KlausTipke/Joachim Lang, Steuerrecht, 15. Aufl. 1996, S. 727 ff.

5 Dazu näher Tipke/Lang (Fn. 4), S. 812 ff.

6 Siehe vor allem die Vorschrift des § 44 SGB X.

7 BVerfGE 59, 128 (166).

8 Siehe dazu näher Udo Steiner, Zum Anwendungsbereich der verwaltungsverfahrensrechtlichen Regelungen über die materielle Bestandskraft von Verwaltungsakten (§§ 48, 49 VwVfG), VerwArch Bd. 83 (1992), S. 479 (491 ff.).

9 Siehe BVerfG, 2. Kammer des Ersten Senats, Beschl. vom 5.2.1997, 1 BvR 127/97.

Steuerbevollmächtigten im wiedervereinigten Deutschland, wenn die Voraussetzungen für die Bestellung nicht vorlagen, wie z. B. der Nachweis steuerberatender Erfahrungen in der Deutschen Demokratischen Republik.

2. Die sogenannte Rückwirkungsrechtsprechung des Bundesverfassungsgerichts

a) Der spezifische Beitrag des Bundesverfassungsgerichts zum Vertrauensschutz als Verfassungsgrundsatz ist seine Rechtsprechung zu den Möglichkeiten und Grenzen der Rückwirkung gesetzlicher Vorschriften[10]. Über zweihundert Entscheidungen mit Aussagen zu diesem Thema sind seit 1951 ergangen; die vorläufig jüngste Entscheidung datiert vom 15. Oktober 1996[11]. Der Erste Senat unterscheidet bekanntlich – ohne daß ich hier die oft dargestellte Rechtsprechung noch einmal darstellen will und muß – zwischen der sogenannten echten und der sogenannten unechten Rückwirkung. Als Faustformel gilt: Die sogenannte echte Rückwirkung – nachträglicher Eingriff in abgewickelte, der Vergangenheit angehörende Tatbestände – ist grundsätzlich unzulässig; die sogenannte unechte Rückwirkung – Einwirkung der Norm auf gegenwärtige, noch nicht abgeschlossene Sachverhalte und Beziehungen für die Zukunft bei gleichzeitiger nachträglicher Entwertung der betroffenen Rechtsposition – soll dagegen grundsätzlich verfassungsrechtlich zulässig sein. Teubner[12] hat diese Rechtsprechung mit satirischer Würze und Kürze auf den Satz gebracht: „Die Rückwirkung von Gesetzen ist nicht immer verfassungswidrig, besonders dann nicht, wenn sie unecht ist". Man hat die Terminologie des Ersten Senats mit guten Gründen kritisiert; aber die Lebenskraft juristischer Begriffe hängt bekanntlich weniger von ihrer Sachrichtigkeit als von ihrer Einprägsamkeit ab – einmal im Hörsaal, immer im Kopf. Man hat die Formeln auch inhaltlich beanstandet; mehr literarisches Lob scheinen die vom Zweiten Senat entwickelten Begriffe – Rückbewirkung von Rechtsfolgen und tatbestandliche Rückanknüpfung – zu erhalten[13]. Gleichwohl ist im Augenblick nicht erkennbar, daß sich die beiden Senate auf eine gemeinsame Linie verständigen; zu wenig sind die Unterschiede *ergebnis*wirksam. Prüfungsmaßstab sind aus der Sicht des Ersten Senats vor allem die Grundrechte, soweit sich die in Frage stehenden gesetzlichen Regelungen als Eingriffe in grundrechtliche Schutzbereiche darstellen. Dabei erweist sich auch hier Art. 2 Abs. 1 GG als wichtige Maßstabsreserve. Dieses Grundrecht ist für den Ersten Senat bis auf weiteres auch der Maßstab bei der verfassungsrechtlichen Beurteilung von Abgaben- und Steuerge-

---

10 Siehe dazu aus der umfangreichen Literatur Volkmar Götz, BVerfG und Vertrauensschutz, in: BVerfG und Grundgesetz, hrsg. v. Starck, Bd. 2, 1976, S. 421 ff.; Günter Kisker/Günter Püttner, Vertrauensschutz im Verwaltungsrecht, VVDStRL Bd. 32 (1974), S. 149 ff.; Philip Kunig, Das Rechtsstaatsprinzip, 1986, S. 416 ff.; Hartmut Maurer, Kontinuitätsgewähr und Vertrauensschutz, in: Isensee/Kirchhof, Handbuch des Staatsrechts, Bd. III, 2. Aufl. 1996, § 60, S. 211 ff.; Bodo Pieroth, Rückwirkung und Übergangsrecht, 1981; Rainer Riggert, Die Selbstbindung der Rechtsprechung durch den allgemeinen Gleichheitssatz (Art. 3 I GG), 1993, S. 27 f.; Schmidt-Aßmann, Der Rechtsstaat, in: Isensee/Kirchhof, Handbuch des Staatsrechts, Bd. I, 1987, § 24, S. 1032 ff.; Klaus Stern, Staatsrecht der Bundesrepublik Deutschland, Bd. 1, 2. Aufl. 1984, S. 831 ff.; Klaus Tipke, Die Steuerrechtsordnung, Bd. I, 1993, S. 177 ff.; Klaus Vogel, Rechtssicherheit und Rückwirkung zwischen Vernunftrecht und Verfassungsrecht, JZ 1988, S. 833 (837) und Beatrice Weber-Dürler, Vertrauensschutz im öffentlichen Recht, 1983, S. 14 ff.; speziell aus der Sicht des Steuerrechts vgl. Dieter Birk, Steuerrecht I. Allgemeines Steuerrecht, 2. Aufl. 1994, S. 68 ff.; Josef Isensee, Vertrauensschutz für Steuervorteile, in: Steuerrecht. Verfassungsrecht. Finanzpolitik, Festschrift für Franz Klein, hrsg. v. Kirchhof u. a., 1994, S. 611 ff.; Rainer Walz, Verbotene Rückwirkungen, Gebotene Übergangsregelung, Richterliche Vertragsanpassung. Rechtssicherheit und Risikozuweisung bei Steuerrechtsänderungen, in: Finsinger/Simon (Hrsg.), Recht und Risiko, 1988, S. 254 ff.

11 BVerfG, Beschl. vom 10.10.1996, 1 BvL 44/92; 48/92.

12 Ernst Teubner, Satirisches Rechtswörterbuch, 1990, S. 121.

13 Siehe etwa Bodo Pieroth, Die neuere Rechtsprechung des BVerfG zum Grundsatz des Vertrauensschutzes, JZ 1984, S. 971 (973 f.); Klaus Vogel, Grundzüge des Finanzrechts des Grundgesetzes, in: Isensee/Kirchhof (Hrsg.), Handbuch des Staatsrechts, Bd. IV, 1990, § 87, S. 3 ff., Rn. 75.

setzen mit echter und unechter Rückwirkung. Er hatte noch keine geeignete Gelegenheit[14], sich mit der Entscheidung des Zweiten Senates vom 22. Juni 1995[15] zum Vermögensteuerrecht auseinanderzusetzen, die in Teilen der Literatur[16] als Bekenntnis zur Maßstabszuständigkeit des Art. 14 GG bei der Verfassungsprüfung hoheitlich auferlegter Geldleistungspflichten bewertet, begrüßt und sogar gefeiert wird.

b)   Die in den Fällen der praktisch besonders wichtigen unechten Rückwirkung maßgebliche Abwägungsformel – Veränderungsinteresse gegen Bewahrungsinteresse – läßt dem Bundesverfassungsgericht erheblichen Spielraum. Keinesfalls hat ihre Anwendung die Regelungsmobilität des Gesetzgebers übermäßig beschränkt; sie hat die Beschwerdeführer eher enttäuscht. Nur selten scheitert der Gesetzgeber, auch im Steuerrecht, mit der Absicht einer möglichst schnellen umfassenden Inkraftsetzung seiner neuen Normen und mit seinem Konzept des Übergangs. Dies mag daran liegen, daß er sich längst auf die Rechtsprechung des Bundesverfassungsgerichts eingestellt hat. Zudem vermeidet er unter den Bedingungen der Demokratie und des Lobbyismus bei der Vornahme von Rechtsverschlechterungen nach Möglichkeit Grausamkeiten[17]; das Bundesverfassungsgericht hat es in seiner Kontrollpraxis eher mit dem „fairen" oder „versteckten" „Foul" des Gesetzgebers zu tun. Im Einkommensteuerrecht ist ohnehin mit dem Beschluß des Zweiten Senats vom 14. Mai 1986[18] der Regelungsspielraum des Gesetzgebers großzügig bemessen worden. Bekanntlich kann der Einkommensteuerpflichtige nach Meinung der Senatsmehrheit und mit den Worten des Sondervotums[19] nicht in schützwürdiger Weise darauf vertrauen, daß Einkünfte, die er während eines Veranlagungszeitraumes erzielt, nach Maßgabe jener Rechtslage in die Veranlagung und die Berechnung seiner Jahressteuerschuld eingehen, wie sie zur Zeit des Zuflusses dieser Einkünfte galt. Vieles ist entschieden. Gleichwohl läßt sich nicht bilanzieren, die verfassungsgerichtliche Gewährung von Vertrauensschutz gegenüber dem Gesetz habe die interessantesten Zeiten hinter sich; vor allem die Pläne zur Neugestaltung der Sozialsysteme könnten hier das Bundesverfassungsgericht noch vor schwierige Fragen stellen.

III. Vertrauensschutz bei Änderung einer höchstrichterlichen Rechtsprechung

1. Zur Position des Bundesverfassungsgerichts

Zu den eher offenen Problemzonen des verfassungsrechtlichen Vertrauensschutzes wird die Frage der Änderung einer höchstrichterlichen *Rechtsprechung* als Unterfall der Änderung einer staatlichen Praxis gerechnet[20]. So mahnt vor allem die steuerrecht-

---

14 Siehe dazu BVerfG, Urt. vom 8.4.1997, 1 BvR 48/94, Umdruck S. 47 f.

15 BVerfGE 93, 121 (137 f.).

16 Siehe z. B. Walter Leisner, Steuer- und Eigentumswende – die Einheitswert-Beschlüsse des BVerfG, NJW 1995, S. 2591 ff.

17 Übergangsregelungen werden vom Gesetzgeber häufig großzügiger gestaltet als das BVerfG dies fordert. Darauf weist Tipke (Fn. 10) hin (S. 194).

18 BVerfGE 72, 200 (253).

19 Sondervotum Steinberger, BVerfGE 72, 276 (277).

20 Zum folgenden siehe näher Wolfgang Grunsky, Grenzen der Rückwirkung bei einer Änderung der Rechtsprechung, 1970; Kunig (Fn. 10), S. 431 ff.; Löwisch, Manfred, Vertrauensschutz bei Rechtsprechungsänderungen aus der Sicht des BAG, in: Die Arbeitsgerichtsbarkeit – Festschrift zum 100jährigen Bestehen des Deutschen Arbeitsgerichtsverbandes, 1994, S. 601 ff.; Riggert (Fn. 10); Vogel (Fn. 10), S. 839; Weber-Dürler (Fn. 10), S. 235 ff.; zur Rechtslage in den Vereinigten Staaten siehe Wilhelm Knittel, Zum Problem der Rückwirkung bei einer Änderung der Rechtsprechung. Eine Untersuchung zum deutschen und US-amerikanischen Recht, 1965, insbesondere S. 32 ff. Vgl. ferner aus der Rechtsprechung BSG, Urt. vom 23.8.1957, BSGE 5, 289 ff. (zum Prinzip der Stetigkeit der Rechtsprechung).

liche Literatur[21] mehr Aufmerksamkeit für die rechtliche Behandlung der steuerrechts-verschärfenden höchstrichterlichen Rechtsprechung an. Man zitiert Günter Dürig, der in seiner temperamentvollen Kommentierung des Art. 3 GG dem Bundesverfassungsgericht eine „laxe" Einstellung zu dieser Problematik vorgeworfen hat[22]. Dieser Vorwurf wiegt schwer, bedenkt doch das Bundesverfassungsgericht die Folgen *seiner* Rechtsprechung, insbesondere bei der verfassungsgerichtlichen Beanstandung von Gesetzen, im Hinblick auf die betroffenen Bürger, die staatliche Praxis und die öffentlichen Haushalte sehr sorgfältig[23]. Es nimmt bekanntlich eine Art fallbezogener Feinsteuerung der Entscheidungsfolgen vor[24], weil sich mit einer reinen Anwendung des extunc-Dogmas der Nichtigerklärung verfassungswidriger Gesetze nicht vernünftig leben läßt. Die Kritik von Dürig mag im übrigen für die Rechtsprechung des Bundesverfassungsgerichts zutreffen, wie sie sich im Zeitpunkt der Kommentierung im Jahre 1973 darstellt. Spätestens der Beschluß des Ersten Senats vom 14. Januar 1987[25] hat hier aber eine neue und richtige Richtung eingeschlagen. Darauf wird noch zurückzukommen sein. Für die Fälle einer Fortentwicklung seiner eigenen Rechtsprechung hat das Plenum des Bundesverfassungsgerichts in seinem Beschluß vom 8. April 1997[26] im übrigen ein Zeichen gesetzt. Es ging bekanntlich um die verfassungsrechtlichen Anforderungen an den gesetzlichen Richter (Art. 101 Abs. 1 Satz 2 GG) bei der Bestimmung der Sitz- oder Spruchgruppen von Berufsrichtern in überbesetzten gerichtlichen Spruchkörpern. Das Plenum hat die Anforderungen an die Geschäftsverteilungs- und Mitwirkungspläne gesteigert und dabei die Problematik der Voraussehbarkeit einer solchen Fortentwicklung seiner Rechtsprechung gesehen und formuliert: „Es besteht deshalb Anlaß die bisherigen Mitwirkungsregeln in überbesetzten Spruchkörpern noch für eine Übergangszeit hinzunehmen, um den Fachgerichten Gelegenheit zu geben, sich auf die nunmehr geklärte verfassungsrechtliche Lage einzustellen."[27]

2. Vertrauensschutz bei Änderung der höchstrichterlichen Rechtsprechung als Verfassungsfrage

Höchstrichterliche Rechtsprechung unterliegt dem Wandel. Zwar ist ihre Kontinuität zu Recht als eigener Rechtswert betont worden[28]. Dem Grundgesetz ist aber kein Rechtssatz zu entnehmen, daß eine Änderung der höchstrichterlichen Rechtsprechung besonderen verfassungsrechtlichen Bedingungen unterworfen und insbesondere nur zulässig ist, wenn – verkürzt – die bisher vertretene Rechtsauffassung unvertretbar geworden ist[29]. Man mag von den obersten Bundesgerichten erwarten, daß sie nicht ohne Not eine feste Rechtsprechung ändern. Diese Erwartung ist aber eine Vorstellung im

21 Siehe vor allem Günther Felix, Zum Rückwirkungsverbot verschärfend geänderter Steuerrechtsprechung, in: Festschrift für Klaus Tipke, hrsg. von Lang, 1995, S. 71 ff. im Hinblick vor allem auf BFH, Beschl. des Großen Senats vom 25.6.1984, BFHE 141, 405 (430 f.). Siehe weiter zur Thematik auch Joachim Burmeister, Grenzen rückwirkender Verschärfung der Besteuerungspraxis aufgrund einer Änderung der Auslegung (veranlagungs-)steuerlicher Vorschriften durch die Finanzverwaltung und -gerichte, in: Staat. Wirtschaft. Steuern, Festschrift für Heinrich Friauf zum 65. Geburtstag, hrsg. von Wendt u. a., 1996, S. 759 ff.; Tipke (Fn. 10), S. 197 ff.
22 Dürig, in: Maunz/Dürig/Herzog, Grundgesetz, Kommentar, Art. 3 Rn. 402 (Bearbeitungsstand 1973).
23 Näher dazu Klaus Schlaich, Das Bundesverfassungsgericht, 3. Aufl. 1994, S. 219 ff.
24 Siehe aus jüngerer Zeit BVerfGE 94, 241 (265 ff.).
25 BVerfGE 74, 129 ff. Die – thematisch einschlägige – Verfassungsbeschwerde 2 BvR 287/92 (vgl. Felix/Fn. 21, S. 74) hat das BVerfG nicht angenommen. Zur bisherigen verfassungsgerichtlichen Rechtsprechung siehe BVerfGE 18, 224 (240 f.); 32, 311 (319); 38, 386 (397) und 59, 128 (164 ff.).
26 Beschl. des Plenums vom 8.4.1997, 1 PvU 1/95.
27 a.a.O., Umdruck, S. 18.
28 Paul Kirchhof, Kontinuität und Vertrauensschutz bei Änderungen der Rechtsprechung, DStR 1989, S. 263 (264).
29 Näheres dazu mit Nachweisen Knittel (Fn. 20), S. 25 f.; Grunsky (Fn. 20), S. 9 f.

Bereich der richterlichen Rechtskultur. Stetigkeit der Rechtsprechung ist kein Verfassungsgebot, oder so formuliert: neuer Fall, neue Freiheit. Auch der Gesichtspunkt der intertemporalen Rechtsgleichheit bildet keine verfassungsrechtliche Schranke, weil insoweit Art. 97 GG und seine Garantie der sachlichen richterlichen Unabhängigkeit den Wechsel der Rechtserkenntnis trägt und gegenüber dem Gleichheitsgebot des Art. 3 Abs. 1 GG mit Erfolg verteidigt[30]. Verfassungsrechtlich geboten sind auch nicht Vorwarnungen vor der Absicht eines höchstrichterlichen Wettersturzes; ohnehin ist verfassungsrechtlich zweifelhaft, ob die Prämisse einer solchen Vorwarnung – die richterliche Selbstbindung – grundgesetzlich einwandfrei begründbar ist, und dies insbesondere bei einem Wechsel im Spruchkörper[31]. Immerhin können Vorwarnungen Vertrauen zerstören und ihm die rechtliche Schutzwürdigkeit nehmen[32].

Gleichwohl sind die Auswirkungen einer Änderung höchstrichterlicher Rechtsprechung auch ein verfassungsrechtliches Thema. Eher selten stellt sich der Gesetzgeber ihm; der Richter wird's schon richten ist seine Einstellung, mit der wir in der Bundesrepublik insgesamt nicht schlecht gefahren sind. Rechtsprechung ist zwar nicht Gesetzgebung. Deshalb ist eine Änderung der Rechtsprechung auch keine Änderung der objektiven Rechtslage, sondern eine Änderung der Erkenntnis dessen, was objektiv rechtens ist[33]. Diese Feststellung sind wir dem Grundgesetz und seinem Gewaltenteilungskonzept schuldig. Dies schließt aber nicht aus, rechtliche Konsequenzen aus dem unbestreitbaren Befund zu ziehen, daß Richterrecht in Deutschland weithin und mit Billigung des Bundesverfassungsgerichts[34] gesetzesähnliche Funktionen hat. Das Grundgesetz in seiner jurisdiktionsfreundlichen Auslegung durch das Bundesverfassungsgericht hindert den Richter heute nicht, schneller und klüger zu sein als der Gesetzgeber. An diesen Sachverhalt kann der verfassungsrechtliche Vertrauensschutz gegenüber der höchstrichterlichen Rechtsprechung zum materiellen Recht in pragmatischer Weise anknüpfen[35]. Die Auswirkungen einer Änderung der höchstrichterlichen Rechtsprechung auf den entscheidenden Fall sind grundsätzlich verfassungsrechtlich nicht anders als Gesetze zu behandeln, sofern sie inhaltlich einer objektiv-rechtlichen Rückwirkung gleichkommen. Die obersten Bundesgerichte dürfen dem Recht in Abänderung ihrer bisherigen Rechtsprechung keine neue Auslegung geben oder ihm neue Regeln entnehmen und auf den konkreten Fall anwenden, die der Gesetzgeber nicht inhaltsgleich als Vorschrift aufstellen könnte, ohne die Grenzen erlaubter Rückwirkung zu überschreiten und damit verfassungswidrig zu handeln. Der oberste Richter ist unmittelbar durch das Grundgesetz und das in ihm enthaltene Vertrauensschutzprinzip ermächtigt und verpflichtet, den „Altfall" von seiner neuen Rechtsprechung auszunehmen, wenn das legitime Verschonungsinteresse des Betroffenen gegenüber dem Interesse an einer „Sofortwirkung" des richterlichen Kurswechsels überwiegt. Dabei kann es nur unter dem Gesichtspunkt der Schutzwürdigkeit des Prozeßbeteiligten einen Unterschied machen, ob die neue Rechtserkenntnis auf einer bloßen Ansichtsänderung, auf neuem Wissen in bezug auf die für die Auslegung wichtigen sozialen oder naturwissenschaft-

---

30 Siehe dazu und zum folgenden Grunsky (Fn. 20), S. 25; Löwisch (Fn. 20), S. 609; Riggert (Fn. 10), S. 119 f.

31 Zu dieser Frage vgl. Löwisch (Fn. 20), S. 609; Riggert (Fn. 10), S. 81 ff.

32 Siehe dazu Löwisch (Fn. 20), S. 608, 617.

33 Zu Recht hat deshalb das BVerwG in der Änderung einer höchstrichterlichen Rechtsprechung keine Änderung der Rechtslage im Sinne des § 51 Abs. 1 Satz 1 Nr. 1 VwVfG gesehen. Siehe Urt. vom 14.4.1981, NJW 1981, S. 2595; Beschl. vom 16.2.1993, NVwZ-RR 1994, S. 119.

34 Siehe dazu BVerfGE 34, 269 (288 f.); 69, 315 (369); 82, 6 (11 f.).

35 Damit soll nicht übersehen werden, daß die Änderung von Recht und die Änderung von Rechtsprechung strukturell wesentlich verschiedene Sachverhalte sind. Neues Recht läßt altes Recht nicht rechtswidrig werden; neue Rechtsprechung stellt dagegen die Legalität der alten Rechtsprechung in Frage. Gebietet der Vertrauensschutz die richterliche Behandlung alter Fälle nach alter Rechtsprechung, so läuft dies auf die (individuelle) Perpetuierung einer an sich rechtswidrigen Rechtsprechung hinaus.

lichen Sachverhalte oder – im Steuerrecht besonders bedeutsam – auf eine Veränderung des normativen Umfelds der betreffenden Vorschrift zurückzuführen ist[36]. Das Gericht hat es freilich nicht in der Hand, die Geltung seiner neuen Rechtsprechung über den konkreten Fall hinaus zu steuern; hier ist vor allem der Gesetzgeber aufgerufen, bereichs- und gerichtszweigspezifische Regelungen zu treffen, z. B. in der Gestalt von Spezialvorschriften des jeweiligen verwaltungsverfahrensrechtlichen Umfelds. Dieser Schlußstein im Gebäude des verfassungsrechtlichen Vertrauensschutzes ist noch zu setzen. § 176 Abs. 1 Satz 1 Nr. 3 AO leistet dazu keinen Beitrag. Er schützt das Vertrauen in die Bestandskraft eines Verwaltungsakts und nicht in die Stetigkeit der Rechtsprechung[37]. Die Anpassungsfähigkeit der höchstrichterlichen Rechtsprechung an veränderte Lagen hängt davon ab, daß das normative Umfeld die Folgen neuer Erkenntnisse „abfängt": Weiß der Richter, daß die Konsequenzen einer Änderung seiner Rechtsprechung den Betroffenen zumutbar sind und praktisch beherrscht werden können, wird dies seine Bereitschaft zur (Selbst-)Korrektur steigern.

IV. Schlußbemerkung

Auch im fünften Jahrzehnt der grundgesetzlich geprägten Rechtsordnung der Bundesrepublik Deutschland, deren Erneuerungs- und Modernisierungsbedarf täglich beschworen wird, kann man guten Gewissens zu dem in der Nachkriegszeit auf verfassungsrechtlicher Grundlage ausgeformten Vertrauensschutzgedanken stehen. Das demokratische Prinzip erlaubt und legitimiert neues Recht; Grundrechte und Rechtsstaatprinzip sorgen für faire Bedingungen des Rechtswechsels und insbesondere einen verfassungsrechtlich geordneten Rückzug des staatlichen Gesetzgebers aus rechtlich gewährten Vorteilen und günstigen Rechtslagen. Dabei muß sich das Bekenntnis zum Vertrauensschutz nicht unter die Schirmherrschaft des Grundgesetzes allein stellen, um in der öffentlichen Diskussion bestehen zu können. Denn die Anerkennung rechtlichen Vertrauensschutzes ist eine Bedingung für planmäßiges und rationales Verhalten der Bürger; eine maßvolle Verläßlichkeit von Regeln und Rechtsakten gehört zur politisch unverzichtbaren Architektur der staatlichen Ordnung. Strafbare Beihilfe zur oft kritisierten rechts- und sozialstaatlichen Vollklimatisierung unseres Gemeinwesens leistet der verfassungsrechtliche Vertrauensschutz nicht.

---

36 Dazu siehe Knittel (Fn. 20), S. 59 f.
37 Siehe Klaus Tipke/Heinrich W. Kruse, Abgabenordnung. Finanzgerichtsordnung, 16. Aufl. 1996, § 176 AO Rn. 1; vgl. auch Hübschmann/Hepp/Spitaler, Abgabenordnung/Finanzgerichtsordnung, 10. Aufl. 1995, § 176 AO, Rn. 7; zu der auf eine Änderung der höchstrichterlichen Rechtsprechung reagierenden Vorschrift des § 48 Abs. 2 SGB X siehe Siegfried Wiesner, in: Schroeder/Printzen/Engelmann/Schmalz/Wiesner/v. Wulffen, SGB X, 3. Aufl. 1996, Rn. 16 ff.

Diskussion zu den Referaten von Prof. Dr. Schmidt-Jortzig, Prof. Dr. Lenz und Prof. Dr. Steiner

Moderation: Prof. Dr. Dieter Birk,
Direktor des Instituts für Steuerrecht der Universität Münster

Witte:

Recht herzlichen Dank, Herr Steiner. Ihre markanten Worte von der Vollklimatisierung habe ich im Ohr. Ich denke, manchmal haben Leute das Wort von der Zollklimatisierung in gleicher Weise im Ohr und fragen sich, was in diesem Bereich erwartet werden kann. Aber ich will den Einzelthemen nicht vorweggreifen. Das Thesenpapier von Herrn Lenz wird ausgeteilt und ich glaube, jetzt ist es an der Zeit, in die Diskussion einzusteigen. Herr Birk wird sie moderieren.

Birk:

Heute vormittag haben wir drei sehr schöne Grundsatzreferate gehört mit unterschiedlicher Akzentsetzung. Immer wenn der Staat handelt, ganz gleich in welcher Handlungsform, dann setzt er Vertrauen. Vertrauen ist gewissermaßen das Grundproblem jeden staatlichen Handelns und vor allem natürlich auch jeder staatlichen Rechtsetzung. Unser Justizminister hat, was seines Amtes ist, betont, daß die Rechtsordnung offen bleiben muß, um die zukünftige Entwicklung in den Griff zu bekommen. Er hat aber, und da kam – denke ich – der Wissenschaftler Schmidt-Jortzig zur Geltung, betont, daß dahinter Menschen stehen, die auf den Staat vertrauen, auf den Bestand ihrer Rechtsposition vertrauen, und daß deshalb ein Abwägungsproblem besteht, dem sich der Gesetzgeber selbstverständlich stellen muß. Prinzipiell aber müsse der Gesetzgeber freie Hand haben, die Zukunft zu gestalten. Wir haben dann in unserem zweiten Referat von Herrn Lenz die durch den Europäischen Gerichtshof geprägte Position gehört, wobei mich besonders aufhorchen ließ, Herr Lenz, daß Sie gesagt haben, es gibt kein Vertrauen vor dem Gesetzgeber, nein, Sie haben das anders formuliert: es gibt keinen Schutz vor dem Gesetzgeber. Sie haben die Notwendigkeit betont, daß der Gesetzgeber für die Gestaltung der Zukunft offen bleiben muß. Allerdings hat sich der Europäische Gerichtshof vor allem mit Einzelakten beschäftigt und mit der Abwägung, die in diesem Bereich stattzufinden hat. Zudem klagt vor dem Europäischen Gerichtshof ein qualifizierter Personenkreis, also ein Personenkreis mit qualifizierten Rechtskenntnissen, so daß der Vertrauensschutzgedanke keine so große Bedeutung hat wie bei einem Personenkreis, der ohne rechtliche Vorkenntnisse in die staatlichen Handlungsformen vertraut.

Wir haben im letzten Referat von Herrn Steiner den Versuch erlebt, in Anlehnung an die Rechtsprechung des Bundesverfassungsgerichts einen goldenen Mittelweg zu gehen. Herr Steiner hat die Linien des Bundesverfassungsgerichts nachgezeichnet, die mit den Stichworten unechte und echte Rückwirkung zu umschreiben sind, die aber – vielleicht kommen wir in der Diskussion noch darauf – im Steuerrecht ihre besondere Brisanz haben. Er hat auf die Problematik hingewiesen, daß alles, was während eines Veranlagungszeitraumes passiert, gleichgültig ob wirtschaftlich abgeschlossen oder nicht, unter das Stichwort unechte Rückwirkung fällt und damit insoweit ein Vertrauensschutz nicht besteht. Dennoch, denke ich, hat das Bundesverfassungsgericht immer wieder versucht, sich mit den Argumenten des Schrifttums auseinanderzusetzen und eine breite Abwägungsbasis zu schaffen zwischen den Vertrauenstatbeständen, die der Gesetzgeber oder die Verwaltung geschaffen haben, und dem Interesse, welches der Bürger an dem Fortbestand der Rechtsposition hat.

Ja, ich denke, damit ist ein weiter Bereich angesprochen. Sie haben jetzt die Möglichkeit – die seltene Möglichkeit – an zwei Repräsentanten unserer höchsten Gerichte Fragen zu stellen. Vielleicht erhalten Sie Anregungen, die in dem einen oder anderen von Ihnen betreuten Fall weiterführend sein können.

Ich darf also die Diskussion eröffnen und bitte um Wortmeldungen.

Hohmann:

Mich würde interessieren, was Vertrauensschutz ganz konkret bedeutet. Nehmen wir den Fall eines Embargos, nehmen wir an, es ist ein Unternehmen, was umsichtig und besonnen ist und nicht mit einem Embargo rechnet, es hat eine Exportlizenz beantragt und erhalten und hat anschließend angefangen, die ersten Teile zu liefern. Jetzt kommt ein Embargo, nehmen wir an ein Irak-Embargo und das Unternehmen ist völlig überrascht davon. Was bedeutet jetzt hier Vertrauensschutz? Sicherlich nicht ein Rückwirkungsverbot in dem Sinne, daß man sagt, das geht nicht, das Embargo zu verhängen. Bedeutet Vertrauensschutz hier dann konkret einen Anspruch auf Entschädigung, sei es aus Aufopferung, Enteignungsgesichtspunkten oder ähnlichem? Die Frage geht in erster Linie an Prof. Steiner, aber auch an Herrn Prof. Lenz, weil es um ein EG-Embargo gehen dürfte. Danke schön.

Steiner:

Es überrascht mich, daß Sie die Frage zuerst an mich richten, denn die Idee des besonnenen Bürgers, der im Prinzip den Wandel der Rechtslagen immer im Auge hat und höchstinformiert ist und dies möglichst auch noch informell, ist an sich keine Erfindung „meines Hauses", sondern es ist eine Formel, die Herr Lenz heute geprägt hat. Zu unseren Rückwirkungsformeln gehört das so nicht. Wenn wir Vertrauen als nicht schutzwürdig ansehen, dann sind die Tatbestände eigentlich ein bißchen „grober".

Lenz:

Ja, ich habe zunächst einmal den Personenkreis beschrieben, von dem wir unsere Fälle bekommen. Wir sind nicht der Gesetzgeber, sondern wir entscheiden die Fälle, die uns vorgetragen werden. Diese Fälle kamen eben aus dem Bereich von Personen, die durch bestimmte Eigenschaften ausgezeichnet waren: sie waren Beamte, sie waren Kaufleute, sie waren Stahlunternehmer. Ich habe kein Wort dazu gesagt, was wäre, wenn sich Probleme im Bereich der Gesetzgebung stellten. Mit solchen Fällen hatten wir es schlicht und einfach nicht zu tun. Und ich mache da auch keine Prognosen. Und nur zur Klarstellung: wenn ich gesagt habe, es gibt keinen Schutz vor dem Gesetzgeber, dann wollte ich natürlich nicht die gerichtliche Kontrolle von Rechtssetzung an Hand der Verfassung oder des Vertrages eingeschränkt oder abgeschafft wissen. Die Schutzlosigkeit gilt, mit dieser Einschränkung, pro futuro, für die Zukunft, nicht für die Vergangenheit. Die Frage nach dem Embargofall. Ich würde sagen, that is a hypothetical question. Auf solche hypothetischen Fragen soll man erst antworten, wenn sie nicht mehr hypothetisch sind. Ich verstehe völlig Ihr Problem, aber ich halte es für nicht richtig, für ein Mitglied eines Gerichts, hypothetische Fälle im vorhinein zu entscheiden, ohne das Pro und Contra gehört zu haben.

Schrömbges:

Eine Frage an Herrn Lenz. Sie sagten eben, es entspricht der Rechtsprechung des EuGH, daß sich ein Wirtschaftsteilnehmer unmittelbar aus den Amtsblättern zu informieren hat. Wenn er das nicht tut, kann er sich per se nicht auf Vertrauensschutz berufen. Ich glaube, es ist schwierig, diese Rechtsprechung auf mittelständische Unternehmen anzuwenden. Stellen Sie sich das einmal vor, was das allein an Kosten verursacht, die Amtsblätter zu beschaffen und diese auch noch durchzulesen. Ein Einzelner ist da intellektuell überfordert – würde ich sagen. Und die andere Frage ist, Sie haben das etwas provokativ formuliert, ich versuche das jetzt auch: Sie sagen, keinen Schutz vor dem Gesetzgeber und kein Vertrauen in ein Verhalten einer Behörde, das sich über das geltende Gemeinschaftsrecht hinwegsetzt. Gibt es dann überhaupt noch Vertrauensschutz?

Lenz:

Zunächst einmal zu dem Fall „Mittelstand". Ich habe geschildert, was war. In den Fällen war es so, daß die Beteiligten es konnten. Es ist keine Forderung gewesen, die wir aufgestellt haben. Das ist mehr oder minder ein Sachverhalt, den wir festgestellt haben. Deswegen betone ich noch einmal die Besonderheit. Ich kann Ihnen nicht sagen, ob Ihr Mittelstandsfall genau so gelagert ist, aber ich kann Ihnen sagen, wenn hier die Voraussetzungen, die wir in den anderen Fällen glaubten vorzufinden, nach dem, was Sie sagen, nicht gegeben sind, kann man auch die gleiche Schlußfolgerung nicht so ohne weiteres ziehen. Wir stellen ab auf den konkreten Fall.

Und nun zur zweiten Frage: Kann man der Auskunft einer Behörde vertrauen? Habe ich das richtig verstanden? Wenn sie was Richtiges sagt ja, wenn sie etwas Falsches sagt nein. Ich gebe zu, daß das die Betroffen vor schwere Fragen stellt, aber ich glaube, wenn Sie das wieder auf die Fälle beziehen und nicht zu sehr generalisieren – das ist ja das Problem bei der Rechtsprechung, da wird immer extrapoliert – und das ist problematisch. Wir hatten in dem einen Fall, von dem ich berichtet habe, Kommissionsbeamte, die etwas gesagt haben, was rechtswidrig war. Wie der andere wußte, wohl gemerkt. Die Praxis war rechtswidrig. Das wußten beide Beteiligten und der Beamte hat dann gesagt, aber wir werden nichts tun. Ich glaube, wenn Sie die Frage mal auf diesem Hintergrund sehen, war da wirklich kein schutzwürdiges Interesse da, da wurde ein bißchen gespielt mit hohem Einsatz und man hat verloren. Wenn die Frage wäre, daß der Betreffende nicht weiß, daß es sich hier um rechtswidriges Handeln handelt, dann würde ich die Sache anders sehen, dann wäre das wahrscheinlich eine Frage des Schadensersatzes nach Art. 215 des Vertrages, wenn ein Beamter in Ausübung seines Amtes seine Pflichten verletzt. Das ist ein anderer Fall. Hier war ja ein Zusammenspiel von den beiden.

Schrömbges:

Nochmals etwas provokant formuliert:

Weiß man denn immer, was rechtswidrig ist? Oder ist die Rechtslage immer so klar, daß man das so einfach sagen kann wie Sie? Bei Ihren Ausführungen hört sich das ja wirklich so an, daß die Rechtslage sich jedem – juristisch zumindest vorgebildeten Menschen – eindeutig erschließt. Ist das wirklich immer so?

Lenz:

Also ich würde meinen, das ist sehr viel häufiger der Fall, als das manchmal versucht wird, uns glauben zu machen.

Birk:

Also ist eine gewisse Obliegenheit des Bürgers vorhanden, sich Gedanken darüber zu machen, wann etwas rechtswidrig ist und wann nicht. Der Bundesfinanzhof hat ja hinsichtlich der Fragen der Bindung an eine Zusage immer darauf abgestellt, ob der zuständige Beamte die Zusage gemacht hat oder nicht. Und wenn der Beamte nicht zuständig war, dann gibt es keine Bindung, ob der Einzelne das erkannt hat oder nicht, spielt keine Rolle. Er muß sich eben erkundigen, ob dieser Beamte zuständig ist, zur abschließenden Zeichnung befugt ist oder nicht. Er kann sich nicht darauf berufen, er habe den Mangel nicht erkennen können, sondern muß sich sachkundig machen. Die Problemfälle tauchen dann auf, wenn er alles Notwendige getan hat, wie der berühmte Steuerzahler, der die Anlage zur Einkommensteuer liest und seine Erklärung nach bestem Wissen ausfüllt, aber danach doch feststellt, daß er sich geirrt hat.

Lenz:

In dem Fall würden wir schutzwürdiges Vertrauen annehmen.

Birk:

Darf ich an die Frage von Herrn Schrömbges anknüpfen. Wie hoch sind die Qualifikationserfordernisse bei dem qualifizierten Personenkreis? Der Mittelstand kann nicht über CD-ROM ständig sämtliche Inhalte der Amtsblätter abfragen, das können ja nicht einmal Wissenschaftler. Auch hier wird man darauf abstellen müssen, was zumutbar ist und was nicht. Das wird dann im Einzelfall entschieden werden müssen.

Lenz:

Wir haben da weitgehend abgestellt auf die in diesen Kreisen üblichen Informationsblätter. Wenn jemand sagt, ich habe es nicht gewußt und die Kommission antwortet, im „Vertraulichen Wirtschaftsbrief" – ich phantasiere mal vom soundsovielten – da stand es doch drin, da holen Sie doch sonst Ihre Informationen, warum haben Sie hier dieser Information nicht Zweifelswert beigemessen? In dem Augenblick, wo ein vernünftiger Zweifel geweckt wird, ist der Vertrauensschutz nicht mehr gegeben. Wir haben ja keineswegs verlangt, daß er sich das Amtsblatt abonniert. Aber die konkreten Mitteilungen und Informationsmittel, die in diesen Kreisen üblich sind, müssen schon gelesen werden. Es hat da nie großen Streit gegeben, alle Beteiligten waren sich darüber im klaren: jawohl, so war das.

Steiner:

Bei einem Vergleich der Bilanzen von Herrn Lenz und mir würde man vielleicht sagen, daß wir in der Bundesrepublik Deutschland auf rechtswidriges staatliches Handeln und auch auf inhaltlich falsche Auskünfte wohl etwas differenzierter reagieren. Das würde ich schon – ich habe es vorhin in der Pressekonferenz gesagt, und ich bin jetzt mal so selbstbewußt – für Deutschland als eine Art Kulturleistung der Juristen bewerten. Doch wie im Schuldrecht das Prinzip gilt, Geld muß man haben, so gilt im öffentlichen Recht auch der Grundsatz: Das Recht muß man kennen. Wenn man es nicht kennt, muß man sich kundig machen. Was der Mittelstand in Ihrem Kreis ist, das ist aus der Sicht meines verwaltungsrechtlichen Betätigungsfeldes die kleine Gemeinde und deren Gemeinderat. Wer nicht gewählt wird, weil er über Rechtskenntnisse verfügt, sondern auf Grund anderer Qualitäten, und da war der Bundesgerichtshof immer sehr grausam, kann sich nicht auf fehlende Rechtskenntnisse berufen; es wird verlangt, daß er sich rechtskundig macht. Tut er dies nicht, dann ist er in der Haftung.

Düsing:

Mein Name ist Düsing. Ich wollte auf diese Frage ein kleines Beispiel nennen und Herrn Pof. Steiner und Herrn Prof. Lenz bitten, dazu Stellung zu nehmen, ob aus bundesverfassungsrechtlicher bzw. europäischer Sicht der Fall unterschiedlich zu beurteilen ist. Es handelt sich um einen Fall, der gerade vom EuGH entschieden wurde: Irish Farmers Association u. a. gegen Minister for Agriculture, Food and Forestry Irland,

Urteil vom 15.4.1997, Rechtssache C-22/94. Eine irische Landwirtsvereinigung klagte gegen die entschädigungslose Kürzung einer Milchreferenzmenge in Höhe von 4,74%. Der Hintergrund ist, daß die europäischen Landwirte nur innerhalb einer Milchreferenzmenge Milch an eine Molkerei liefern dürfen, da sämtliche Milch, die darüber hinaus geliefert wird, mit einem erdrosselnden Zollsatz belegt wird. Wegen der Überschüsse auf dem Milchmarkt wurde – im wesentlichen ohne Entschädigung – die Referenzmenge um 4.74% europaweit gekürzt. Hiergegen wendeten sich sowohl die irischen Farmer als auch deutsche Landwirte. Nicht nur das irische Gericht, sondern auch der Bundesfinanzhof haben dem EuGH die Frage vorgelegt, ob die entschädigungslose Kürzung rechtmäßig war. Einige Landwirte hätten nämlich ca. zwei Jahre zuvor mit staatlicher Unterstützung Milchquoten von 1,60 DM/kg Milch angekauft.

Auf den Vorlagebeschluß des irischen Gerichts hat der EuGH entschieden, die entschädigungslose Kürzung sei rechtmäßig gewesen. Vertrauensschutz stehe den Landwirten nicht zu, da es für die Landwirte vorhersehbar gewesen sei, daß – wegen der Überschüsse auf dem Milchmarkt – weitere Kürzungen der Milchreferenzmenge erfolgen würden.

Fraglich ist in diesem Zusammenhang, ob nicht nach deutschem Verfassungsrecht die Kürzung der erst zwei Jahre zuvor gekauften Referenzmengen nur gegen Entschädigung möglich ist.

Steiner:

Es ist immer ein Problem, wenn Sie konkrete Fälle nennen und dann erwarten, daß man dazu etwas sagt. Richterliche Vorträge haben ja etwas Unsägliches an sich: Was der Richter sagt, wissen alle, und was nicht alle wissen, sagt er nicht. Insofern ist das für die Gastgeber eigentlich ein Nullgeschäft. Ich habe etwas Probleme, auf Ihre Frage inhaltlich zu antworten. Das ist ein Fall, den lassen wir laufen eigentlich nicht unter dem Stichwort Übergangsrecht, sondern eher unter dem Stichwort der Entschädigung. Diese Fälle kommen nicht zu uns, sondern bleiben letztlich beim Bundesgerichtshof, denn wir haben ja dem Art. 14 des Grundgesetzes – wie ich meine zu Recht – den Satz entnommen, daß er vieles enthält, nur nicht so viel Entschädigungsansprüche, wie der Bundesgerichtshof ihm zu entnehmen geglaubt hat. Für den Bundesgerichtshof darf man allerdings als eine Art Bilanz festhalten, daß er in bezug auf die Einstellung von Teilnehmern am Wirtschaftsprozeß auf neue veränderte Rechtslagen auch unter entschädigungsrechtlichen Gesichtspunkten zurückhaltend ist. Wie das unser Senat entscheiden würde, wenn es auf irgendwelche Weise zu uns käme, ist eine andere Frage. Die Tendenz des Ersten Senats ist – das kann man wohl sagen – eher pro Vertrauensschutz, auch in der Form des Entschädigungsschutzes, und eigentlich weniger die Tendenz, die Dinge so laufen zu lassen. Aber über den Begriff der Schutzwürdigkeit haben wir natürlich einen großen richterlichen Spielraum, den offenbar auch der Europäische Gerichtshof nutzt. Er ist ja auch verbal ein Freund des Vertrauensschutzes, aber ihn verdienen nur die Schutzwürdigen, und das ist eben eine Frage, die man so und auch anders sehen kann.

Birk:

Herr Lenz, wollen Sie noch ergänzen?

Lenz:

Wir benutzen eigentlich einen Begriff – etwas anders formuliert –, der aus dem deutschen Handelsrecht stammt: kaufmännische Sorgfaltspflicht. Etwas anderes ist das nicht. Jetzt zu Ihrem Fall. Ich kann natürlich nur mich anschließen an das, was Herr

Steiner gesagt hat. Ich will einen anderen Fall nennen, den wir wirklich entschieden haben, der das Problem deutlich macht. Es gab Stillegungsprämien für landwirtschaftliche Flächen im Bereich der Milchwirtschaft, dann hat man hinterher Produktionsquoten festgesetzt und hat Referenzjahre festgesetzt und keine Regelung getroffen für diejenigen, die während dieser Referenzjahre sich an diesem Programm der Flächenstillegung beteiligt haben. Da haben wir gesagt, selbstverständlich müssen diese Landwirte Quoten bekommen, denn sie haben ja im Vertrauen darauf disponiert, daß die Regelungen soundsolange gelten würden und daß ihnen das nicht zu einem Nachteil, der nicht voraussehbar war, gereichen würde. Wer sich an diesem Programm beteiligt, wird in seinem Vertrauen in die Rechtsordnung der Gemeinschaft geschützt. Das ist ein ganz klarer Fall. Die andere Frage, wie Sie sie geschildert haben, ist ja ein wenig zukunftsbezogen. Sie haben 1973 gekauft – sage ich mal – und 1975 werden die Quoten gekürzt. Das ist ein Problem in der Zukunft und nicht eines, was mit den Rückwirkungen und mit dem Vertrauensschutz zu tun hat. Und wenn es eine Diskussion gibt, wie es sie in dem Bereich der Milchwirtschaft seit Jahren gibt, und die in jeder landwirtschaftlichen Fachzeitschrift behandelt wird, und es kommt dann nachher einer und sagt, ich weiß nichts davon, dann kann ich nur sagen: das widerspricht der Lebenserfahrung.

Nehm:

Meine Frage richtet sich an beide Podiumsteilnehmer:

Wir leben in einer schnellebigen Zeit. Gesetze entstehen zunehmend immer schneller. Auch die Vorinformationszeit über neue Gesetze wird immer kürzer. Kaum ist die erste Nachricht über ein neues Gesetzesvorhaben bekannt geworen, ist es auch schon in Kraft gesetzt. Wenn es gerade in Kraft gesetzt ist, vergeht geraume Zeit, bis man verbindliche Informationen gewinnen kann, wie das neue Gesetz anzuwenden ist, wie neue Begriffe auszulegen sind. Mein Vorredner aus den Kreisen des Bundesfinanzministeriums hat dieses Problem auch schon angesprochen.

Wie die Juristen wissen, Vertrauen setzt voraus, daß eine Gesetzesanwendung über eine gewisse Zeitdauer gleichmäßig gewesen ist. Vor diesem Hintergrund frage ich provokant: Kann es überhaupt noch ein Vertrauen geben bei der Anwendung derart ad hoc in Kraft gesetzter Gesetze?

Roeder:

Herr Prof. Steiner, eine Frage an Sie: Sie haben in der Zusammenfassung Ziff. 5 gesagt, daß die obersten Gerichte nicht an höchstrichterliche Rechtsprechung gebunden sind, soweit Vertrauensschutz gegeben ist. Kann ich das in gleicher Weise auch so verstehen, daß in diesem Fall bereits die Verwaltung nicht an die höchstrichterliche Rechtsprechung gebunden ist? Es darf nämlich wohl nicht sein, daß im Fall des Vertrauensschutzes der Bürger gezwungen ist, bis zu einem obersten Gericht zu gehen, um dort erst seinen Vertrauensschutz tatsächlich durchzusetzen.

Schulze:

Ich bin Zollbeamter und vertrete gleichzeitig die beruflichen Interessen der Zöllner, ich möchte dieses Thema nicht verwischen und hier eine gewerkschaftliche Diskussion entfachen, nichts liegt mir ferner als dies, aber niemand schützt sie vor dem Gesetzgeber. Ich habe den Eindruck, auch niemand schützt sie vor den höchsten Gerichten. Wenn Sie, Herr Lenz, ein außerordentlich interessantes Urteil genannt haben, das der Europäische Gerichtshof gefällt hat, nämlich keine Verschlechterung bei der Besoldung, weil sich die Betroffenen auf geltendes Beamtenrecht stützen könnten, so wünschte ich mir, daß diese Entscheidung des Europäischen Gerichtshofes geltendes

Recht in den Mitgliedstaaten der Europäischen Union werden würden. Genau das Gegenteil war der Fall, und das hat Herr Steiner sehr eindrucksvoll dargestellt. Wir werden sicherlich in der Zukunft dann noch einige Überraschungen erleben. Lassen Sie mich dies nur als kritische Anmerkung sagen. Danke.

Friedrich:

Eine Frage an Sie, Herr Lenz, und zwar in bezug auf das sogenannte Sauerkirschen-urteil. Wenn ich das Urteil so richtig verstanden habe, postuliert der EuGH, daß man sich nicht nur auf die deutsche Fassung des EG-Amtsblattes verlassen kann und darf, sondern u. U. auch noch die Fassung der anderssprachigen Staaten nachlesen und ver-gleichen muß, ob sich daraus irgendwelche Besonderheiten ergeben. Nun ist es in der Praxis sowieso so, normalerweise lese ich natürlich die deutsche Fassung; wenn da irgendwo im Text Schwierigkeiten oder Zweifelsfragen auftreten, dann nehme ich viel-leicht noch eine andere – englische oder französische –, aber dann ist auch Schluß. So, wie ich den EuGH verstanden habe, muß wohl im Prinzip der Wirtschaftsteilnehmer neben der deutschen Fassung auch andere Fassungen der Amtssprachen heranziehen. Meine Frage, wie interpretieren Sie diese Passagen des EuGH, wieweit soll diese Ver-pflichtung gehen, bis zum Englischen oder Französischen, bis zum Spanischen, zum Portugiesischen usw.?

Birk:

Herr Lenz, Sie sind gerade direkt angesprochen worden, deswegen schlage ich vor, daß Sie zunächst das Schlußwort sprechen und danach Herrn Steiner, wobei ich bitte, gleich alle gestellten Fragen mitzubehandeln.

Lenz:

Ich kenne den von Ihnen zitierten Fall nicht, aber ich würde Ihnen aus meiner persön-lichen Praxis sagen, Sie brauchen immer nur eine Sprachfassung zu konsultieren und wenn diese keinen Anlaß zum Zweifel gibt, haben Sie die erforderliche Sorgfalt an den Tag gelegt. Wenn es allerdings Anlaß zum Zweifel gibt, dann müssen Sie den Zweifel auflösen. Aber solange eine Sprachfassung klar ist, brauchen Sie keine andere Sprach-fassung zu lesen. Das ergibt sich für meine Begriffe aus dem Vertrag, wonach alle Ver-sionen gleichberechtigt gültig sind.

Ich habe Probleme mit dem ersten Fragesteller, Herrn Nehm. Wenn sich die Dinge sehr kurzfristig ändern, wie kann da Vertrauen entstehen?

Aber die Gemeinschaft versucht ja durch Gestaltung des Amtsblattes schon darauf hin-zuweisen, wo Sie Texte finden, bei denen die Änderung sozusagen eingebaut ist. Die letzteren sind dünn gedruckt, die anderen sind fettgedruckt. Dünndruck bedeutet eben, daß die Änderungen schnell erfolgen können. Sagen wir einmal, bei dem Markt für Pil-ze können sich sehr schnell Änderungen ergeben und dann muß die Kommission mit dem zuständigen Verwaltungsausschuß sehr schnell reagieren können. Wie Sie das Pro-blem in der Praxis lösen, kann ich Ihnen leider nicht sagen, wir wissen nur, daß im Bereich trotz der Schwierigkeiten, die wir kennen, Geschäfte abgewickelt werden und schutzwürdige Interessen der Erzeuger in der Gemeinschaft zu schützen sind. Aber auch schutzwürdige Interessen der Verbraucher sind zu schützen, damit nicht die Prei-se im einen Fall in den Keller fallen und die Erzeuger schädigen oder in turmhohe Höhe steigen und in diesem Fall die Ware für den Verbraucher unzugänglich machen. Ein ständiges Ausbalancieren von Interessen ist bei starken Preisschwankungen erfor-derlich. Hier hat der Vertrauensschutz natürliche Grenzen, aber es gibt ihn trotzdem in bestimmten Fällen immer noch, wenn ein Verhalten von einer Gemeinschaftsbehörde an den Tag gelegt würde, das außerhalb des voraussehbaren Rahmens fällt oder auf Grundlagen beruht, die hinterher nicht verifizierbar sind. Dann würden wir trotzdem in einem solchen Falle gegen die Behörde Abhilfe schaffen.

Steiner:

Das Tempo der Gesetzgebung ist ein Phänomen, das Sie eben angesprochen haben und es ist ja atemberaubend. Wenn ich einmal ein Beispiel aus meinem Dezernat Sozialrecht nehmen darf: Seit 1970 ist das Arbeitsförderungsgesetz 129mal geändert worden. Wenn Sie sagen, mit dem Tempo, das der Gesetzgeber vorlegt, kann der Vertrauensschutz nie mithalten, dann allerdings geben wir natürlich das auf, was wir aus dem Grundgesetz rechtsstaatlich erarbeitet haben. Ich würde also sagen, der Zeitzyklus, Herr Nehm, den Sie angesprochen haben, ist für sich kein Argument, daß wir Vertrauensschutz nicht mehr akzeptieren.

Herr Röder und Herr Schulz, Sie haben mich angesprochen auf die Frage der Änderung der höchstrichterlichen Rechtsprechung. Es war ja meine These, wir sollten nicht versuchen, die Änderung der höchstrichterlichen Rechtsprechung an bestimmte (Zulässigkeits-)Voraussetzungen zu knüpfen. Man darf nicht wechseln von einer vertretbaren Rechtsverfassung zu einer ebenso vertretbaren, das sind Spielchen – verfassungsrechtliche Spielchen –, die halte ich nicht für glücklich; sie sind auch nicht überzeugend begründbar. Ich meine, der Richter muß frei sein für Innovation. Eine andere Frage ist natürlich, ob die richterliche Rechtsprechungsänderung der höchsten Gerichte Auswirkungen auf noch offene Fälle hat, auf Fälle, in denen der Betroffene auf der bisherigen Rechtsprechung der höchsten Gerichte sein Verhalten aufgebaut hat. Da meine ich, können wir einen Unterschied zwischen dem Vertrauensschutz bei Gesetzen und dem Vertrauensschutz bei der Änderung der höchstrichterlichen Rechtsprechung ernsthaft nicht mehr machen, mag man auch strukturelle Unterschiede zwischen Rechtsprechungstätigkeit und Gesetzgebung finden. Also, ich denke, daß das ein Schlußstein sein muß in dem Gebäude des Vertrauensschutzes, daß der Gesetzgeber dazu auch mal seinen Beitrag leisten muß; der § 176 AO ist ja kein Schutz in das Vertrauen auf eine kontinuierliche Rechtsprechung, sondern ist ein Schutz des Vertrauens in die Bestandskraft von Verwaltungsakten. Ich denke, daß da noch eine Lücke ist und daß diese Lücke auch irgendwann einmal geschlossen werden muß. Das heißt nicht, daß wir – die Deutschen – den Vertrauensschutz in der EG als den deutschen Beitrag einbringen müssen, der für alle anderen ein Maßstab ist, aber dennoch denke ich, daß wir in den 50 Jahren juristischen Nachdenkens in allen Bereichen unseres Staates Formen gefunden haben, nach denen alle leben können, der Gesetzgeber, der mobil sein muß und darf, aber auch der Bürger, der eine gewisse Stetigkeit des staatlichen Handelns braucht für rationales und planmäßiges Verhalten. Ich denke – ich sage es nochmal –, daß wir das mit gutem Gewissen sagen können; das ist unser Modell, und darüber muß man auch europäisch diskutieren.

Birk:

Ich danke unseren Referenten sehr herzlich, daß sie uns für die Diskussion noch so lange zur Verfügung gestanden sind, und ich danke Ihnen allen für Ihre Diskussionsbeiträge. Ich schließe jetzt die Veranstaltung, wir treffen uns wieder nach der Mittagspause.

Vertrauensschutz bei Zollverfahren

Dr. Nikolaus Vaulont,
Europäische Kommission, Brüssel

Inhalt

Zollverfahren und das mit ihnen eng verknüpfte Zollschuldrecht haben es schwer, das Interesse einer breiteren Öffentlichkeit auf sich zu ziehen. Zur Zeit erleben wir jedoch, wie um sich greifende Rechtsunsicherheit das Thema „Vertrauensschutz" zu einem Politikum werden läßt. Als Gründe dafür drängen sich organisierte Kriminalität im Bereich des Versandverfahrens sowie eine erfolgreiche Jagd auf Unregelmäßigkeiten im Bereich der präferenzbegünstigten Einfuhren auf. Eine der Folgen davon ist, daß an den Regeln über Risikoaufteilung oder Risikozuweisung gerüttelt wird. Wer sich auf Vertrauensschutz beruft – zu recht oder unrecht –, dem geht es darum, den Rechtsfolgen der Zollschuldtatbestände zu entrinnen. Hier fühlen sich naturgemäß die Inhaber der finanziellen Ertragshoheit angesprochen, also bei Präferenzeinfuhren die Gemeinschaftsinstanzen und beim Versandverfahren auch die in erster Linie betroffenen nationalen Verwaltungen der indirekten Steuern.

Vertrauensschutz tritt aber tendenziell nicht nur in Gegensatz zu Finanzinteressen. Über den spezifisch abgabenrechtlichen Bezug hinaus verkörpert er in gewisser Weise auch eine Herausforderung des Geltungsanspruchs gesetzten Rechts. Je gefährdeter dieser Anspruch ist, je schwieriger sich die Problematik seiner Durchsetzung in Theorie und Praxis gestaltet, desto größer offenbar die Vorbehalte, die dem Gedanken des Vertrauensschutzes entgegengebracht werden.

Derartige Störungen werden auf der Ebene des Gemeinschaftsrechts sensibler wahrgenommen als dies auf der Ebene der „robusteren" staatlichen Rechtsordnungen der Fall wäre. Die Reaktion darauf, sofern sie den Erfordernissen des Augenblicks vermeint genügen zu müssen, sagt nicht notwendigerweise etwas über die Rechtsgrundsätze aus, die selbst nicht vor dem Hintergrund sporadischer Sondersituationen entstanden sind. Elemente des Vertrauensschutzes haben sich im Zollbereich im Gleichschritt mit der Erarbeitung der Grundlagen des Gemeinschaftsrechts entfaltet, im Einzelfall sogar mit dem Zollrecht in der Pilotrolle. Diese Entwicklung läßt sich auf zwei Ebenen verfolgen:

– einmal auf der Ebene der Rechtssetzung, wo sie in Schutz gegen Rückwirkungseffekte zum Ausdruck gelangt;

– zum anderen auf der Verwaltungsebene, wo sie sich auf die Behandlung fehlerhaften Verhaltens von Behörden konzentriert.

I. Vertrauensschutz auf der Ebene der Rechtsetzung

Zentraler Angelpunkt fast aller unter Punkt 16 von Artikel 4 des Zollkodex aufgelisteter Zollverfahren ist der Zolltarif. Seine Anwendung, die zolltarifliche Einreihung von Waren, erfordert Auslegungshilfen in Form von u. a. Erläuterungen. Derartige Auslegungsmittel, die einen erheblichen Gewinn an Rechtssicherheit darstellen, waren nach Inkrafttreten des Gemeinsamen Zolltarifs nicht sogleich auf Gemeinschaftsebene verfügbar. Es lag daher nahe, auf nationale Erläuterungen zurückzugreifen, die damals für die Bundesrepublik in Form einer Rechtsverordnung bestanden. Der Europäische Gerichtshof hat jedoch hier 1970 bereits durch mehrere Urteile im Ergebnis klargestellt, daß Rechtssicherheit nicht auf Kosten des Vorranges des Gemeinschaftsrechts erlangt werden kann[1]. Trotz Fehlens von gemeinschaftlichen Erläuterungen hat er den Rückgriff auf nationale Erläuterungsbestimmungen für unzulässig erklärt.

Der Gerichtshof hätte hier zwar theoretisch die Möglichkeit gehabt, vom Bestehen einer konkurrierenden Rechtsetzungszuständigkeit der Gemeinschaft auszugehen, hat sich aber für den ausschließlichen Charakter dieser Zuständigkeit entschieden. 19 Jahre später sah sich der Gerichtshof der gleichen Problematik gegenüber, nur daß es diesmal nicht um nationale Rechtsnormen ging. Er hatte sich mit dem Fall eines fehlerhaften nationalen Gebrauchs-Zolltarifs zu befassen und der Frage, ob von ihm ein Vertrauensschutz ausgehen kann. In diesem Zusammenhang hat er die Entscheidung der Kommission, wonach es sich um einen erkennbaren Irrtum handelte und dementsprechend nachzuerheben sei, im Ergebnis bestätigt. In seiner Entscheidung im Falle „Binder" hat der Gerichtshof den schulmäßigen Pfad einer Prüfung der Kriterien des Vertrauensschutzes bei Nacherhebungen verlassen und statt dessen wesentlich darauf abgehoben, daß ein Gebrauchs-Zolltarif reinen Hinweischarakter habe und den Vorrang des Gemeinschaftsrechts nicht in Frage stellen könne[2].

Es liegt nahe, hier die Frage aufzuwerfen, welche Bedeutung dieser Rechtsprechung noch zukommt, seit die nationalen Gebrauchs-Zolltarife auf dem Integrierten Tarif der Gemeinschaft (TARIC) aufbauen. Grundsätzlich dürfte die Sorge des Gerichtshofs um den Vorrang des Gemeinschaftsrechts nicht schon dadurch hinfällig werden, daß sich die Quelle von Irrtümern auf die Gemeinschaftsebene verlagert. Zu dieser Frage liegt allerdings bisher keine Entscheidung der Kommission oder des Gerichtshofes vor[3].

Vertrauensschutz tritt also hinter der Gewährleistung des Vorranges des Gemeinschaftsrechts zurück. Diesem Grundsatz folgt der Gerichtshof allerdings nur insoweit, als es einer potentiellen Bedrohung des normativen Charakters des Gemeinsamen Zolltarifs zu wehren gilt. Sofern die Norm als solche nicht berührt wird, es vielmehr um die Anwendung des Rechts auf einen konkreten Fall geht, ist der Gerichtshof bereit, dem Bedürfnis nach Vertrauensschutz Rechnung zu tragen.

So hatte er im Rahmen eines Vorlageverfahrens zu prüfen, ob das Bestehen eines Gemeinsamen Zolltarifs noch Raum ließ für das Instrument der verbindlichen Zolltarifauskunft, das seinerzeit nur auf der Grundlage des deutschen Zollgesetzes bestand. Mit zwei Urteilen, in den Rechtssachen Siemers[4] und Gervais-Danone[5], hat der Gerichtshof 1971 entschieden, diese Auskünfte hätten keinen Normcharakter und somit sei die Tatsache, daß das Vertrauen des Beteiligten auf eine fehlerhafte Auskunft während einer Frist von 3 Monaten geschützt werde, mit dem Gemeinschaftsrecht vereinbar.

---

1 RS 40/69 – Bollmann – Slg. 1970 S. 69;
   RS 74/69 – HZA Bremen-Freihafen – Slg. 1970 S. 451;
   RS 14/70 – Deutsche Bakels – Slg. 1970 S. 1001.
2 S 161/88 – Binder – Slg. 1989 S. 2415;
   RS C-80/89 – Behn – Slg. 1990-I-2659.
3 Für ein Absehen von der Nacherhebung spricht sich aus Lux, Nacherhebung bei einem Fehler im Deutschen Gebrauchs-Zolltarif, ZfZ 1990 S. 73.
4 RS 30/71, Slg. 1971 S. 919.
5 RS 77/71, Slg. 1971 S. 1127.

Beide Urteile haben für unseren Zusammenhang überdies mehr als nur historische Bedeutung. Sie haben sich nämlich auch über die Rechtswirkungen der Einreihungsverordnungen der Kommission ausgesprochen. Derartige Verordnungen haben als Voraussetzung ihrer Gültigkeit, daß sie sich genau im Rahmen der Ratsverordnung, heute der Kombinierten Nomenklatur, halten. Sie können also nur klarstellend wirken und kraft ihrer Interpretativfunktion könnte man dazu kommen, diesen Verordnungen auch eine in die Vergangenheit hineinreichende Wirkung zuzuweisen. Richtig ist aber auch, daß der Kommission auf diesem Gebiet ein weites Ermessen bei der näheren Angabe des Inhalts der Tarifpositionen eingeräumt ist[6]. Deshalb überrascht es nicht, daß bereits die vorgenannten Entscheidungen des Gerichtshofs aus dem Jahre 1971 den Einreihungsverordnungen rechtsgestaltenden Charakter beimessen und somit etwaigen Nachforderungen von Abgaben für die Zeit vor deren Erlaß einen Riegel vorschieben[7].

Andererseits erlaubt der Gerichtshof durchaus, sich über diesen rechtsgestaltenden Charakter dann hinwegzusetzen, wenn das Ergebnis der Einreihung durch die Kommissionsverordnung eine niedrigere Abgabenbelastung ist[8]. Wer aufgrund der früheren Einreihung einer höheren Belastung unterlag, kann deshalb für den Zeitraum von 3 Jahren zurückgerechnet heute auf der Grundlage von Artikel 236 Zollkodex den Differenzbetrag erstattet bekommen. Dieses Ergebnis ist allerdings weniger eine Frucht des Vertrauensschutzes als vielmehr einer Billigkeitserwägung.

Die Theorie von der rechtsgestaltenden Wirkung von „klarstellenden" Verordnungen der Kommission ist nicht auf die Einreihung in ein Tarifschema begrenzt. Sie ist auch auf die autonomen Ursprungsregeln anzuwenden und insbesondere auf die nähere Konkretisierung durch Kommissionsverordnung des Kriteriums der „letzten wesentlichen und wirtschaftlich gerechtfertigten Be- und Verarbeitung" (Artikel 24 Zollkodex).

Nur am Rande vermerkt sei hier, daß auch im Übereinkommen über Ursprungsregeln im Rahmen der Uruguay-Runde der Grundsatz des Rückwirkungsverbots von Ursprungsregeln niedergelegt ist[9].

Die Theorie von der rechtsgestaltenden Wirkung von interpretativer Rechtsetzung kann als typisch zollrechtliche Ausformung des Grundsatzes des Vertrauensschutzes gesehen werden. Das allgemeine Rückwirkungsverbot von gesetztem Recht mit für den Beteiligten ungünstiger Wirkung einschließlich seiner Anwendbarkeit vom Zeitpunkt seiner tatsächlichen Veröffentlichung im Amtsblatt der Gemeinschaft[10], gilt natürlich unabhängig davon generell für sämtliche Rechtsbereiche.

Eines Sonderproblems des Vertrauensschutzes auf der Ebene der Rechtsetzung, das wahrscheinlich nicht allzu häufig eintreten wird, hat sich der Zollkodex selbst angenommen. Es ist der Fall, daß jemand zum Beispiel von einer tariflichen Vergünstigung Gebrauch gemacht hat, die entsprechende Vorschrift aber anschließend vom EUGH für ungültig erklärt worden ist. Mit Wegfall dieser Rechtsgrundlage ab initio gelangt aber im nachhinein der allgemeine Zollsatz, der höher ist, zur Anwendung. Nach ihm bemißt sich dann schließlich die Zollschuld. Hier greift schützend Artikel 220 Absatz 2 a) des Zollkodex ein, der eine Nacherhebung in diesem Falle ausschließt.

---

6 RS C-267/94 „Corn gluten feed" Slg. 1995 I 4845 (4876).
7 In gleicher Richtung wie die Rechtsprechung unter Fußnote 4 und 5: RS 158/78 – Biegi – Slg. 1979 S. 1103.
8 RS C-11/93 – Siemens Nixdorf – Slg. 1994-I-1945.
9 Artikel 3 g) – ABl. EG L 336 vom 23.12.1994 S. 144.
10 RS 98/78 – Racke – Slg. 1979 S. 69.

II. Fehlerhaftes Verwaltungshandeln und Vertrauensschutz im Zusammenhang mit Zollverfahren

Auf der Ebene der Rechtsetzung geht es darum, das Vertrauen der Beteiligten darauf zu schützen, nicht neuen Normen oder neuen Inhaltsbestimmungen von Normen im Hinblick auf bereits bestehende Sachverhalte ausgesetzt zu werden. Beim Vertrauensschutz auf der Ebene des Verwaltungshandelns ist dagegen stets ein fehlerhaftes behördliches Verhalten Ausgangspunkt der Überlegungen. Der Gesetzgeber hat hier im Verlaufe der Arbeiten zu Harmonisierung des Zollrechts Regeln aufgestellt, die sich heute im Zollkodex wiederfinden. Sie betreffen die „begünstigenden Entscheidungen", die verbindlichen Auskünfte sowie die sonstigen Fälle fehlerhaften Verwaltungshandelns.

1. Die begünstigenden Entscheidungen

Im Abschnitt „zollrechtliche Entscheidungen" widmet sich der Zollkodex in Artikel 8 und 9 sowie Artikel 3 und 4 der Durchführungsverordnung der fehlerhaften begünstigenden Entscheidung, deren klassisches Beispiel die Bewilligung als Voraussetzung für die Inanspruchnahme eines wirtschaftlichen Zollverfahrens ist. Behandelt wird hier der Tatbestand, daß eine oder mehrere Voraussetzungen für den Erlaß einer begünstigenden Entscheidung nicht oder nicht mehr erfüllt sind.

Hier ist zunächst auf die unterschiedliche Begriffssystematik zwischen Gemeinschaftsrecht und deutschem Verwaltungsrecht hinzuweisen. Bei fehlerhaften begünstigenden Verwaltungsakten spricht das Verwaltungsverfahrensgesetz durchgehend von „Rücknahme", während der Zollkodex zwischen einer Aufhebung mit Wirkung für die Vergangenheit (Rücknahme) und für die Zukunft (Widerruf) unterscheidet.

Erging die begünstigende Entscheidung aufgrund von unrichtigen oder unvollständigen Tatsachen, sieht Artikel 8 die Rücknahme (ex tunc) vor, es sei denn der Antragsteller war gutgläubig. Im letzteren Fall sowie bei Fehlen rechtlicher Voraussetzungen sieht Artikel 9 den Widerruf oder die Änderung (ex nunc) der Entscheidung vor.

Eine Frage, die innerhalb der Kommissionsdienststellen lang strittig war, betrifft das Verhältnis von Artikel 9 zum Zollschuldrecht. Es wurde die These vertreten, auch vor einem Widerruf gemäß Artikel 9 könne eine Zollschuld gemäß Artikel 204 Absatz 1 b) entstehen, da dessen Wortlaut: „wenn... eine der Voraussetzungen für die Überführung einer Ware in das betreffende Verfahren... nicht erfüllt wird", gegeben sei.

Bei einer Kontrolle der eigenen Einnahmen durch Kommissionsbedienstete war festgestellt worden, daß Bewilligungen zum aktiven Veredelungsverkehr im Sektor Milcherzeugnisse für unbestimmte Zeit erteilt worden waren, während Gemeinschaftsrecht nur eine Höchstdauer von 3 Monaten gestattet. Wurde nun der Verfahrensbeteiligte bei Benutzung der Bewilligung über die gesetzliche 3-Monatsfrist hinaus Zollschuldner hinsichtlich aller zum aktiven Veredelungsverkehr abgefertigten Waren, da eine der Voraussetzungen für die Überführung in dieses Verfahren, nämlich die Einhaltung der 3-Monatsfrist, nicht vorlag? Bejaht man diese Frage, so entfällt jedenfalls der Vertrauensschutz, da der Irrtum bei der Erteilung der Bewilligung vom Zollschuldner erkannt werden konnte (Artikel 220 Absatz 2 b) Zollkodex). Das generelle Argument, man könne vom Zollschuldner keine größere Sorgfalt verlangen als sie von den Verwaltungsbehörden praktiziert wurde, hat der Gerichtshof bekanntlich nicht anerkannt[11].

Nach hartem Streit hat sich schließlich die Ansicht durchgesetzt, daß Artikel 9 eine materielle Rechtssicherheitsgarantie enthalte und ein Durchgriff auf das Zollschuldrecht

---

11 RS C-64/89 – HZA Gießen/Deutsche Fernsprecher GmbH – Slg. 1990-I-2535 (2556); RS T-75/95 – Günzler/ Kommission – 5.6.1996 – noch unveröffentlicht.

für Sachverhalte, die vor dem Zeitpunkt der Bekanntgabe des Widerrufs liegen, ausgeschlossen ist. Artikel 9 hat also eine eigenständige Bedeutung im Verhältnis zur Generalbestimmung des Vertrauensschutzes bei fehlerhaftem Verwaltungshandeln. Dies gilt übrigens auch für andere Vorschriften. Einen ähnlichen Versuch, die materielle Rechtsgarantie der verbindlichen Auskünfte durch Hineininterpretierung der Erkennbarkeitsklausel aus Artikel 220 Absatz 2 b) zu unterlaufen, hat bereits der Gerichtshof zurückgewiesen[12].

Festzuhalten bleibt, daß der Zollkodex in Artikel 9 weitergehenden Rechtsschutz gewährt als offenbar das deutsche Verwaltungsverfahrensgesetz, welches in § 48 Vertrauen bei Mangel an rechtlichen Voraussetzungen nicht ohne Rücksicht auf die Erkennbarkeit des Irrtums schützt.

2. Die verbindlichen Auskünfte

Wenden wir uns nun den Regeln zu, mit denen der Zollkodex einem Bedürfnis der Beteiligten nach Vertrauensschutz hinsichtlich der Bemessungsgrundlagen der Zollschuld entgegenkommt. Was der EUGH noch 1970 mit dem Gemeinschaftsrecht vereinbar erklärt hat, nämlich das in einem Mitgliedstaat existierende Instrument der verbindlichen Zolltarifauskunft, hat sich der Gemeinschaftsgesetzgeber nunmehr für die gesamte Gemeinschaft in Artikel 12 Zollkodex zueigen gemacht. Seit Beginn 1997 erstreckt sich diese Vorschrift über Tarifierungsfragen hinaus auch auf Fragen betreffend die Auslegung der Ursprungsregeln[13].

In den Rechtswirkungen unterscheidet sich die verbindliche Auskunft von der begünstigenden Entscheidung dadurch, daß sie, wenn sie auf richtigen und vollständigen Angaben des Antragstellers beruht, einen intensiveren Vertrauensschutz gewährt. Wird eine verbindliche Auskunft widerrufen, so bleibt das Vertrauen des Einführers noch weitere 6 Monate geschützt, wenn er dartun kann, daß er durch einen rechtsverbindlichen und endgültigen Vertrag gebunden ist (Artikel 12 Absatz 6 Zollkodex). Ändert sich das gesetzte Recht, das für die Erteilung der Auskunft erheblich war, so wird letztere ungültig; jedoch kann der Gesetzgeber das Datum bestimmen, ab dem diese Ungültigkeit eintritt. Einreihungsverordnungen der Kommission, die eine uneinheitliche Praxis bei der Erteilung von Auskünften in der Gemeinschaft beheben sollen, sehen regelmäßig eine solche Frist vor.

Dem weiterreichenden Schutz der verbindlichen Auskunft entspricht ein höheres Risiko bei der fehlerhaften Erteilung. Der Zollkodex trägt dem Rechnung, indem er im Falle unrichtiger oder unvollständiger Angaben des Antragstellers die Rücknahme vorschreibt, und zwar im Gegensatz zur begünstigenden Entscheidung ohne Rücksicht darauf, ob diese Fehlerhaftigkeit von dem Antragsteller überhaupt erkannt hätte werden können (Artikel 12 Absatz 4 Satz Zollkodex). Dagegen kommt es bei Fehlen der rechtlichen Voraussetzungen nicht auf die Gutgläubigkeit des Betroffenen an, selbst bei deren Erkennbarkeit wird der Antragsteller des normalen Schutzes der Auskunft teilhaftig.

Um der Gefahr uneinheitlicher Auslegung in der Gemeinschaft rasch und wirksam begegnen zu können, können Rechtsakte der Kommission, die zur Herstellung der korrekten und einheitlichen Auslegung der Vorschriften erlassen werden, nach einem

---

12 RS C-371/90 – Beirafrio – Slg. 1992-I-2715.
13 Verordnung (EG) Nr. 82/97 des europäischen Parlamentes und das Rats vom 19.12.1996 zur Änderung der Verordnung (EWG) Nr. 2913/92 zur Festlegung des Zollkodex der Gemeinschaften – ABl. Nr. L 17 vom 21.1.1997.

besonderen Entscheidungsverfahren getroffen werden, welches den beschleunigten Erlaß dieser Akte begünstigt (Artikel 249 Absatz 4 Zollkodex).

Verschiedentlich wird der Ruf laut, das Instrument der verbindlichen Auskunft auf die Bemessungsgrundlage Zollwert auszudehnen. Er entbehrt nicht der grundsätzlichen Logik, jedoch dürfte ein solches Vorhaben auf sehr schwierige praktische Hindernisse stoßen, die in der strukturellen Verschiedenheit der Zollwertmaterie einerseits und der Tarif- und Ursprungsfragen andererseits begründet liegt.

3. Der aktive Irrtum als Voraussetzung für Vertrauensschutz

Die begünstigenden Entscheidungen und die verbindlichen Auskünfte sind Kategorien von Verwaltungsakten, die nach dem System des Zollkodex aus dem übrigen Bereich administrativen Verhaltens herausragen. Rechtsstaatlichen Grundsätzen entspricht es jedoch, administratives Verhalten insgesamt potentiell als Tatbestand zu schützenden Vertrauens anzusehen. Artikel 220 Absatz 2 b) Zollkodex stimmt hiermit überein, wenn er ganz pauschal formulierend sich darauf beschränkt, daß die Nichterfassung des gesetzlich geschuldeten Abgabenbetrages lediglich die kausale Folge eines Irrtums der Zollbehörden sein müsse.

Zusammen mit seiner „Erkennbarkeit" bildet der Begriff der Irrtums der Zollbehörden ein Paar von unbestimmten Rechtsbegriffen, deren erheblicher Auslegungsspielraum sein Gegengewicht findet in der Tatsache, daß die Vorschrift laut EUGH einen Rechtsanspruch auf Erlaß oder Erstattung einräumt und der vollen richterlichen Nachprüfung unterliegt[14].

Was den Begriff „Irrtum" anbelangt, hat die Kommission, die ja bekanntlich Entscheidungsbefugnis über Fälle hat, die ihr von den Mitgliedstaaten vorgelegt werden, das einschränkende Element des „aktiven" Irrtums entwickelt. Hierbei geht sie insbesondere davon aus, daß der Umfang des Außenhandels sowie die im Interesse der Beteiligten liegende Beschleunigung der Verfahrensabwicklung das Gewicht bei der Beurteilung eines Vorganges durch die Zollbehörde in überwiegendem Maße auf nachträgliche Kontrollen verlagert haben. Das bedeutet, daß die bloße Nichtbeanstandung einer Zollanmeldung nicht ausreicht. Würde sie als Irrtum anzusehen sein, so hätte dies auch eine unerträgliche Ausweitung des Umfanges der unter Artikel 220 Absatz b) zu prüfenden Fälle zur Folge. Der Gerichtshof ist dieser einschränkenden Auslegung gefolgt.

Infolgedessen sind in der Praxis als aktives Verhalten anzusehen die schriftlich erteilte im Gegensatz zu einer mündlichen Auskunft, die Ausstellung einer Bescheinigung, eine Prüfung, die sich in einem schriftlichen Vermerk niederschlägt[15], eine amtliche Laboruntersuchung. Fehlerhafte Verhaltensweisen, die, für sich genommen, nicht über passives Verhalten hinausreichen, können trotzdem bei Wiederholung während einer gewissen Zeitspanne die Schwelle zum aktiven Irrtum erreichen[16]. Einem jüngsten Hinweis des Gerichtshofs zufolge liegt hier die kritische Zeitspanne bei 3 Jahren[17].

4. Präferenzregelungen und fehlerhafte Bescheinigungen

In letzter Zeit sind die fehlerhaften Präferenzbescheinigungen für aus Drittländern eingeführte Waren ins Zentrum des allgemeinen Interesses gerückt. Immer häufiger sehen sich Einführer längere Zeit nach der Einfuhr der Nachforderung von Einfuhrabgaben

---

14 RS 314/85 – Foto Frost – Slg. 1987 S.4199.
15 RS 378/87 – Top Hit – Slg. 1989 S. 1359.
16 RS C-250/91 – Hewlett Packard – Slg. 1993-I-1819.
17 RS C-38/95 – Foods Import – 12.12.1996 – noch unveröffentlicht.

ausgesetzt, was eine erhebliche Verunsicherung dieser Handelsbranche zur Folge hat. Die Fehlerhaftigkeit der Präferenzbescheinigungen wird entweder durch deren nachträgliche Überprüfung festgestellt oder aufgrund von Untersuchungshandlungen in Drittländern, die von gemischten Sachverständigengruppen durchgeführt werden.

Waren die Präferenzbescheinigungen zu unrecht ausgestellt und bleibt dies durch die gemeinschaftlichen Zollbehörden bei der Prüfung der Anmeldung der Waren zum zollrechtlich freien Verkehr unbeanstandet, so liegt insoweit ein aktiver Irrtum nicht vor. Dagegen enthält das Ausstellen einer Bescheinigung ein Element des Handelns und ist somit grundsätzlich geeignet, einen Irrtum auf seiten der Ausstellungsbehörde in dem jeweiligen begünstigten Drittland zu begründen.

Eine andere grundsätzliche Frage ist jedoch, ob die Nichterhebung von Einfuhrabgaben aus Vertrauensschutzgründen nicht von vornherein auf einen etwaigen „Irrtum" der Erhebungsbehörde in der Gemeinschaft beschränkt bleiben müßte. Kann Vertrauensschutz insofern grenzenlos sein? Der Gerichtshof hat diese Frage in zwei Schritten beantwortet. Bereits 1991 hat er in der Entscheidung „Mecanarte" festgestellt[18], daß bei der einschlägigen Regelung auch der Irrtum der eine Ursprungsbescheinigung ausstellenden Behörde eines anderen Mitgliedstaates der Gemeinschaft in Betracht gezogen werden kann. In der Rechtssache „Seafood" schließlich hat er 1996 auch den Irrtum von Behörden eines Drittlandes als relevant bezeichnet, sofern diese im Rahmen ihrer Zuständigkeit Gesichtspunkte beitragen, die bei der Zollerhebung zu berücksichtigen sind und somit beim Abgabenschuldner ein berechtigtes Vertrauen entstehen lassen können[19].

Beide Urteile stellen allerdings auch fest, daß als Irrtum der Ausstellungsbehörden es nicht angesehen werden kann, wenn diese durch unrichtige Erklärungen des Ausführers irregeführt worden sind. In einem solchen Fall trägt der Abgabenschuldner das Risiko, daß sich ein Handelsdokument bei einer späteren Prüfung als falsch erweist.

Unter Berufung gerade auf dieses einschränkende Element der vorgenannten Rechtsprechung hat die Kommission am 19. Februar 1997 die Anträge auf Abgabenerlaß hinsichtlich einer Reihe von Einfuhrvorgängen türkischer Fernsehapparate zurückgewiesen. In diesem Zusammenhang sind Warenverkehrsbescheinigungen ausgestellt worden, ohne daß die türkischen Behörden einen Anteilzoll auf die importierten Vorerzeugnisse erhoben hatten.

Bei der Beurteilung dieser Entscheidungen, die angefochten sind, wird sich zeigen, wo der Europäische Gerichtshof angesichts der Besonderheiten des Sachverhaltes die problematische Grenzlinie zieht zwischen einem Irrtum der ausstellenden Behörde einerseits und einer Irreführung dieser Behörde durch den Ausführer andererseits. Was die Kommission anbelangt, so ist auf alle Fälle klargestellt, daß sie derzeit weiterhin jegliche Unregelmäßigkeiten bei der Anwendung der Präferenzregelungen als ein Handelsrisiko des Einführers betrachtet.

Für ihre Vorbehalte gegenüber der Seafood-Rechtsprechung kann die Kommission u. a. ins Feld führen, daß nach Auffassung des Gerichtshofs Artikel 220 Absatz 2 b) Zollkodex das gleiche Ziel verfolgt wie Artikel 239 Zollkodex, nämlich sicherzustellen, daß eine Abgabenzahlungspflicht mit dem Grundsatz des Vertrauensschutzes vereinbar ist[20].

18 RS C-348/89 – Mecanarte – Slg. 1991-I-3277.
19 Verbundene RS C-153/94 und C-204/94 -14.5.1996, noch unveröffentlicht.
20 Siehe Entscheidung unter Fußnote 16 – a.a.O. S. 1853.

Bis zur Entscheidung der Rechtssache „Seafood" war Artikel 239 mehrfach auf Fälle fehlerhafter Präferenzbescheinigungen angewandt und ein Vertrauensschutz der Zollanmelder unter dieser Vorschrift vom Gerichtshof jeweils als ungerechtfertigt angesehen worden[21]. Diese Rechtsprechung war im übrigen von der Kommission in eine Rechtsnorm umgegossen worden – heute Artikel 904 c) der Verordnung (EWG) Nr. 2454/93 vom 2.7.1993 mit Durchführungsvorschriften zum Zollkodex – und diese legislative Ausformung des Grundsatzes vom unbeschränkten Handelsrisiko des Einführers ist vom Gerichtshof wiederum ausdrücklich als nicht über das Erforderliche hinausgehende Einschränkung der Generalklausel von Artikel 239 bestätigt worden[22]. Die zu stellende Frage ist also, ob der Vertrauensschutz nach Artikel 220 Absatz 2 b) weiter gehen kann als nach Artikel 239 Zollkodex.

Es bleiben demnach noch einige Zweifelsfragen offen, hinsichtlich deren eine Klärung durch den Gerichtshof erforderlich erscheint. Neigt man zu der These, daß der Gerichtshof, wenn er die Gleichheit in der Zielsetzung beider Normen, Artikel 220 Absatz 2 b) und Artikel 239 hervorgehoben hat, dies nicht im Sinne mathematischer Genauigkeit versteht, so bestärkt dies die Auffassung, daß das Seafood-Urteil tatsächlich eine selbständige Alternative zur Rechtsprechung zu Artikel 239 Zollkodex eröffnet und eine Bresche in den Grundsatz vom Handelsrisiko des Einführers schlägt.

Einen weiteren wichtigen Beitrag zur Klärung anderer konnexer Fragen kann der Gerichtshof auch im Zusammenhang mit Fällen der Einfuhr von argentinischem Rindfleisch, die derzeit rechtshängig sind, leisten. Hier handelte es sich um gefälschte Echtheitsbescheinigungen, ein möglicher Irrtum der ausstellenden Behörde kommt also von vorneherein nicht in Betracht. Die Frage ist aber, ob gewisse administrative Versäumnisse in der Gemeinschaft, wenn sie erwiesen sind, die Waagschale der Billigkeit (Artikel 239 Zollkodex) zugunsten der Kläger werden neigen können.

In diesem Zusammenhang ist von Interesse, daß in dem Bericht des Untersuchungsausschusses für das Versandverfahren vom 20. Februar 1997 das Europäische Parlament die Abschreibung ausstehender geschuldeter Beträge empfiehlt, die als das Ergebnis schlechter Verwaltung betrachtet werden können[23].

Abschließend kann festgestellt werden, daß sich zwischen der Rechtsprechung des Europäischen Gerichtshofs zur Frage des Handelsrisikos des Einführers von Drittlandswaren unter Inanspruchnahme von Zollpräferenzen einerseits und deren betont restriktiver Interpretation, welche die Kommission vornimmt, andererseits derzeit ein gewisses Spannungspotential aufgebaut hat. Sein Fortbestehen hat Konsequenzen. Die Kommission ist zwar zur Entscheidung von Vertrauensschutzfällen gemäß Artikel 220 Absatz 2 b) Zollkodex zuständig, aber sie besitzt in dieser Hinsicht kein Monopol. Nur wenn die Zollschuldner damit einverstanden sind, werden derartige Fälle der Kommission zur Entscheidung vorgelegt[24]. Hinsichtlich der nationalen Gerichte ist jedenfalls klar, daß sie im Rahmen der Rechtsbehelfsverfahren ebenfalls in der Lage sind, den Klagegrund des Vertrauensschutzes in ihren Entscheidungen zu berücksichtigen. Die damit bestehende Mehrgleisigkeit des Entscheidungsprozesses beschwört die Gefahr einer uneinheitlichen Anwendung der Kriterien des Vertrauenschutzes im diesem Bereich herauf.

---

21 Verbundene RS 98 und 230/83 – Van Gend & Loos – Slg. 1984 S. 3763; Verbundene RS C-121/91 und C-122/91 – CT Control – Slg. 1993-I-3873.
22 RS C-446/93 – SEIM – 18.1.1996, noch unveröffentlicht.
23 PE 220.895 end. Band I S. 174 Empfehlung Nr. 27.
24 Dies folgt aus Artikel 871 der Verordnung (EWG) Nr. 2454/93 in der Fassung der Verordnung (EG) Nr. 12/97 der Kommission vom 18.12.1996 – ABl. EG Nr. L 9 vom 13.1.1997.

Es handelt sich aber nicht nur um einen Dialog auf juristischer Ebene, der hierzu geführt wird. Der Rat hat die Kommission bekanntlich in einem Beschluß vom 28. Mai 1996 betreffend die Nacherhebung der Zollschuld aufgefordert, eine Untersuchung durchzuführen und geeignete Vorschläge zu unterbreiten[25]. Nicht zuletzt aus der Entstehungsgeschichte dieses Beschlusses wird deutlich, daß der Rat den Anspruch erhebt, gemeinsam mit dem Europäischen Parlament in dieser Grundsatzfrage gesetzgeberisch tätig werden zu können. Er ist hierzu allerdings auf einen Vorschlag der Kommission angewiesen. Der eigentliche interinstitutionelle politische Dialog darf also noch nicht als abgeschlossen betrachtet werden.

---

25 ABl. EG Nr. C 170 vom 14.6.1996; Gemeinsamer Standpunkt (EG) Nr. 36/96 – ABl. EG Nr. C 248 vom 26.8.1996.

Vertrauensschutz im Verbrauchsteuerrecht

Mag. Brigitte Leitgeb,
Bundesministerium für Finanzen, Wien

Inhalt

1. Einleitung

Im Zuge meiner Vorbereitungen bin ich auf eine Vielzahl interessanter, für *unser* Thema „Vertrauensschutz" relevanter Probleme, Fragen und Lösungen in Judikatur und Literatur gestoßen. Für *mein* Thema, „Vertrauensschutz im Verbrauchsteuerrecht", waren meine Nachforschungen im Vergleich zur „Materialfülle" beispielsweise im Zoll-, Marktordnungs- oder Beihilfenbereich viel weniger ergiebig. Vielfach fündig geworden bin ich auch in Bereichen, die zwar für das Verbrauchsteuerrecht und damit auch für meine tägliche „Praxis" als Juristin in einer der beiden Verbrauchsteuerabteilungen des österreichischen Bundesministeriums für Finanzen[1] maßgeblich sind, wie insbesondere das Rückwirkungsverbot im Steuerrecht oder die Frage der zeitlichen Wirkung von Auslegungsurteilen des Europäischen Gerichtshofs. Wenn auch die Versuchung groß wäre (beispielsweise wurde die dritte Änderungsrichtlinie zur Verbrauchsteuersystemrichtlinie[2] im Amtsblatt vom 11. Jänner 1997 kundgemacht, trat aber mit 1. Jänner 1997 in Kraft; in Fragen der Grenzen des Rückwirkungsverbotes läßt die Judikatur des österreichischen Verfassungsgerichtshofes in letzter Zeit interessante „Lokkerungstendenzen" erkennen[3]), möchte ich mich doch bemühen, hier keine „Themenverfehlung" zu begehen.

Gewisse „grundsätzliche" Definitionen scheinen jedoch unverzichtbar:

2. „Grundsatz von Treu und Glauben" und „Grundsatz des Vertrauensschutzes" aus nationaler (österreichischer), völkerrechtlicher und EG-rechtlicher Sicht

Die Bedeutung dieser Definitionen liegt darin, daß der Begriff „Vertrauensschutz" im EG-Recht, im Völkerrecht und dem nationalen deutschen oder österreichischen Recht zum Teil unterschiedlich verwendet wird:

---

1 Entspricht Verbrauchsteuerreferat im deutschen Bundesministerium der Finanzen.

2 Richtlinie 96/99/EG des Rates vom 30. Dezember 1996 zur Änderung der Richtlinie 92/12/EWG über das allgemeine System, den Besitz, die Beförderung und die Kontrolle verbrauchsteuerpflichtiger Waren, ABl. Nr. L 8/12 vom 11. 1. 1997; siehe dazu EuG vom 22. 1. 1997, Rs T-115/94 (Opel Austria GmbH/Rat), abgedruckt in WBl Heft 3/1997, 114 ff. und AW-Prax Heft 6/97, 205.

3 Siehe VfGH vom 19. 6. 1996 B 2756/96 kommentiert von *Rief* in Recht der Wirtschaft (RdW) 1996/10, 492; grundsätzlich *Heidinger,* Rechtsstaat und Rückwirkungsverbot, Österreichische Steuer-Zeitung Nr. 6/1995, 92 ff.

Eine vielzitierte und meiner Ansicht nach treffende allgemeine Umschreibung findet sich in der Judikatur des Verwaltungsgerichtshofes[4], der von einer „allgemeinen, unge-schriebenen Rechtsmaxime, . . ." spricht, die bedeute, daß „jeder, der am Rechtsleben teilnimmt, zu seinem Wort und zu seinem Verhalten zu stehen hat und sich nicht ohne triftigen Grund in Widerspruch zu dem setzen darf, was er früher vertreten hat und worauf andere vertraut haben."

Finden werden Sie diese Judikatur allerdings nicht unter dem Stichwort „Vertrauens-schutz", sondern unter „Treu und Glauben."[5] „Vertrauensschutz" wird in der öster-reichischen Terminologie[6] bisher eher i. Z. mit Rückwirkungsproblemen verwendet.

Im Völkerrecht hat „Treu und Glauben" die Bedeutung (Stichwort „pacta sunt servan-da"), daß völkerrechtliche Verträge von den Vertragsparteien nach „Treu und Glau-ben" zu erfüllen sind[7], daß die Vertragsparteien für die effektive Durchführung und Anwendung zu sorgen haben. So auch ein rezentes Judikat des EuG[8], in dem das Ge-richt feststellt, daß „im Völkerrecht der Grundsatz von Treu und Glauben aus dem Grundsatz des Vertrauensschutzes folgt, der nach der Rechtsprechung Bestandteil der Gemeinschaftsrechtsordnung ist." In der EG-rechtlichen Literatur[9] wird aus dem Grundsatz von Treu und Glauben die unmittelbare Geltung von Richtlinien erklärt.

Der „Vertrauensschutz" findet sich in dieser Literatur und Judikatur – wie auch das „Rückwirkungsverbot", der „Bestimmtheitsgrundsatz" und das „Verhältnismäßigkeits-prinzip" – unter den sich teilweise überlagernden rechtsstaatlichen Grundsätzen oder Prinzipien der „allgemeinen Rechtsgrundsätze" im „ungeschriebenen EU-Primär-recht."[10]

Damit ich Sie nicht noch mehr durch diese Begriffsvielfalt verwirre – um nicht zu sagen diesen Begriffswirrwarr – die sich durchaus noch weiter ergänzen ließe, was ich aber getreu meinen Vorsätzen nicht tun werde, möchte ich für meine folgenden Ausfüh-rungen klarstellen, daß ich für meinen Beitrag von folgendem Begriffsverständnis des „Vertrauensschutzes" ausgehen möchte, das sich meiner Ansicht nach weitgehend mit dem österreichischen Verständnis von „Treu und Glauben" deckt:

Der BFH hat 1986 judiziert, daß der Grundsatz des Vertrauensschutzes im wesentlichen den gleichen Inhalt habe wie der nationale Grundsatz von Treu und Glauben[11].

---

4 Slg. Nr. 6707 (F) vom 8. 9. 1992, 87/14/0091.
5 *Doralt/Ruppe,* Grundriß des österreichischen Steuerrechts[3], Band II, 172 ff., Verlag Manz, Wien 1996; *Stoll,* Bundesabgabenordnung-Kommentar, 1292 ff. und 2441 f., Verlag Orac, Wien 1994; *Ritz,* Bundesabgabenord-nung-Kommentar, § 114, Rz 6 ff., Verlag Orac, Wien 1994.
6 Siehe z. B. VfGH vom 16. 6. 1995 G 191, 192/94, veröffentlicht in ÖJZ 1997, 112 oder *Walter/Mayer,* Bundesver-fassungsrecht[8] (1996) Rz 1350/2.
7 Siehe z. B. *Thun-Hohenstein/Cede,* Europarecht, 147, Verlag Manz, Wien 1996.
8 EuG vom 22. 1. 1997, Rs T-115/94 (Opel Austria GmbH/Rat) Rn. 89 ff., veröffentlicht in WBl Heft 3/1997, 114 ff. und AW-Prax Heft 6/97, 205.
9 *Dauses,* Das Vorabentscheidungsverfahren nach Artikel 177 EG-Vertrag[2], 11, Verlag Beck, München 1995, führt aus, daß das „Rationale der unmittelbaren Geltung von Richtlinienbestimmungen . . . letztlich im Grundsatz von Treu und Glauben zu suchen sein" dürfte. Die Mitgliedstaaten könnten „ihren Bürgern ge-genüber nicht die richtlinienwidrige Unterlassung oder mangelnde Ordnungsgemäßheit der Umsetzung gel-tend machen". Siehe auch *Beutler/Bieber/Pipkorn/Streil,* Die Europäische Union, 210, Nomos 1993.
10 *Borchardt,* Vertrauensschutz im Europäischen Gemeinschaftsrecht, EuGRZ 1988, 309 ff.; *Borchardt* in *Lenz,* EG-Vertrag, Art. 164, Rz 55, Bundesanzeiger, Köln 1994; *Geiger,* EG-Vertrag, Art. 164, Rz 29, Beck'sche Ver-lagsbuchhandlung, München 1993; *Lenz/Erhard* in *Lenz,* EG-Handbuch Recht im Binnenmarkt[2], 92 ff., Her-ne, Berlin 1994; *Pernice* in Grabitz/Hilf, KEU, Art. 164 EGV, Rz 88 ff.; *Pieper* in *Birk,* Handbuch des euro-päischen Steuer- und Abgabenrechts, S. 84, Herne, Berlin 1995; *Thun-Hohenstein/Cede,* Europarecht, 74 f., Verlag Manz, Wien 1996; *Vedder,* Die Anordnung der sofortigen Vollziehung eines Verwaltungsaktes als Fol-ge des Gemeinschaftsrechts, EWS Heft 1 + 2/1991, 10 ff., Punkt I.1. „Rechtstaatliche Grundsätze".
11 Urteil vom 16. 12. 1986 – VII R 19/84.

Wie *Borchardt*[12] ausführt, schützt der Grundsatz des Vertrauensschutzes „die Wirtschaftsteilnehmer vor einer nachträglichen Umbewertung ihrer im Vertrauen auf die bestehende Rechtslage erworbenen Rechtspositionen oder getroffenen Dispositionen", vorausgesetzt

a) es besteht eine Vertrauenslage[13],
b) das Vertrauen ist schutzwürdig[14] und die
c) Interessensabwägung zwischen dem Vertrauensinteresse des Wirtschaftsteilnehmers einerseits und den die Rechtsänderung fordernden Gemeinschaftsinteressen andererseits (führt zu einem für den Wirtschaftsteilnehmer günstigen Ergebnis)[15].

3. Vertrauensschutzbestimmungen im harmonisierten Verbrauchsteuerrecht

Bei der Durchsicht des harmonisierten Verbrauchsteuerrechts, also der Verbrauchsteuer-System-Richtlinie[16], der Struktur- und Steuersatzrichtlinien[17] sowie der beiden Verordnungen über Begleitdokumente[18] konnte ich keine „einschlägigen" Bestimmungen feststellen, wie sie sich beispielsweise in Artikel 220 Nummer 2 lit. b Zollkodex finden[19].

---

12 *Borchardt* in *Lenz,* EG-Vertrag, Art. 164, Rz 55, Bundesanzeiger, Köln 1994.

13 D. h. insbesondere das Vorliegen eines Verhaltens eines Gemeinschaftorganes, das unmittelbar gesicherte Rechtspositionen einräumt oder an das Erwartungen geknüpft werden, die sich in Dispositionen wirtschaftlicher oder tatsächlicher Art konkretisiert haben.

14 Schutzwürdigkeit liegt „bei gesicherten Rechtspositionen stets, bei spekulativen Geschäften niemals" vor. „Engmaschiges Netz vertrauensvernichtender Kriterien" in EuGH-Judikatur, das nur in „außergewöhnlichen Situationen schutzwürdige Erwartungen zuläßt" und dem Wirtschaftsteilnehmer viel abverlange. Näher *Borchardt,* Vertrauensschutz im Europäischen Gemeinschaftsrecht, EuGRZ 1988, 312 ff. m.w.N.

15 *Borchardt,* Vertrauensschutz im Europäischen Gemeinschaftsrecht, EuGRZ 1988, 314 führt als Gemeinschaftsinteresse z. B. die Wiederherstellung des Marktgleichgewichtes, Bekämpfung von Überproduktion oder Interesse an der Durchführung von Wettbewerbprinzipien an. Bei der Abwägung zwischen Individual- und Gemeinschaftsinteressen komme dem Verhältnismäßigkeitsgrundsatz als Prüfungs- und Beurteilungsmaßstab besondere Bedeutung zu.

16 Richtlinie 92/12/EWG des Rates vom 25. Februar 1992 über das allgemeine System, den Besitz, die Beförderung und die Kontrolle verbrauchsteuerpflichtiger Waren (ABl. Nr. L 76 S. 1) i.d.F. der Richtlinie 96/99/EG des Rates vom 30. Dezember 1996 (ABl. Nr. L 8 S. 12 vom 11. 1. 1997; *Systemrichtlinie*).

17 Richtlinie 95/59/EG des Rates vom 27. November 1995 über die anderen Verbrauchsteuern auf Tabakwaren als die Umsatzsteuer (ABl. Nr. L 291 S. 40; *Tabakstrukturrichtlinie*)
Richtlinie 92/79/EWG des Rates vom 19. Oktober 1992 zur Annäherung der Verbrauchsteuern auf Zigaretten (ABl. Nr. L 316; *Zigarettensteuersatzrichtlinie*)
Richtlinie 92/80/EWG des Rates vom 19. Oktober 1992 zur Annäherung der Verbrauchsteuern auf andere Tabakwaren als Zigaretten (ABl. Nr. L 316; *Tabakwarensteuersatzrichtlinie*)
Richtlinie 92/81/EWG des Rates vom 19. Oktober 1992 zur Harmonisierung der Struktur der Verbrauchsteuern auf Mineralöle (ABl. Nr. L 316) i.d.F. der Richtlinie 94/74/EG des Rates vom 22. Dezember 1996 (ABl. Nr. L 365; *Mineralölstrukturrichtlinie*)
Richtlinie 92/82/EWG des Rates vom 19. Oktober 1992 zur Annäherung der Verbrauchsteuersätze für Mineralöle (ABl. Nr. L 316) i.d.F. der Richtlinie 94/74/EG des Rates vom 22. Dezember 1996 (ABl. Nr. L 365; *Mineralölsteuersatzrichtlinie*)
Richtlinie 92/83/EWG des Rates vom 19. Oktober 1992 zur Harmonisierung der Struktur der Verbrauchsteuern auf Alkohol und alkoholische Getränke (ABl. Nr. L 316; *Alkoholstrukturrichtlinie*)
Richtlinie 92/84/EWG des Rates vom 19. Oktober 1992 über die Annäherung der Verbrauchsteuersätze auf Alkohol und alkoholische Getränke (ABl. Nr. L 316; *Alkoholsteuersatzrichtlinie*).

18 Verordnung (EWG) Nr. 2719/92 der Kommission vom 11. September 1992 zum begleitenden Verwaltungsdokument bei der Beförderung verbrauchsteuerpflichtiger Waren unter Steueraussetzung (ABl. Nr. L 276 S. 1), geändert durch die Verordnung (EWG) Nr. 2225/93 der Kommission (ABl. Nr. L 198 S. 5) sowie Verordnung (EWG) Nr. 3649/92 der Kommission vom 17. Dezember 1992 über ein vereinfachtes Begleitdokument für die Beförderung von verbrauchsteuerpflichtigen Waren, die sich bereits im steuerrechtlich freien Verkehr des Abgangsmitgliedstaates befinden (ABl. Nr. L 369 S. 17).

19 Gemäß Artikel 27 Absatz 5 der AlkoholstrukturRL 92/83 sind Mitgliedstaaten nicht verpflichtet, eine Entscheidung über die Zurückziehung einer steuerlichen Begünstigung rückwirkend anzuwenden. In diese Bestimmung sind offensichtlich auch Vertrauensschutzüberlegungen eingeflossen, sie wäre m. E. aber eher unter der Frage „Rückwirkungsverbot" „anzusiedeln".

Vielmehr normiert Artikel 6 Absatz 2 der Systemrichtlinie, daß die „Verbrauchsteuer nach den von den *Mitgliedstaaten* festgelegten Bestimmungen erhoben und eingezogen" wird, und sieht ein Diskriminierungsverbot für Waren mit Herkunft aus anderen Mitgliedstaaten vor.

Da das harmonisierte Verbrauchsteuerrecht keine „eigenen" Vertrauensschutzbestimmungen aufweist[20] und die Systemrichtlinie bezüglich der Abgabenerhebung allgemein auf nationales Recht verweist, komme ich zu der Frage, ob und bejahendenfalls in welcher Form der nationale Gesetzgeber im Verbrauchsteuerbereich den Vertrauensschutz gewährleistet[21].

4. Vertrauensschutz im nationalen (Verbrauch)Steuerrecht mit Darstellung möglicher Anwendungsfälle

4.1 Vertrauensschutz im nationalen (Verbrauch)Steuerrecht

Auch im nationalen österreichischen Verbrauchsteuerrecht finden sich allerdings kaum „einschlägige" Bestimmungen. Vertrauensschutzüberlegungen dürften in einige Übergangsbestimmungen eingeflossen sein. Anläßlich des EU-Beitritts wurden sämtliche Verbrauchsteuergesetze[22] neu erlassen, bestimmte Bewilligungen nach dem „alten" Recht verloren aber nicht automatisch ihre Gültigkeit, sondern galten noch weiter[23]. Auch bei der Bestimmung, daß die Zurücknahme oder Aufhebung einer Steuerlagerbewilligung nicht rückwirkend ausgesprochen werden darf[24], scheinen Vertrauensschutzüberlegungen eine Rolle gespielt zu haben. In beiden Fällen liegen Bewilligungen vor, auf die Lieferanten bzw. ihre Kunden vertraut haben und wegen deren Vorhandensein Waren steuerfrei abgegeben bzw. unter Steueraussetzung geliefert wurden.

Auch in der subsidiär im Verbrauchsteuerbereich anwendbaren Bundesabgabenordnung[25] findet sich keine ausdrückliche „Treu- und Glaubens-" bzw. „Vertrauensschutzregelung", handelt es sich doch wie eingangs erwähnt um eine ungeschriebene, durch die Judikatur anerkannte und weiterentwickelte „Rechtsmaxime"[26]. Die Judikatur des Verwaltungsgerichtshofes sieht in ihr ein Rechtsprinzip ohne Verfassungsrang. Das Legalitätsprinzip (Gesetzmäßigkeitsprinzip) ist nach dieser Judikatur jedenfalls stärker. Der Grundsatz von „Treu und Glauben" steht einer Änderung der allgemeinenen Verwaltungs-(Erlaß)praxis oder der behördlichen rechtlichen Beurteilung bzw. der Würdigung der tatsächlichen Verhältnisse im Einzelfall nicht entgegen. Es besteht insbeson-

---

20 Dies bedeutet allerdings nicht, daß im harmonisierten Verbrauchsteuerrecht der Grundsatz des Vertrauensschutzes nicht gilt. Wie *Grabitz* in Grabitz/Hilf, KEU, Art. 189 EGV, Rz 41, ausführt, sind Rat und Kommission bei der Vornahme einer Rechtshandlung nach Art. 189 an die allgemeinen Rechtsgrundsätze gebunden, eine Rechtshandlung, die gegen ein derartiges Prinzip verstößt wäre rechtswidrig und könne vor dem EuGH mit der Folge der Nichtigerklärung angegriffen werden.

21 Vgl. auch z. B. *Schröer-Schallenberg* in Hemmnisse und Sanktionen in der EU, Tagungsband der 8. Jahrestagung des EFA, 117, Bundesanzeiger Verlag, Köln 1996.

22 Mineralölsteuergesetz 1995 (MinStG 1995; BGBl. Nr. 630/94 i.d.F. BGBl. Nr. 427/96); Biersteuergesetz 1995 (BierStG 1995; BGBl. Nr. 701/94 i.d.F. BGBl. Nr. 427/96); Schaumweinsteuergesetz 1995 (SchwStG 1995; BGBl. Nr. 702/94 i.d.F. BGBl. Nr. 427/96; mit Zwischenerzeugnissteuer und Weinverfahren); Alkohol Steuer-und Monopolgesetz 1995 (AStMG 1995; BGBl. Nr. 703/94 i.d.F. BGBl. Nr. 427/96); Tabaksteuergesetz 1995 (TabStG 1995; BGBl. Nr. 704/94 i.d.F. BGBl. Nr. 427/96).

23 Z. B. § 64 Abs. 5 MinStG 1995 für „Freischeine" (Bewilligungen zum steuerfreien Bezug und zur Verwendung von Mineralöl für einen bestimmten, begünstigten Zweck).

24 Z. B. § 28 Abs. 3 MinStG 1995.

25 § 1 lit a Bundesabgabenordnung (BAO), BGBl. Nr. 194/1961 idgF.

26 Siehe inbes. VwGH Slg. Nr. 6707 (F) vom 8. 9. 1992, 87/14/0091; *Doralt/Ruppe,* Grundriß des österreichischen Steuerrechts[3], Band II, 172 ff., Verlag Manz, Wien 1996; *Stoll,* Bundesabgabenordnung-Kommentar, 1292 ff. und 2441 f., Verlag Orac, Wien 1994; *Ritz,* Bundesabgabenordnung-Kommentar, § 114, Rz 6 ff., Verlag Orac, Wien 1994.

dere kein Anspruch auf Beibehaltung einer nachträglich als rechtswidrig erkannten Vorgangsweise[27]. Bestand allerdings ein Gestaltungsspielraum (z. B. Ermessen, Auslegung, . . .) und war das behördliche Vorgehen gesetzmäßig, so kann ein unbegründetes Abweichen von einer einmal eingenommenen Auffassung einen Verstoß gegen „Treu und Glauben" darstellen.

Im Ermittlungsverfahren kann nach den Grundsätzen von Treu und Glauben zu entscheiden sein, wo die Grenze des Zumutbaren bei der Pflicht der Behörde zur amtswegigen Sachverhaltsermittlung bzw. bei der Mitwirkungspflicht der Partei im Einzelfall liegt[28].

Bedeutung kommt „Treu und Glauben" im Zusammenhang mit Ermessensentscheidungen und bei der Auslegung unbestimmter Rechtsbegriffe (in der Praxis z. B. bei amtswegigen Verfahrenswiederaufnahmen[29] oder Nachsichten[30] von Abgabenschuldigkeiten) sowie als „Korrektiv" i. Z. mit unrichtigen Rechtsauskünften[31] zu.

So weit ein kurzer Überblick über die Verankerung des „Vertrauensschutzes" im österreichischen Abgabenrecht. Da ich jedoch davon ausgehe, daß die Mehrzahl von Ihnen in der Praxis mit österreichischem Recht wohl wenig konfrontiert sein wird, möchte ich von einer ausführlicheren Darstellung Abstand nehmen und Ihnen einige Fälle mit innergemeinschaftlichem Bezug vorstellen, in denen Vertrauensschutzüberlegungen eine Rolle zukommen könnte.

---

27 Nach der Judikatur des VwGH schützt der Grundsatz von „Treu und Glauben" nicht ganz allgemein das Vertrauen des Abgabepflichtigen auf die Rechtsbeständigkeit einer unrichtigen abgabenrechtlichen Beurteilung für die Vergangenheit, die Behörde ist vielmehr verpflichtet, von einer als gesetzwidrig erkannten Verwaltungsübung abzugehen. Schutz besteht nur, wenn besondere Umstände vorliegen, die ein Abgehen von der bisherigen Rechtsauffassung durch die Finanzverwaltung unbillig erscheinen lassen (z.B. Betroffener wurde von Behörde ausdrücklich zu bestimmter, nachträglich als unrichtig erkannter Vorgangsweise aufgefordert). Siehe *Ritz*, Bundesabgabenordnung-Kommentar, § 114, Rz 8 ff., Verlag Orac, Wien 1994 m.w.N. und *Stoll*, Bundesabgabenordnung-Kommentar, 1306 f., 2441 f., Verlag Orac, Wien 1994 m.w.N.; VwGH vom 24. 4. 1996, 93/15/0076. Die Annahme eines Verstoßes gegen „Treu und Glauben" setzt jedenfalls ein unrichtiges früheres Behördenverhalten voraus, auf dessen Richtigkeit der Abgabepflichtige vertraute und nach den objektiven Gegebenheiten auch vertrauen durfte und nach dem er disponierte und wegen dem er – durch das Abgehen der Behörde von dem Verhalten – einen Nachteil erleidet.

28 *Stoll*, Bundesabgabenordnung-Kommentar, 1309 f., Verlag Orac, Wien 1994 m.w.N.

29 § 303 Abs. 4 BAO.

30 § 236 BAO sieht vor, daß fällige Abgabenschuldigkeiten auf Antrag des Abgabepflichtigen ganz oder zum Teil durch Abschreibung nachgesehen werden können, wenn ihre Einhebung nach der Lage des Falles unbillig wäre (Abs. 1 leg. cit.). Dies gilt sinngemäß auch für bereits entrichtete Abgabenschuldigkeiten (Abs. 2 leg. cit.). Bezüglich des „Naheverhältnisses" zu § 227 BAO siehe *Stoll*, Bundesabgabenordnung-Kommentar, 2416, Verlag Orac, Wien 1994.
Nach § 236 BAO ist zunächst das Vorliegen einer „sachlichen Unbilligkeit" (bzw. einer „persönlichen" Unbilligkeit) zu prüfen, wobei es sich hierbei um die Auslegung eines unbestimmten Gesetzesbegriffes (und nicht um eine Ermessensentscheidung) handelt. Liegt eine „Unbilligkeit" vor, und sind auch die sonstigen Nachsichtsvoraussetzungen gegeben, so liegt die Bewilligung der Nachsicht im Ermessen der Abgabenbehörde, die insbesondere das bisherige steuerliche Verhalten des Abgabepflichtigen zu berücksichtigen hat (*Ritz*, Bundesabgabenordnung-Kommentar, § 236, Rz 15 f. m.w.N., Verlag Orac, Wien 1994).
Nach österreichischer Judikatur wären im Falle von Auskünften für die Möglichkeit der Gewährung einer Abgabennachsicht folgende Kriterien dafür maßgebend, daß die „Einhebung der Abgabenschuld nach der Lage des Falles unbillig wäre"
– Die Auskunft wurde von der zuständigen Abgabenbehörde erteilt.
– Die Auskunft ist nicht offensichtlich unrichtig (von einer klaren, eindeutigen Rechtslage abweichend).
– Die Unrichtigkeit der Auskunft war für die Partei nicht erkennbar.
– Die Partei hat im Vertrauen auf die Richtigkeit der Auskunft Dispositionen getroffen, die sie bei Kenntnis der Unrichtigkeit der Auskunft nicht bzw. anders getroffen hätte.
– Vertrauensschaden für die Partei, wenn die Besteuerung entgegen der Auskunft vorgenommen werden würde.

31 *Ritz*, Treu und Glauben bei Rechtsauskünften, Österreichische Steuer-Zeitung 1991/20, 285 ff.; Nicht geschützt ist das Vertrauen in die Richtigkeit von Erlässen, sondern nur von Auskünften im Einzelfall.

Vorweg noch ein kurzer Überblick über Verbrauchsteuerverfahren:

Für das Verbrauchsteuerrecht zentral ist das „Steueraussetzungsverfahren", ein Verfahren, das auf die Herstellung, die Be- und Verarbeitung, Lagerung und Beförderung verbrauchsteuerpflichtiger Waren Anwendung findet[32]. Solange Waren diesem Verfahren unterliegen, sind sie unversteuert und können beispielsweise zwischen den MS ohne Steuerentrichtung befördert werden. Erst mit der Entnahme aus dem Steueraussetzungsverfahren entsteht die Steuerschuld[33]. Die Teilnahme an diesem Verfahren setzt eine behördliche Bewilligung als Steuerlager[34] oder als berechtigter Empfänger[35] voraus. Inhabern von solchen Bewilligungen wird eine Verbrauchsteuernummer erteilt.

Innergemeinschaftliche Warenversendungen können unversteuert grundsätzlich nur unter Steueraussetzung und nur zwischen Steuerlagern bzw. zwischen Steuerlagern und berechtigten Empfängern erfolgen[36]. Der versendende Steuerlagerinhaber hat der Sendung ein Begleitdokument beizugeben[37] und für die Sendung Sicherheit zu leisten[38]. Eine Ausfertigung des Begleitdokumentes verbleibt beim Versender, drei Ausfertigungen begleiten die Ware. Eine von diesen drei Ausfertigungen verbleibt beim Empfänger, auf den beiden weiteren bestätigt der Empfänger den Warenempfang, legt sie der Zollbehörde zur Bestätigung vor, die eine Ausfertigung behält. Die weitere Ausfertigung ist vom Empfänger als Rückschein dem Versender zu übermitteln. Mit dem Empfang dieses Rückscheines (und vorausgesetzt es liegen keine Fehlmengen, . . . etc. vor) wird die Sicherheit des Versenders frei. Im Falle von Unregelmäßigkeiten „haftet" der versendende Steuerlagerinhaber, für ihn entsteht die Steuerschuld[39].

Jeder Mitgliedstaat verfügt über eine zentrale Datenbank[40] mit einer „Liste" „seiner" Steuerlagerinhaber und berechtigten Empfänger samt Verbrauchsteuernummern, in der außerdem von den anderen Mitgliedstaaten übermittelte entsprechende Daten gespeichert sind. In bestimmten Zeitabständen findet ein Datenabgleich zwischen den Mitgliedstaaten statt. Die Bedeutung dieser Datenbank liegt darin, daß sich Steuerlagerinhaber bei „ihrer" Datenbank über den verbrauchsteuerrechtlichen Status ihres Geschäftspartners erkundigen können, d. h. ob der betreffende Kunde tatsächlich zum Empfang unter Steueraussetzung berechtigt ist.

4.2   Darstellung möglicher Anwendungsfälle im Zusammenhang mit

Auskünften über Verbrauchsteuernummern (Fall 1)

Ein Steuerlagerinhaber, der sich bei „seiner" Datenbank nach der Richtigkeit der von einem potentiellen Kunden bekanntgegebenen Verbrauchsteuernummer erkundigt und dem die Richtigkeit bestätigt wurde, tätigt im Vertrauen auf diese Auskunft eine Warensendung, muß aber feststellen, daß diese Auskunft wegen eines Eingabefehlers falsch und sein Kunde in Wahrheit nicht berechtigt war. Er kann die Steuer, die für ihn entstanden ist, nicht mehr überwälzen.

---

32 Artikel 4 c) der SystemRL 92/12.
33 Artikel 6 der SystemRL 92/12.
34 Artikel 12 der SystemRL 92/12.
35 Artikel 16 der SystemRL 92/12 („registrierte Wirtschaftsbeteiligte").
36 Artikel 15 der SystemRL 92/12.
37 Artikel 19 der SystemRL 92/12.
38 Artikel 13 a) und 15 Absatz 3 der SystemRL 92/12; es besteht auch die Möglichkeit, daß der Wareneigentümer oder -beförderer anstelle des versendenden Steuerlagerinhabers Sicherheit leistet.
39 Artikel 20 der SystemRL 92/12.
40 Artikel 15 a der SystemRL 92/12.

Bestätigung von Begleitdokumenten (Fall 2)

Die Behörde im Empfangsmitgliedstaat hat irrtümlich fälschlich den Rückschein und damit die Berechtigung des Empfängers zum Warenempfang unter Steueraussetzung bestätigt, der Versender im Vertrauen auf diese Bestätigung den Warenpreis ohne Steuer kassiert, nachträglich wird jedoch festgestellt, daß der Empfänger nicht über die behauptete Bewilligung verfügt, sondern sich der Identität eines tatsächlich berechtigten Steuerlagers nur bedient hat, die Ware bezog und mit ihr verschwand.

Fehlmengen im innergemeinschaftlichen Steuerversandverfahren (Fall 3)

In einem innergemeinschaftlichen Steuerversandverfahren wird anläßlich einer Straßenkontrolle im Abgangsmitgliedstaat auf dem Begleitdokument von der Behörde vermerkt, daß keine Fehlmengen festgestellt wurden. Der Empfänger unterläßt im Vertrauen auf diese Feststellung eine genauere Prüfung der Warenmenge, bestätigt auf dem Rückschein die gesamte Warenmenge und sendet ihn an den Versender. Dieser hebt einen Warenpreis ohne Verbrauchsteuer ein und zahlt seinen Lkw-Lenker, der den Transport vorgenommen und dann gekündigt hat, aus. Nach Verschwinden des Lenkers stellt sich heraus, daß dieser – noch vor der Straßenkontrolle – einen Teil der Ware verschwinden hat lassen und zwar so geschickt, daß er die Beamten täuschen konnte.

In allen diesen drei Fällen kommt es zur Steuerschuldentstehung (auch) für den versendenden Steuerlagerinhaber. Zu überlegen wäre, ob aus „Treu- und Glaubens"-Überlegungen eine Nachsicht dieser Steuerschuld möglich wäre.

Es erübrigt sich beinahe zu betonen, daß die Entscheidung dieser Frage nicht global getroffen werden kann, sondern wesentlich vom konkreten Sachverhalt abhängt und sich außerdem nach nationalem Recht richtet[41].

5. „Einschlägige" EuGH-Judikatur und Verbrauchsteuerrecht

Wenn auch die EuGH-Judikatur[42] zum „Vertrauensschutz" und die österreichische Judikatur zu „Treu und Glauben" viele Parallelen aufweisen, stellt sich die Frage nach der Bedeutung[43] der „einschlägigen" EuGH-Judikatur für die nationale Gesetzgebung und Judikatur im Verbrauchsteuerbereich.

Abgesehen von Bereichen, in denen der Gemeinschaftsgesetzgeber einzelne verwaltungsrechtliche Fragen zur Durchführung des Gemeinschaftsrechtes ausdrücklich geregelt hat (z. B. Erhebung und Erstattung von Eingangs- und Ausfuhrabgaben), folgt nach der Rechtsprechung des Gerichtshofes (grundlegend dafür die „Milchkontorentscheidung"[44]) der Vollzug des Gemeinschaftsrechts durch die Mitgliedstaaten grundsätzlich dem nationalen Verwaltungs- und Verwaltungsverfahrensrecht. Dies gilt jedoch dann

---

41 Jedenfalls wäre die Berechtigung und Schutzwürdigkeit des Vertrauens zu prüfen, also zu fragen, ob der Steuerlagerinhaber alles ihm Zumutbare unternommen hat, um die Richtigkeit des vertrauensbegründenden Behördenhandelns zu überprüfen bzw. ob für den Steuerlagerinhaber die Probleme vorhersehbar waren (siehe auch Stoll, Bundesabgabenordnung-Kommentar, 1298, Verlag Orac, Wien 1994).
42 Z. B. *Pernice* in Grabitz/Hilf, KEU, Art. 164 EGV, Rz 93 ff. m.w.N.; *Grabitz* in Grabitz/Hilf, KEU, Art. 189 EGV, Rz 41 b ff. m.w.N.; *Schulze*, Vertrauensschutz im EG-Recht bei der Rückforderung von Beihilfen, EuZW 9/1993, 279 ff. m.w.N.; EuGH, Urt. vom 15. 2. 1996, Rs C-63/97.
43 Zur Vermeidung von Mißverständnissen sei darauf hingewiesen, daß dieser Abschnitt sich auf den Bereich der Steuererhebung und -einziehung bezieht, der nach Art. 6 Abs. 2 der SystemRL den Mitgliedstaaten obliegt.
44 Rs C-205 – 215/82 Slg. 1983, 2634; Siehe auch *Vedder*, Die Anordnung der sofortigen Vollziehung eines Verwaltungsaktes als Folge des Gemeinschaftsrechts, EWS Heft 1 + 2/1991, 10 ff., Punkt I.3.

nicht, wenn das nationale Recht die Verwirklichung des Gemeinschaftsrechts praktisch unmöglich macht und wenn es zu Diskriminierungen führt im Vergleich zu den Verfahren, in denen über gleichartige, rein nationale Streitigkeiten entschieden wird[45].

Gilt diese „Rückkoppelungs[46]"-Judikatur auch für den Verbrauchsteuerbereich und auch für den Bereich des subsidiär anwendbaren „allgemeinen" Abgabenverfahrensrechts der Bundesabgabenordnung?

Zur Beantwortung der Frage möchte ich zunächst einen Blick auf die gemeinschaftlichen „Typen" der Vollziehung von EG-Recht werfen:

Schweitzer/Hummer[47] differenzieren in diesem Zusammenhang gemeinschaftsunmittelbare Vollziehung (z. B. in Personalangelegenheiten oder im Wettbewerbsrecht) von der mitgliedstaatlichen Vollziehung, die ihrerseits in unmittelbare und mittelbare mitgliedstaatliche Vollziehung untergliedert ist.

In der unmittelbaren mitgliedstaatlichen Vollziehung wird unmittelbar anwendbares Gemeinschaftsrecht von den Mitgliedstaaten vollzogen und dient nationalen Verwaltungsbehörden als Grundlage für ihr Handeln. Typische Rechtsform ist die Verordnung.

Demgegenüber hat in der mittelbaren mitgliedstaatlichen Vollziehung in Fällen, in denen kein unmittelbar anwendbares primäres oder sekundäres Gemeinschaftsrecht existiert, der nationale Gesetzgeber Gemeinschaftsrecht mittels Durchführungsvorschriften umgesetzt. Die nationalen Behörden vollziehen nationales Recht, das einen Zusammenhang zum Gemeinschaftsrecht insofern behält, als bei Vollziehung des *nationalen* Rechts immer auch darauf geachtet werden muß, daß der Richtlinie entsprechend gehandelt wird.

Ob für den Bereich der mittelbaren mitgliedstaatlichen Vollziehung die gleichen Regeln wie für die unmittelbare mitgliedstaatliche Vollziehung gelten (nämlich eine Bindung an die verfahrensrechtlichen Vorgaben des Gemeinschaftrechts) oder ob sich Verwaltungsverfahren und Verwaltungshandeln hier ausschließlich nach nationalem Recht richten, da die Behörden inhaltlich nicht unmittelbar Gemeinschaftsrecht sondern nationales Recht, das dieses Gemeinschaftsrecht erst umsetzt, anwenden, ist nach Schweitzer/Hummer umstritten. Ihrer Ansicht nach dürfte die ausschließliche Anwendung nationalen Verfahrensrechts jedenfalls solange nicht zu beanstanden sein wie dadurch die verbindliche Zielvorgabe des gemeinschaftlichen Rechtsakts nicht beeinträchtigt wird.

Ähnlich wie Schweitzer/Hummer differenzieren auch *Lenz/Erhard*[48] unmittelbaren und mittelbaren (indirekten, dezentralisierten) Vollzug des Gemeinschaftsrechtes, wobei

---

45 Siehe z. B. *Beutler/Bieber/Piepkorn/Streil,* Die Europäische Union[4], 232 m.w.N., Nomos, Baden-Baden 1993; „Seafood"/Urteil vom 14. Mai 1996, Rs C-153/94 und C-204/94, veröffentlicht in ZfZ 1997/1, 12 ff.; hingewiesen wird auch auf den Vorlagebeschluß des BFH vom 26. November 1996 VII R 106/95 (abgedruckt in ZfZ 1997/5, 168 f.) mit einem Ersuchen um Auslegung von Art. 905 Abs. 1 ZK-DVO.
Laut EuGH Urteil vom 20. März 1997, Rs C-24/95, veröffentlicht in WBl 1997/5, 201, geht dies sogar so weit, daß die zuständige Behörde gemeinschaftsrechtlich verpflichtet sei, einen Bewilligungsbescheid – im Beihilfenbereich – selbst dann zurückzunehmen, wenn sie für dessen Rechtswidrigkeit in einem solchen Maße verantwortlich ist, daß die Rücknahme dem Begünstigten gegenüber als Verstoß gegen Treu und Glauben scheint und nach nationalem Recht die Rücknahme wegen Wegfalls der Bereicherung und mangels Bösgläubigkeit des Beihilfeempfängers ausgeschlossen scheint.
46 Nach *Lenz/Erhard* in Lenz, EG-Handbuch Recht im Binnenmarkt[2], 97, Herne, Berlin 1994, erfolgt die R ü c k k o p p e l u n g des mitgliedstaatlichen Verwaltungsvollzugs an die Vorgaben des Gemeinschaftsrechts auf verschiedenen Ebenen ...
47 Europarecht[5], Rz 424 ff. und insbesondere Rz 440, Luchterhand, Berlin 1996.
48 *Lenz,* EG-Handbuch Recht im Binnenmarkt[2], 95 ff., Herne, Berlin 1994.

sie beim mittelbaren Vollzug unmittelbar anwendbares Gemeinschaftsrecht – wie z. B. im Bereich der Zölle oder gemeinsamen Agrarpolitik – umgesetztem Gemeinschaftsrecht gegenüberstellen. Im Bereich des umgesetzten Gemeinschaftsrechtes komme das zu vollziehende Gemeinschaftsrecht in Gestalt mitgliedstaatlicher Rechtsakte zur Anwendung. Dabei gelte der Grundsatz der Gemeinschaftstreue[49] und das Gebot der Effektivität des Gemeinschaftsrechtes. Abweichungen in mitgliedstaatlichen Umsetzungsnormen seien unschädlich, problematisch sei jedoch ein Konflikt zwischen mitgliedstaatlichen und gemeinschaftsrechtlichen Normen. In einem solchen Falle sei zunächst zu versuchen, den Konflikt im Wege einer gemeinschaftskonformen Auslegung im Lichte der Richtlinie und der Ziele des Gemeinschaftsrechts schlechthin zu lösen[50], gelinge dies nicht, sei nach der Normenhierarchie zu entscheiden.

Beutler/Bieber/Piepkorn/Streil[51] führen aus, daß die Judikatur des EuGH offen lasse, inwieweit allgemeine Grundsätze des Gemeinschaftsrechtes geschriebene und ungeschriebene Regeln des nationalen Verwaltungsrechts verdrängen können. Jedenfalls dann, wenn das nationale Recht explizite verwaltungsrechtliche Regeln enthält, die sich an den auch im Gemeinschaftsrecht anerkannten Grundsätzen der Rechtssicherheit und der Gesetzmäßigkeit der Verwaltung orientieren, sollte aus Verwaltungseffizienzüberlegungen deren Anwendung auf dem Gemeinschaftsrecht unterworfene Sachverhalte hingenommen werden, auch wenn im Einzelfall gemeinschaftsrechtliche Grundsätze zu einer anderen Lösung führen würden. Allgemeine Rechtsgrundsätze des Gemeinschaftsrechts sollten andererseits auf den nationalen Verwaltungsvollzug dann durchschlagen, wenn sie konkreter sind als die entsprechenden Grundsätze des innerstaatlichen Rechts[52].

Meine Sympathien gehören aus folgenden Überlegungen einer „nationalen" Lösung:

Verbrauchsteuern sind – anders als Zölle[53] oder Marktordnungsabgaben – meiner Ansicht nach dem Bereich der mittelbaren mitgliedstaatlichen Vollziehung zuzuordnen, handelt es sich doch anders als bei dem in Verordnungen geregelten gemeinschaftlichen Zoll- und Marktordnungsrecht beim Verbrauchsteuerrecht um Richtlinienrecht.

Verbrauchsteuern zählen nicht zu den Eigenmitteln der Gemeinschaft[54] (es fällt nämlich auf, daß die „einschlägige" EuGH-Judikatur insbesondere den Zoll-, Marktordnungs- und Beihilfenbereich betrifft). Die Systemrichtlinie[55] verweist außerdem bezüglich der Erhebung und der Einziehung der Verbrauchsteuern ausdrücklich auf nationales Recht.

Das maßgebliche Verwaltungsverfahrensgesetz, die Bundesabgabenordnung, ist auch auf Bereiche anzuwenden, in denen kein harmonisiertes Recht gilt. Es wäre schwierig, z. B. Nachsichten nach ein und derselben Bestimmung unterschiedlich zu behandeln, je nachdem, ob sie Verbrauchsteuern oder rein nationale Steuern betreffen.

---

49 Nach Artikel 5 EG-V seien im Bereich jeglichen hoheitlichen Handelns die mitgliedstaatlichen Stellen verpflichtet, alle geeigneten Maßnahmen allgemeiner oder besonderer Art zur Erfüllung der Verpflichtungen, die sich aus dem Vertrag oder aus Handlungen der Organe der Gemeinschaft ergeben, zu treffen.
50 Ähnlich *Fischer,* Europarecht in der öffentlichen Verwaltung, 116 ff., Beck, München 1994.
51 Die Europäische Union[4], 231 ff., Nomos, Baden-Baden 1993.
52 Zum Verhältnis Gemeinschaftsrecht und innerstaatliche Umsetzung siehe auch *Kadelbach/Sobotta,* Umsetzung von EG-Richtlinien durch rückwirkendes Gesetz? EWS 1996/1, 11 ff., Punkt III; zum Verhältnis europäisches Verwaltungsrecht – nationales Verwaltungsrecht siehe auch *Grabitz* in Grabitz/Hilf, KEU, Art. 189 EGV, Rz 29 a m.w.N. sowie zum „indirekten Vollzug" a.a.O. Rz 18.
53 Siehe auch Lenz/Erhard in Lenz, EG-Handbuch Recht im Binnenmarkt[2], Herne, Berlin 1994, 95 ff.
54 Beschluß des Rates vom 31. Oktober 1994 über das System der Eigenmittel der Europäischen Gemeinschaften (94/728/EG); siehe auch *Schulze,* Vertrauensschutz im EG-Recht bei der Rückforderung von Beihilfen, EuZW 9/1993, 279 ff., der die „Eigenmittelrelevanz" als Kriterium für die Übertragbarkeit der Judikatur zu den Eingangsabgaben auf das Beihilfenrecht erachtet.
55 Artikel 6 Absatz 2.

Nach der österreichischen höchstgerichtlichen Judikatur finden sich in der Bundesabgabenordnung Bestimmungen zur Verwirklichung des Grundsatzes des „Vertrauensschutzes" (bzw. des Schutzes von „Treu und Glauben"), d. h. Vertrauensschutz wird unter bestimmten Voraussetzungen gewährt, auch wenn die Bundesabgabenordnung keine „expliziten" Vorschriften enthält.

Solange das nationale Recht im Verbrauchsteuerbereich[56] grundsätzlich den Vertrauensschutz gewährleistet, wenn auch die Voraussetzungen nicht völlig identisch mit jenen der EuGH-Judikatur sind und vorausgesetzt die Zielvorgaben der umgesetzten Richtlinie werden nicht beeinträchtigt, sollte meiner Ansicht nach die EuGH-Judikatur in diesem Bereich nicht „durchschlagen", auch wenn sie in Einzelfällen zu abweichenden Lösungen führen würde. Würde allerdings eine nationale Rechtsordnung überhaupt keinen Vertrauensschutz gewährleisten, sollte eine Berufung auf die EuGH-Judikatur möglich sein.

6. Zusammenfassung mit Schlußfolgerungen

Im harmonisierten Verbrauchsteuerrecht finden sich keine „eigenen" Vertrauensschutzbestimmungen, auch das nationale österreichische Verbrauchsteuerrecht weist nur wenige auf. Vertrauensschutz wird in Österreich im (Verbrauch)Steuerrecht vielmehr nach „ungeschriebenen", durch die Judikatur entwickelten Grundsätzen gewährt. Solange das nationale (Verbrauch)Steuerrecht grundsätzlich den Vertrauensschutz gewährleistet und vorausgesetzt, die Zielvorgaben der umgesetzten Richtlinie werden nicht beeinträchtigt, sollte meiner Ansicht nach die EuGH-Judikatur in diesem Bereich nicht „durchschlagen".

---

56 Anders als im hier behandelten „innerstaatlichen" Bereich stellt sich die Rechtslage in Einfuhrfällen dar. Sowohl nach deutschem (§ 21 TabStG) als auch nach österreichischem Recht (§ 25 TabStG 1995) gelten in solchen Fällen die Zollvorschriften sinngemäß (die Bedeutung der „sinngemäßen" Anwendung dürfte jedoch – wie auch die genaue Formulierung – etwas unterschiedlich sein). Für die deutsche Rechtslage ist (so auch Nebenbemerkung *Müller-Eiselts* in seinem EFA-Vortrag „Nacherhebung – Erlaß – Erstattung" vom 20. Juni 1997 bzw. der anschließenden Diskussion) die Interpretation des Wortes „sinngemäß" entscheidend. Zwar nicht in einem Verbrauchsteuer-, aber in einem Einfuhrumsatzsteuerfall ging der BFH (Urteil vom 3. Mai 1990 VII R 71/88, abgedruckt in EWS Heft 1 + 2/1991, 45 ff.) von einer Anwendung der Nacherhebungsverordnung auf die Einfuhrumsatzsteuer aus. So auch *Gellert,* Die Entscheidungspraxis der Europäischen Kommission im Bereich der Erstattung, des Erlasses und der Nacherhebung von Einfuhrabgaben aus Billigkeitsgründen, ZfZ 1997/1, 2ff., Punkt II. „Erlaß/Erstattung von Einfuhrabgaben" und *Henke/Huchatz,* Das neue Abgabenverwaltungsrecht für Einfuhr- und Ausfuhrabgaben, ZfZ 1996/8, 226 ff., Teil 1 B.
Hingewiesen sei auch auf den Vorlagebeschluß des BFH vom 26. November 1996 VII R 106/95 (abgedruckt in ZfZ 1997/5, 168 f.). Im gegenständlichen Fall wurden im Zusammenhang mit einem Diebstahl von Zolllagergut (Zigaretten; Nichtgemeinschaftswaren) die Vorlagefragen ausschließlich auf die Möglichkeit des Erlasses des Zolles beschränkt, obwohl der Kläger offenbar den Erlaß der „Eingangsabgaben" (also wohl auch der Tabaksteuer) anstrebt (vgl. dazu EuGH-Urteil vom 14. Jänner 1997, Rs C-192/95 bis C-218/95, „Comateb", abgedruckt in ZfZ 1997/5, S. 163 f., insb. Rz 12).

Vertrauensschutz im Außenwirtschaftsrecht

Hochschuldozent Dr. iur. Volker Epping, Bochum/Köln

Inhalt

Eigenverantwortliche wirtschaftliche Planungen, Entscheidungen und Dispositionen sind nur möglich, wenn die Rechtsordnung durch eine gewisse Stabilität und Kontinuität gekennzeichnet ist. Der Unternehmer muß daher auf die Beständigkeit der rechtlichen Bewertung seines wirtschaftlichen Verhaltens und der sich daraus ergebenden rechtlichen Konsequenzen vertrauen können. Der Staat seinerseits ist unter den Bedingungen der modernen Industrie- und Massengesellschaft gefordert, insbesondere auf die sich stetig ändernden Determinanten auch und gerade im wirtschaftlichen, gesellschaftlichen und technischen Bereich zu reagieren. Der Einzelne steht daher einem immer enger werdenden, aber sich auch ständig wandelnden Geflecht staatlicher Normierungen und Maßnahmen gegenüber, die gleichsam auch den Orientierungspunkt für seine wirtschaftliche Betätigung bilden. Das Rechtsinstitut des Vertrauensschutzes soll ihm daher insofern Sicherheit vermitteln[1].

Besondere Bedeutung gewinnt der Vertrauensschutz gerade auch im Außenwirtschaftsrecht bei Einwirkung von Gesetzen bzw. Rechtsverordnungen auf bestehende Sachverhalte und Rechtsbeziehungen. Um dies zu verdeutlichen, ist auf die Änderungen der AWV, also der Rechtsverordnung hinzuweisen, die die Einschränkungen des AWG im einzelnen regelt. Die mit dem AWG am 1. September 1961 in Kraft getretene AWV ist bis Ende 1986 in 59 Änderungsverordnungen erheblich umgestaltet worden[2]. Seit der Neufassung der AWV vom 18. Dezember 1986[3] sind allein 39 Änderungsverord-

---

1 *Hartmut Maurer,* Kontinuitätsgewähr und Vertrauensschutz, in: Isensee/Kirchhof, Handbuch des Staatsrechts (HStR), Band III, 1988, § 60 Rn. 5.
2 *Elmar Matthias Hucko,* Außenwirtschaftsrecht, Kriegswaffenkontrollrecht, 5. Auflage 1995, S. 12.
3 BGBl. 1986 I, 2671, in Kraft seit dem 1.1.1987 (§ 73 AWV).

nungen ergangen[4], also durchschnittlich vier Änderungsverordnungen pro Jahr. Davon sind allein neun Änderungen 1990 und zehn Änderungen 1992 ergangen. Dieses Bild der rechtlichen Diskontinuität findet in der Aus- und der Einfuhrliste seine Bestätigung. Die Ausfuhrliste, die sämtliche genehmigungspflichtigen Ausfuhrgüter erfaßt, befindet sich derzeit auf dem Stand der 92. Änderungsverordnung[5] und die Einfuhrliste sogar auf dem Stand der 131. Änderungsverordnung[6]. Demgegenüber nehmen sich die insgesamt 31 Gesetze (davon ‚nur' neun auch als solche bezeichnete Änderungsgesetze zum AWG)[7], die zu Änderungen des AWG seit seiner Verkündung am 28. April 1961[8] führten, relativ bescheiden aus.

Diese beachtliche Anzahl der Änderungen der maßgeblichen außenwirtschaftsrechtlichen Vorschriften verdeutlicht die Problematik für das sich an diesen stetig ändernden Normen orientierende Handeln der außenwirtschaftlich Tätigen. Der Unternehmer, der im Hinblick auf die alte Rechtslage geschäftliche Dispositionen getätigt, insbesondere Verträge abgeschlossen hat, wird angesichts der durch die neue Rechtslage erfolgten Entwertung seiner Dispositionen in seinem Vertrauen auf die alte Rechtslage enttäuscht[9].

Inwieweit wird das *tatsächliche* Vertrauen auf den Fortbestand der bisherigen Rechtslage aber auch *rechtlich* geschützt? Die Rechtsprechung des BVerfG verlangt bei diesen regelmäßig als sog. unechte Rückwirkung zu qualifizierenden Fällen[10] die Beachtung des Vertrauensschutzes. Gleichwohl gelangt sie bei der erforderlichen Abwägung zwischen dem Interesse des einzelnen an dem Fortbestand einer gesetzlichen Regelung und dem gesetzgeberischen Anliegen für das Wohl der Allgemeinheit in der Regel zu dem Ergebnis, daß das Vertrauensschutzinteresse des Bürgers schwächer und das öffentliche Interesse an der uneingeschränkten Gesetzesänderung gewichtiger ist und daher der Grundsatz des Vertrauensschutzes nicht durchzugreifen vermag[11]. Dem wird man grundsätzlich zustimmen müssen. Denn die entgegengesetzte These vom grundsätzlichen Fortbestand der Regelung, die unter dem Stichwort der Plangewährleistung diskutiert wird[12], ist im Hinblick auf die Änderungsbedürftigkeit bei Gesetzen allgemein abzulehnen; sie würde den Vertrauensinteressen des einzelnen einseitig Vorrang gegenüber den öffentlichen Interessen an der Änderung einräumen und damit eine sinnvolle Gesetzgebung im Ganzen unmöglich machen[13]. Dies schließt aber nicht aus, daß im Einzelfall das Vertrauen des Betroffenen das öffentliche Interesse durchaus verdrängen kann[14].

---

4 BAnz. Nr. 100 vom 5.6.1997, S. 6721.

5 BAnz. Nr. 79 vom 26.4.1997, S. 5393.

6 BAnz Nr. 120 vom 2.7.1996, S. 7381 und 7384.

7 Zuletzt wurde das AWG durch das neunte Gesetz zu Änderung des AWG vom 11.12.1996 (BGBl. 1996 I, S. 1850) geändert.

8 BGBl. 1961 I, 481, 495, 1555.

9 BVerfGE 14, 288 (299); 51, 356 (363); 63, 152 (175).

10 Fast alle Gesetze und Rechtsverordnungen, die das Außenwirtschaftsrecht neu regeln, treffen auf Sachverhalte, Rechte und Rechtsbeziehungen, die bereits in der Vergangenheit entstanden sind, aber noch fortbestehen und wirken auf dies nur ex nunc ein (vgl. nur *Ingo von Münch,* Staatsrecht, Band 1, 5. Auflage 1993, Rn. 446). Von diesen Fällen der unechten Rückwirkung zu unterscheiden sind gesetzliche Regelungen, die ausschließlich künftig entstehende Sachverhalte, Rechte und Rechtsbeziehungen betreffen. Sie kollidieren nicht mit dem Grundsatz des Vertrauensschutzes, der erst eingreift, wenn der Gesetzgeber auf Positionen einwirkt, die unter der bisherigen Rechtslage bereits entstanden sind.

11 Vgl. z. B. BVerfGE 24, 220 (230 f.); 63, 152 (176); 64, 87 (104); 68, 287 (307); 69, 272 (310); 72, 141 (154 f.); BGHZ 92, 94 (109); so zutreffend der Befund von *Hartmut Maurer* [FN 1], § 60 Rn. 43.

12 *Winfried Brohm,* Plangewährleistungsrechte, Jura 1986, 617–619; *Hartmut Maurer,* Allgemeines Verwaltungsrecht, 10. Auflage 1995, § 16 Rn. 33; *Fritz Ossenbühl,* Staatshaftungsrecht, 4. Auflage 1991, S. 324.

13 *Werner Hoppe,* Planung, in: Isensee/Kirchhof, Handbuch des Staatsrechts, Band III, 1988, § 71 Rn. 128; *Hartmut Maurer* (FN 12), § 16 Rn. 29 f.

14 *Ingo von Münch,* ebd.

I. Voraussehbarkeit

Als zentrales Kriterium für die Interessenabwägung läßt sich aus der freilich einzelfallgeprägten Rechtsprechung des BVerfG[15] die Voraussehbarkeit ableiten: Der Vertrauensschutz reduziert sich in der vorzunehmenden Abwägung mit dem öffentlichen Interesse, wenn die bisherige Regelung rechtspolitisch umstritten war, über eine Reform diskutiert wurde oder gar schon ein Änderungsantrag im Bundestag eingebracht wurde[16]. Betrachtet man den besonders sensiblen Embargobereich, wird man die sich in der Tagespresse abzeichnenden außenpolitischen Entwicklungen als Aspekte einer möglichen Minderung des Vertrauensschutzes ggf. in die Abwägung – freilich je nach den Umständen des Einzelfalls – einbeziehen können. Für die Voraussehbarkeit entscheidend dürfte dabei sein, ob die außenpolitische Entwicklung überraschend eintrat oder sich langfristig abzeichnete. Unabhängig davon muß es dem Staat möglich sein, auf rechtliche wie sachliche Mängel und sich ändernde Verhältnisse angemessen zu reagieren. Dabei wird zwar ein rechtlicher Mangel schwerer wiegen als eine neue politische Zielrichtung, die die Regierung bzw. das Parlament mit einer Änderung der rechtlichen Rahmenbedingungen durchzusetzen sucht. Zu erwägen ist daher, ob nicht für Einzelfälle die Beibehaltung der bisherigen Rechtslage in Betracht kommen kann[17]. Dies ist jedoch nur eine Form zur Bewältigung der unechten Rückwirkung, die richtigerweise als ein *Problem der Überleitung* erkannt wird[18], für das unterschiedlichste Überleitungsmodelle erörtert werden[19], worauf noch kurz einzugehen sein wird (III.).

II. Außenwirtschaftliches Risiko und Risikovorsorge?

Zuvor ist aber der spezifisch außenwirtschaftsrechtliche Einwand zurückzuweisen, im Außenwirtschaftsverkehr müsse ganz allgemein mit Embargos gerechnet werden bzw. das Scheitern angebahnter Geschäfte gehöre zum allgemeinen Außenwirtschaftsrisiko[20] und schließe daher von vornherein jeglichen Vertrauensschutz aus. Angesichts der deutlichen Betonung des Freiheitsgrundsatzes als leitenden Grundsatz des Außenwirtschaftsrechts in § 1 Abs. 1 S. 1 AWG muß der Außenhandelstreibende grundsätzlich auf

---

15 *Hartmut Maurer* (FN 1), § 60 Rn. 52 (m.N. in Fn. 11).

16 Vgl. z. B. BVerfGE 53, 224 (255); 57, 361 (392 f.); 67, 1 (19 f.); 71, 230 (252); aus dem außenwirtschaftsrechtlichen Schrifttum z. B. *Eckart Putzier*, Die Ermächtigungen des Außenwirtschaftsgesetzes, 1987, S. 36.

17 Als typisches Beispiel hierfür ist auf die Änderung von Ausbildungs- und Prüfungsordnungen hinzuweisen, bei der das Nebeneinander von zwei Rechtsordnungen praktiziert wird, vgl. *Günter Dürig*, in: Maunz/Dürig, Grundgesetz, Art. 3 (Bearbeitung 1973) Abs. I Rn. 222.

18 BVerfGE 14, 288 (301 ff.); 31, 275 (289 ff.); 43, 242 (288 ff.); 48, 403 (415 ff.); 51, 356 (363 ff.); 58, 81 (123 ff.); 58, 300 (348); 64, 72 (83 ff.); 67, 1 (15 ff.); 68, 272 (284 ff.); 70, 69 (83 ff.); 70, 191 (201, 213); *Ernst-Wolfgang Böckenförde*, Diskussionsbeitrag, VVDStRL 32 (1974), 244 (245); *Günter Dürig* (FN 17), Art. 3 (Bearbeitung 1973) Abs. I Rn. 222 (mit Fn. 3 auf S. 106); *ders.*, Diskussionsbeitrag, VVDStRL 32 (1974), 247 (248 f.); *Volkmar Götz*, Bundesverfassungsgericht und Vertrauensschutz, in: Festgabe Bundesverfassungsgericht, Band II, 1976, S. 421 (442 ff.); *Gunter Kisker*, Vertrauensschutz im Verwaltungsrecht, VVDStRL 32 (1974), 149 (178 f.); *Hartmut Maurer* (FN 1), § 60 Rn. 54 mit umfassenden Nachweisen in Fn. 159; *Fritz Ossenbühl* (FN 12), S. 330 f.; *Bodo Pieroth*, Rückwirkung und Übergangsrecht, 1981, S. 71 ff., 149 ff.; *Jürgen Salzwedel*, Verfassungsrechtlich geschützte Besitzstände und ihre „Überleitung" in neues Recht, Die Verwaltung 5 (1972), 11 ff.; *Klaus Stern*, Zur Problematik rückwirkender Gesetze, in: Festschrift für Theodor Maunz (1981), S. 381 (390 ff.).

19 *Hartmut Maurer* (FN 1), § 60 Rn. 54; *Klaus Stern* (FN 18), S. 381 (391 ff.).

20 So *Armin von Bogdandy*, Die außenwirtschaftsrechtliche Genehmigung, VerwArch 83 (1992), 53 (91); *Heinz Friedrich Schulz*, in: ders., Außenwirtschaftsrecht, 1965/66, § 2 (insbes.) Rn. 10; *Harald Sieg/Hans Fahning/Karl Friedrich Kölling*, Außenwirtschaftsgesetz, 1963, § 2 Anm. III. 6 c; in diese Richtung gehend auch *Alexander Reuter*, Außenwirtschafts- und Exportkontrollrecht Deutschland / Europäische Union, 1995, Rn. 759 („allgemeine Voraussehbarkeit von Beschränkungen im Außenwirtschaftsrecht") und *Friedrich Graf von Westphalen*, Anmerkung zum Urteil des LG Bonn v. 26.2.92 – 1 O 446 / 90 –, DWiR 1992, 217 f.

den Bestand seiner Dispositionen vertrauen können. § 1 Abs. 1 S. 1 AWG gewährleistet daher explizit so lange Außenwirtschaftsfreiheit, wie der Gesetz- oder Verordnungsgeber sie nicht einschränkt[21].

Darüber hinaus sind die beiden unter dem Stichwort der Risikovorsorge genannten Absicherungsmöglichkeiten nicht geeignet, einen möglichen Vertrauensschutz a priori auszuschließen[22]:

– Sofern force-majeure-Klauseln überhaupt zur Anwendung gelangen[23], werden die Verträge mit den ausländischen Vertragspartnern oftmals subsidiär dem Recht des ausländischen Vertragspartners unterstellt. Dies kann aber, wie das Beispiel des irakischen Antiboykottgesetzes zeigt, zur Folge haben, daß die Klauseln nicht „greifen"[24].

– Nach den HERMES-Bedingungen ist es zwar möglich, sich u. a. gegen das Ausfuhr- und das Fabrikationsrisiko zu versichern, das neben dem wirtschaftlichen auch das politische Risiko abdeckt[25]. Erfaßt wird auch das Fabrikationsrisiko, wenn die Durchführung eines Vertrages durch ein deutsches Embargo[26] unmöglich wird[27]. Jedoch sind nur die Selbstkosten gedeckt[28]. Bei den Ausfuhrgarantien bzw. Ausfuhrbürgschaften[29], bei denen das nationale Embargorisiko nicht versicherbar ist, sind zudem Schadensersatzforderungen, Verzugszinsen, Vertragsstrafen oder Reuegelder

---

21 *Rainer Hofmann,* Grundrechte und grenzüberschreitende Sachverhalte, 1994, S. 254; *Ernst-Joachim Mestmäcker/Christoph Engel,* Das Embargo gegen Irak und Kuwait, 1991, S. 47; *Eckart Putzier* (FN 16), S. 36; *Hans-Konrad Ress* (FN 21), S. 219 (232-235); *Raimund Wimmer,* Entschädigungsansprüche aus dem Irak-Embargo gegen die Bundesrepublik Deutschland, BB 1990, 1986 (1990); *Siegfried Zinkeisen,* Das Fehlen einer Entschädigungsregelung im Außenwirtschaftsgesetz, S. 57 f., 69 f. partiell einschränkend S. 68; auch *Ulrich Häde,* Rechtliche Aspekte des Irak-Embargos, BayVBl. 1991, 485 (488, 490).

22 So aber *Friedrich Graf von Westphalen* (FN 20), DWiR 1992, 217 f.; wohl auch *Ernst-Arnold Hellmuth/Niels Reuter,* Ist ein Embargo eine entschädigungspflichtige Enteignung im Sinne des Grundgesetzes?, AWD 1959, 265. – I.E. zutreffend *Ulrich Häde* (FN 21), BayVBl. 1991, 485 (490); *Ernst-Joachim Mestmäcker/Christoph Engel* (FN 21), S. 49-51.

23 Dies verneinend z. B. Urteil des LG Essen v. 21.8.1991 – 47 0 31/91 –, S. 4 f. (nicht veröffentlicht).

24 Vgl. *Ernst-Joachim Mestmäcker/Christoph Engel* (FN 21), S. 50.

25 Vgl. die Aufzählung der erfaßten politischen Risiken bei *Wolfgang Graf von Kageneck,* Hermes-Deckungen, 1991, S. 26 f. Eingehend zu den einzelnen Risiken *Vinzenz Bödeker,* Staatliche Exportkreditversicherungssysteme, 1992, S. 22 ff.

26 Da ausdrücklich auf das AWG Bezug genommen wird („Der Garantiefall tritt ein, wenn die Durchführung des Vertrages dadurch unmöglich wird, daß aufgrund einer gemäß § 27 in Verbindung mit §§ 2 und 7 des Außenwirtschaftsgesetzes [AWG] vom 28.04.1961 nach Beginn der Haftung erlassenen Rechtsverordnung . . .") bleibt rechtlich das Problem offen, ob die Deckung auch bei Verhängung eines Embargos ausschließlich durch die Europäischen Gemeinschaften eingreift (dies bejahend *Ernst-Joachim Mestmäcker/Christoph Engel* (FN 21), S. 50, die insoweit die Wirkungen des europäischen Embargos auch der Bundesrepublik zurechnen). Daß diese Frage bisher nicht relevant geworden ist liegt wohl daran, daß der deutsche Verordnungsgeber zumeist die EG-Embargoverordnung in die AWV zur strafrechtlichen Bewehrung im Verordnungswege übernommen hat, mithin jedenfalls formal die Anknüpfung an eine Verordnung gegeben war. Indes ist diese Sichtweise problematisch. Aufgrund der unmittelbaren Wirkung des per Verordnung i. S. von Art. 189 Abs. 2 EGV verhängten Embargos ist nämlich nach Auffassung der Rechtsprechung (BGHZ 125, 27 ff.; LG Bonn, EuZW 1992, 455 f.) die (im übrigen gemeinschaftsrechtlich problematische) deutsche Umsetzung des EG-Embargos lediglich deklaratorischer Natur, d. h. die Durchführung wird – dieser Auffassung folgend – nicht in Folge der deutschen Verordnung sondern aufgrund der EG-Verordnung unmöglich (vgl. hierzu demnächst *Volker Epping,* Die Außenwirtschaftsfreiheit)!

27 § 4 Nr. 3 e der Allgemeinen Bedingungen für Fabrikationsrisikobürgschaften und § 4 Nr. 3e der Allgemeinen Bedingungen für Fabrikationsrisikogarantien.

28 §§ 2 Abs. 1, 7 Abs. 1 der Allgemeinen Bedingungen für Fabrikationsrisikogarantien und der Allgemeinen Bedingungen für Fabrikationsrisikobürgschaften.

29 Ausfuhrgarantien sind Ausfuhrgewährleistungen für Geldforderungen deutscher Exporteure aus Ausfuhrverträgen für Lieferungen und Leistungen an private Schuldner, während bei Ausfuhrbürgschaften der Vertragspartner des deutschen Exporteurs oder ein für das Forderungsrisiko voll haftender Garant ein Staat, eine Gebietskörperschaft oder eine vergleichbare Institution ist, vgl. *Klaus Dieter-Schroth,* Handbuch zum Außenwirtschaftsverkehr, 1994, Rn. 1630, 1634.

nicht abgesichert[30]. Darüber hinaus muß jeder Deckungsnehmer im Schadensfall einen bestimmten Prozentsatz des Verlustes selbst tragen[31]. Dies zeigt schon, daß HERMES-Deckungen den möglicherweise entstehenden Schaden nicht bzw. nicht voll abdecken, der Einwand der mangelnden Risikovorsorge somit schon nicht im Sinne eines Entschädigungs- bzw. Vertrauensausschlusses vorgebracht werden kann.

Überdies steht die Gewährung von Ausfuhrgewährleistungen im Ermessen des Bundesministers für Wirtschaft, der an die Zustimmung des Bundesfinanzministers gebunden ist (§ 39 Abs. 2 BHO) sowie das Einvernehmen mit dem Außenminister und dem Minister für wirtschaftliche Zusammenarbeit herzustellen hat[32]. Erst aufgrund der in Form des Verwaltungsaktes ergehenden ministeriellen Deckungszusage schließt der Bund mit dem Deckungsnehmer einen zivilrechtlichen Gewährleistungsvertrag ('Zweistufentheorie'[33])[34]. Beachtet man überdies die Kriterien für die Übernahme[35], spielen abgesehen von der politisch determinierten Frage der Förderungswürdigkeit[36] u. a. auch haushaltsrechtliche Erwägungen wie die Frage der Wahrscheinlichkeit der Inanspruchnahme des Bundes oder die Überschreitung der im Haushaltsgesetz festgelegten Höchstbeträge für Gewährleistungen[37] eine entscheidende Rolle, die schon einen generellen Anspruch auf Übernahme von Ausfuhrgewährleistungen ausschließen[38]. Dies zeigt, daß eine Absicherung über staatliche Ausfuhrgewährleistungen nicht stets möglich ist, der Einwand der fehlenden Risikovorsorge somit auch aus diesem Grunde nicht von vornherein zur Versagung des Vertrauensschutzes führen kann.

III. Die Überleitungsproblematik

Hält die Zielsetzung des Gesetzgebers verfassungsrechtlichen Anforderungen stand, verengt sich der Prüfungsgegenstand im wesentlichen auf die Frage, ob der mit der Gesetzesänderung einhergehende Eingriff in das Dispositionsschutzinteresse des Bürgers dem Grundsatz der Verhältnismäßigkeit genügt, um das avisierte Ziel zu erreichen[39].

---

30 Z.B. § 2 Abs. 3 der Allgemeinen Bedingungen für Ausfuhrbürgschaften, § 2 Abs. 3 der Allgemeinen Bedingungen für Ausfuhrgarantien.

31 Der sog. Selbstbehalt bestimmt sich nach dem schädigenden Ereignis, dem gedeckten Risiko, und reicht von 5% bis 25% der Schadensgröße (*Vinzenz Bödeker* [FN 25], S. 115) bei Ausschluß einer anderweitigen Selbstbehaltsrisikoabsicherung (vgl. jeweils § 6 Abs. 2 der Allgemeinen Bedingungen für Fabrikationsrisikobürgschaften, für Fabrikationsrisikogarantien, für Ausfuhrbürgschaften und für Ausfuhrgarantien). Bei politischen Risiken beträgt die Regelquote 10% (vgl. die anhand der einzelnen Allgemeinen Bedingungen [vgl. jeweils § 6 Abs. 1 der Allgemeinen Bedingungen für Fabrikationsrisikobürgschaften, für Fabrikationsrisikogarantien, für Ausfuhrbürgschaften und für Ausfuhrgarantien] erarbeitete Übersicht bei *Vinzenz Bödeker* [FN 25], S. 118).

32 Vgl. Nr. 3.1. der Richtlinie für die Übernahme von Ausfuhrgewährleistungen vom 30.12.1983 (abgedruckt u. a. bei *Vinzenz Bödeker* (FN 25), S. 408-411).

33 Vgl. hierzu allgemein *Hartmut Maurer* (FN 12), § 17 Rn. 11 ff.; im Speziellen *Vinzenz Bödeker* (FN 25), S. 163 f.

34 Dabei wird der Bund durch den Bundesminister für Wirtschaft und dieser wiederum durch sog. Mandatare vertreten, von denen die HERMES-Kreditversicherungs AG federführend für das Mandatarkonsortium ist (daher die übliche Kurzbezeichnung 'HERMES-Deckungen'). Maßgeblich für die Deckungszusage ist die von den vorgenannten Ministern erlassene Richtlinie für die Übernahme von Ausfuhrgewährleistungen vom 30.12.1983, zuletzt geändert durch Richtlinie vom 24.11.1995.

35 Nr. 2 der Richtlinie für die Übernahme von Ausfuhrgewährleistungen: die Förderungswürdigkeit, die risikomäßige Vertretbarkeit, die Gestaltung der Vertragsbedingungen sowie die haushaltsrechtliche Zulässigkeit.

36 Vgl. Nr. 2.1. der Richtlinie für die Übernahme von Ausfuhrgewährleistungen. Zu der hierin liegenden Problematik vgl. z. B. *Ludwig Gramlich*, Ausfuhrförderung im Verfassungsstaat, ZfZ 1989, 101 (105 unter b).

37 Nr. 2.4. der Richtlinie für die Übernahme von Ausfuhrgewährleistungen.

38 So auch expressis verbis Nr. 1.3. der Richtlinie für die Übernahme von Ausfuhrgewährleistungen. Das formelle subjektiv-öffentliche Recht eines Antragstellers auf fehlerfreie Ermessensausübung wird dadurch nicht berührt (*Ludwig Gramlich* [FN 36], 105 mit Fn. 92 [dort m.w.N.].

39 *Gunter Kisker* (FN 18), VVDStRL 32 (1974), 149 (179); *Hartmut Maurer* (FN 1), § 60 Rn. 54.

So hat das BVerfG folgerichtig Gesetze für verfassungswidrig erklärt, weil die im Einzelfall erforderliche Übergangsregelung fehlte[40] bzw. nicht ausreichte[41]. Angesichts der Dominanz der Spezifika der einzelnen Fälle ist es bisher – sieht man von der gebotenen Abwägung ab – aber nicht gelungen, eine systematische Lehre formalisierter Übergangsregelungen zu entwickeln[42]. Als gesichert kann lediglich die Forderung gelten, daß der Gesetzgeber verpflichtet ist, „bei der Aufhebung oder Modifizierung geschützter Rechtspositionen – auch dann, wenn der Eingriff an sich verfassungsrechtlich zulässig ist – auf Grund des rechtsstaatlichen Grundsatzes der Verhältnismäßigkeit eine angemessene Übergangsregelung zu treffen[43]".

Ist Vertrauen schutzwürdig, aber wegen des zwingenden öffentlichen Zwecks eine schonende Überleitung nicht möglich, drängt sich die Frage der Kompensation bzw. der Entschädigung für das enttäuschte Vertrauen in den Fällen der unechten Rückwirkung auf[44]. Liegt – abgesehen von der Problematik der Unmittelbarkeit des Eingriffs – kein durch Art. 14 Abs. 1 GG gesichertes vermögenswertes privates Recht vor[45] – erwähnt sei nur das „Dogma der Schutzlosigkeit unternehmerischer Chancen"[46] (z. B. erworbener Kundenstamm, Marktstellung[47]) –, ist ein nach Maßgabe der derzeitigen Rechtsprechung durchsetzbarer Entschädigungsanspruch nicht ersichtlich, zumal die Amtshaftung als Verschuldenshaftung im Regelfall nicht in Betracht kommen dürfte[48].

Der Gedanke, daß Dispositionen schutzwürdig sind und unvermeidbare Änderungen entschädigungsrechtlich zu bewältigen sind, hat zwar in zahlreichen gesetzlichen Regelungen als sog. Vertrauensschaden Eingang gefunden (§ 49 Abs. 6 VwVfG, § 39 BauGB, § 21 Abs. 4 BImSchG). Diese positivrechtlichen Regelungen sind aber singulärer Natur und überwiegend auf konkrete, durch Verwaltungsakt individualisierte Rechtsbeziehungen zugeschnitten. Dies läßt es nicht zu, aus diesen Regelungen einen allgemeinen Rechtsgrundsatz auf Entschädigung bei dispositionsentwertenden Plan- und Gesetzesänderungen zu entnehmen[49]. Überdies begründet der Grundsatz des Vertrauensschutzes zunächst nur Abwehransprüche, schützt also lediglich vor dem Entzug von Vertrauenspositionen[50]. Nur in den gesetzlich beschriebenen Fällen werden aufgrund des Vertrauensschutzes auch Entschädigungsansprüche gewährt.

Der zur Rechtfertigung dieses keinesfalls befriedigenden Befundes angeführte Hinweis, daß der staatlicherseits veranlaßte Wegfall von Rahmenbedingungen nicht den Staat ersatzpflichtig machen könne, da durch die Setzung der Rahmenbedingungen dem einzelnen oft erst lohnende Dispositionen ermöglicht würden, ohne daß die daraus gezogenen Gewinne abgeschöpft würden[51], ist indes ebensowenig überzeugend wie der

---

40 Z.B. BVerfGE 51, 356 (368 ff.); 68, 272 (284 ff.).
41 Z.B. BVerfGE 31, 275 (284 ff.); 43, 242 (288 ff.); 71, 255 (275).
42 So schon die Forderung von *Günter Dürig* (FN. 17), Art. 3 (Bearbeitung 1973) Abs. I Rn. 222 (in Fn. 3 auf S. 106).
43 BVerfGE 43, 242 (288); ebenso BVerfGE 21, 173 (183); 58, 300 (351); 67, 1 (15); *Hans D. Jarass,* in: ders./Pieroth, Grundgesetz, 3. Auflage 1995, Art. 20 Rn. 54.
44 Vgl. auch *Klaus Stern* (FN. 18), S. 381 (393); *Fritz Ossenbühl* (FN 12), S. 331; *Günter Püttner,* Vertrauensschutz im Verwaltungsrecht, VVDStRL 32 (1974), 201 (222).
45 Beispielsweise sei auf Kosten der Vertragsanbahnung, des Vertragsabschlusses, der Planung und Finanzierung sowie für nutzlose Vorbereitungshandlungen (Einstellung neuer Arbeitskräfte, Verträge mit Zulieferern etc.) hingewiesen.
46 *Christoph Engel,* Eigentumsschutz für Unternehmen, AÖR 118 (1993), 169 (218). – So sei beispielsweise auf Kosten der Vertragsanbahnung, des Vertragsabschlusses, der Planung und Finanzierung sowie nutzlosen Vorbereitungshandlungen (Einstellung neuer Arbeitskräfte, Verträge mit Zulieferern etc.) hingewiesen.
47 Vgl. hierzu demnächst *Volker Epping,* die Außenwirtschaftsfreiheit.
48 Ebenso *Winfried Brohm* (FN 12), Jura 1986, 617 (623, 624); *Hartmut Maurer* (FN. 12), § 28 Rn. 36; *Fritz Ossenbühl* (FN 12), S. 327 f.
49 *Winfried Brohm* (FN 12), 623.
50 *Winfried Brohm* (FN 12), 624.
51 So *Winfried Brohm,* ebd.

Hinweis auf das Unternehmerrisiko bzw. das angesprochene außenwirtschaftliche Risiko[52]. Auch das vielfach nicht ausgesprochene Argument der unübersehbaren Folgewirkungen für die öffentlichen Haushalte[53] ist mehr pragmatischer denn stringent juristischer Natur. Da dem Betroffenen durch eine hoheitliche Maßnahme unter Durchbrechung des Gleichheitssatzes zum Wohle der Allgemeinheit ein Sonderopfer abverlangt wird, liegt aber von der Situation her eine aufopferungsrechtliche Lage vor, was eine Erstreckung der aufopferungsrechtlichen Entschädigungsinstitute auf diese Fälle nahelegt. In erster Linie ist daher der Gesetzgeber gefordert[54], bei Eingriffen in getätigte Dispositionen, die im Allgemeininteresse vorgenommen werden und nicht durch Art. 14 GG gewährleistete Rechtspositionen zum Gegenstand haben, Entschädigungen vorzusehen, sofern eine Überleitung nicht in Betracht kommen kann.

IV. Die außenwirtschaftsrechtliche Genehmigung

1. Rücknahme und Widerruf

Der Gesichtspunkt des Vertrauensschutzes erfährt auch im Außenwirtschaftsrecht eine gewisse Verfestigung, sofern außenwirtschaftsrechtliche Vorgänge genehmigt sind. In Ermangelung einer spezialgesetzlichen Rücknahme- und Widerrufsregelung kommen im Bereich des AWG die allgemeinen Bestimmungen der §§ 48, 49 VwVfG zur Anwendung, die als einfachgesetzlicher Ausdruck des allgemeinen verfassungsrechtlichen Vertrauensschutzes versuchen, das Vertrauens- bzw. Bestandsschutzinteresse des Bürgers mit dem insbesondere durch den Grundsatz der Gesetzmäßigkeit geprägten öffentlichen Änderungsinteresse der Verwaltung in Einklang zu bringen.

Wie die §§ 43, 44 und 48 VwVfG zeigen, ist auch eine rechtswidrige Genehmigung in der Lage, ein außenwirtschaftliches Vorhaben zu stabilisieren[55]. Da sich die außenwirtschaftsrechtlichen Genehmigungen in der Regel als rechtmäßige begünstigende Verwaltungsakte darstellen, steht im Mittelpunkt zwangsläufig die Frage des Widerrufs gemäß § 49 Abs. 2 VwVfG. Sofern der rechtmäßig erteilten außenwirtschaftsrechtlichen Genehmigung kein Widerrufsvorbehalt beigefügt wurde, kommen für einen Widerruf der Genehmigung im wesentlichen die Widerrufsgründe des § 49 Abs. 2 Nr. 3 bis 5 VwVfG in Betracht.

a) Änderung der tatsächlichen Gegebenheiten

Haben sich bezogen auf den Genehmigungszeitpunkt in außenwirtschaftspolitischer Hinsicht die tatsächlichen Gegebenheiten geändert, können die Behörden entsprechende Genehmigungen nach § 49 Abs. 2 Nr. 3 VwVfG widerrufen. Dabei erfährt § 49 Abs. 2 Nr. 3 VwVfG über das hypothetisch zu prüfende Tatbestandsmerkmal, daß „die Behörde auf Grund der nachträglich eingetretenen Tatsachen berechtigt wäre, den Verwaltungsakt nicht zu erlassen", seine außenwirtschaftsrechtliche Modifizierung durch die erforderliche Einbeziehung der Wertungen des § 3 Abs. 1 AWG. Dies hat zur

---

52 Vgl. auch *Walter Schmidt,* „Vertrauensschutz" im öffentlichen Recht, JuS 1973, 529 (533 mit Fn. 43).

53 Vgl. *Wolf-Rüdiger Schenke,* Staatshaftung und Aufopferung – Der Anwendungsbereich des Aufopferungsanspruchs, NJW 1991, 1777 (1787); ders. / *Ulrich Guttenberg,* Rechtsprobleme einer Haftung bei normativem Unrecht – Bemerkungen zu BGH, DÖV, S. 1065 ff. – DÖV 1991, 945 (954 f.).

54 Ebenso *Eberhard Rinne,* Entschädigungsfragen beim eingerichteten und ausgeübten Gewerbebetrieb, DVBl. 1993, 869 (871).

55 Da die außenwirtschaftliche Genehmigung keine Geldleistung oder teilbare Sachleistung gewährt, bestimmt sich die Rücknahme nach § 48 Abs. 3 VwVfG, der vorsieht, daß eine Rücknahme nur gegen Entschädigung erfolgen darf, soweit das überwiegende schutzwürdige Vertrauen reicht. Das in die Abwägung einzubeziehende öffentliche Interesse wird dabei aber nicht von fiskalischen Interessen geprägt (*Michael Sachs,* in: Stelkens/Bonk/Sachs, VwVfG, 4. Auflage 1993, § 48 Rn. 142).

Folge, daß nicht jegliche Änderung der tatsächlichen Umstände ausreichend ist, einen Widerruf zu begründen, sondern nur solche Änderungen, die eine *wesentliche* Gefährdung der Genehmigungsvorschrift i. S. des § 3 Abs. 1 S. 1 AWG begründen und die ihrerseits nicht wegen eines volkswirtschaftlichen Interesses i. S. des § 3 Abs. 1 S. 2 AWG unbeachtlich sind[56]. Ein Widerruf muß daher beispielsweise ausscheiden, wenn die Behörde bei gleichbleibenden Umständen nur ihre generelle Einschätzung wandelt, wie dies bei einer mit einem Regierungswechsel möglicherweise einhergehenden Zugrundelegung einer neuen „Sicherheitsphilosophie" vorstellbar ist[57].

b) *Änderung der rechtlichen Gegebenheiten – Widerruf durch Verordnung?*

Da sich außenwirtschaftspolitische Entscheidungen nach der Konzeption des AWG in der Regel in Verordnungen niederschlagen, die die Rechtslage insbesondere durch Änderung der AWV und der maßgeblichen Listen (Ein-, Ausfuhr- und Länderliste) ändern, ist der Anwendungsbereich der Widerrufsmöglichkeit nach § 49 Abs. 2 Nr. 4 VwVfG eröffnet. Dennoch erfolgt in der Praxis – namentlich des Bundesausfuhramtes – in solchen Fällen kein Widerruf der vormals erteilten Genehmigungen[58]. Die Regelung des § 49 Abs. 2 Nr. 4 VwVfG schließt aber eine Aufhebung durch eine Verordnung aus: Verwaltungsakte verlieren durch die Änderung des maßgeblichen Rechts nicht ihre Wirksamkeit; hierzu bedarf es vielmehr eines *zusätzlichen administrativen Aktes*.

Dies heißt nun nicht, daß das vom Verordnungsgeber zulässigerweise (vgl. § 2 Abs. 1 Nr. 2 AWG) angeordnete Verbot der zuvor genehmigten außenwirtschaftlichen Tätigkeit unbeachtlich ist. Das Verbot ‚überlagert' vielmehr die Genehmigung und läßt die vormals genehmigte Handlung nicht mehr zu[59]. Das Verbot hemmt somit die Vollziehbarkeit, nicht aber die Wirksamkeit des Verwaltungsaktes. Wird das Verbot aufgehoben, was gerade bei situativen Anordnungen von Beschränkungen geschieht, entfällt die Vollzugshemmung, und der Unternehmer kann die Genehmigung (nun) ausnutzen, sofern sie sich nicht i. S. von § 43 Abs. 2 VwVfG z. B. durch Zeitablauf erledigt hat. An diesem Befund ändert sich auch dann nichts, wenn die Beschränkung durch EG-Verordnung gemäß Art. 189 Abs. 2 EGV erfolgt. Auch insofern bedarf es eines administrativen Widerrufs, um die Wirksamkeit der Genehmigungen zu beseitigen[60].

---

56 I.E. ebenso *Armin von Bogdandy* (FN 20), VerwArch 83 (1992), 53 (88 f.), der dieses Ergebnis jedoch durch die verfassungsrechtlich geforderte Einbeziehung des § 2 Abs. 3 S. 3 AWG, der den verfassungsrechtlichen Schutz abgeschlossener Verträge einfachgesetzlich konkretisiert, erreicht. Bei dieser Betrachtung werden aber zwei Dinge vermengt, die keineswegs deckungsgleich sind. Zum einen ist dies der hier im Vordergrund stehende Genehmigungsverwaltungsakt, der selbst keine durch Art. 14 Abs. 1 S. 1 GG geschützte Eigentumsposition darstellt und die durch einen Vertrag begründeten Eigentumspositionen (Forderungen), in die gemäß § 2 Abs. 3 S. 3 AWG eingegriffen werden darf.

57 So zutreffend *Armin von Bogdandy* (FN 20), VerwArch 83 (1992), 53 (89); allgemein *Hans-Uwe Erichsen,* Das Verwaltungshandeln, in: ders., Allgemeines Verwaltungsrecht, 10. Auflage 1995, § 18 Rn. 9.

58 So die Auskunft des BAFA auf Anfrage des Verfassers.

59 Dies klingt beispielsweise auch im Runderlaß Außenwirtschaft Nr. 20/92 das Libyen-Embargo betreffend an: „Soweit mit dieser Verordnung Verbote im Außenwirtschaftsverkehr mit Libyen ausgesprochen werden, werden bereits erteilte Ausfuhrgenehmigungen und Negativbescheinigungen *überlagert und dürfen nicht mehr ausgenutzt werden.* Sie berechtigen im Hinblick auf den umfassenden, die Bundesrepublik Deutschland bindenden Beschluß des VN-Sicherheitsrates nicht mehr zur Ausfuhr oder zur Erbringung von Dienstleistungen." (Runderlaß Außenwirtschaft Nr. 20/92 betreffend die 21. Verordnung zur Änderung der AWV v. 15.4.1992, BAnz Nr. 75 v. 16.4.1992, S. 3278 [unter B. Art. 1; Hervorhebung – kursiv – nicht im Original]).

60 Vgl. hierzu insgesamt *Volker Epping,* Grundfragen des Außenwirtschaftsrechts, in: Dirk Ehlers/Hans-Michael Wolffgang, Rechtsfragen der Ausfuhrkontrolle und Ausfuhrförderung, 1997, S. 3 (28 ff.).

2. Die rechtstatsächliche „Bewältigung" der Entschädigungsregelung des § 49 Abs. 6 VwVfG

Im Außenwirtschaftsrecht kommt der behördlichen Reaktion auf Änderungen der einer Genehmigung zugrundeliegenden Sach- und Rechtslage eine zentrale Bedeutung zu. Da der Widerruf rechtmäßig erteilter Genehmigungen grundsätzlich die Entschädigungsfolge des § 49 Abs. 6 VwVfG nach sich zieht, sind die Behörden aus Gründen der Verwaltungseffizienz[61] sowie fiskalischen Gründen bestrebt, dieser ‚unliebsamen‘ Folge namentlich durch Beifügung von Nebenbestimmungen zu entgehen. Gebräuchlich sind insofern Widerrufsvorbehalte[62] und Befristungen[63]; Negativbescheinigungen, die formularmäßig[64] auf 12 Monate befristet sind, stehen zudem unter einer auflösenden Bedingung.

a) Widerrufsvorbehalt

Der Widerrufsvorbehalt führt dazu, daß das wirtschaftliche Risiko beim Unternehmer verbleibt, da bei einem rechtmäßig ausgeübten Widerruf der Genehmigung eine Ersatzpflicht des Staates nach § 49 Abs. 6 VwVfG entfällt. Der Unternehmer läuft nämlich Gefahr, bei Widerruf der Genehmigung seine vertraglichen Pflichten nicht erfüllen zu können, sich also schadensersatzpflichtig zu machen und bei der Ausfuhr auf seiner möglicherweise eigens für den auswärtigen Vertragspartner angefertigten Ware ‚sitzenzubleiben‘. Darüber hinaus schließen die HERMES-Versicherungsbedingungen die Deckungspflicht bei vorbehaltenem Widerruf in diesen Fällen aus[65].

Das AWG beruht auf dem Freiheitsprinzip (§ 1 Abs. 1 S. 1 AWG) und verlangt daher konsequenterweise, daß Beschränkungen auf das unerläßliche Maß begrenzt werden müssen (§ 2 Abs. 3, 4 AWG). Dies hat zur Folge, daß auch bei der Erteilung von Genehmigungen Einengungen durch Nebenbestimmungen so weit wie eben möglich zu vermeiden sind[66]. Denn wenn nach § 3 Abs. 1 AWG Genehmigungen *ohne* Einschränkungen dann zu erteilen sind, wenn der Fall, auf den sich die Genehmigung erstreckt, den Zweck, dem die Vorschrift dient, nicht oder nur unwesentlich gefährdet, kann für inhaltliche Beschränkungen einer Genehmigung gemäß § 30 Abs. 1 AWG gleichfalls nur ein sehr begrenzter Spielraum gegeben sein. Eine regelmäßige Verwendung von Widerrufsvorbehalten, wie sie bisweilen vom außenwirtschaftlichen Schrifttum moniert wird,

---

61 Dieser Gesichtspunkt der Verwaltungseffizienz kann indes nicht als genereller Aspekt nach dem Motto „ohne Befristung der Genehmigung würde die gesamte Ein- und Ausfuhrkontrolle und damit die Möglichkeit von umfassenden Beschränkungen erschwert oder verloren gehen" zum Tragen kommen (so *Siegfried Berwald,* in: Hocke/Berwald/Maurer, Außenwirtschaftsrecht [Loseblatt; Stand: 64. Ergänzungslieferung März 1996], § 30 AWG Anm. 3 a). Auch wenn nicht zu bestreiten ist, daß damit die laufende Überprüfung, ob erteilte Genehmigungen ausgenutzt sind und, ob sie angesichts geänderter Umstände widerrufen werden müssen, einen erheblichen Verwaltungsaufwand verursacht und die Ausfuhrkontrolle erschwert, ist die ‚praxisgerechte‘ Befristung immer noch eine Einzelfallentscheidung im Rahmen des von der Behörde jeweils auszuübenden pflichtgemäßen Ermessens (§ 36 Abs. 2, 3 VwVfG).

62 Auf Anfrage des Verfassers wurde abgesehen von den Allgemeinen Genehmigungen ein allenfalls spärlicher Einsatz von Widerrufsvorbehalten seitens des BAFA bestätigt und die im Schrifttum vertretene Auffassung zurückgewiesen, daß Genehmigungen „regelmäßig" (*Alexander Reuter* [FN 20], Rn. 728) bzw. „flächendeckend" (*Ernst-Joachim Mestmäcker/Christoph Engel* (FN 21), S. 73) eingesetzt würden. – Generell unter Widerrufsvorbehalt stehen Allgemeine Genehmigungen i. S. von § 1 Abs. 2 AWV, die, im Bundesanzeiger veröffentlicht, ohne Antrag ergehen und bestimmte außenwirtschaftsrechtlich relevante, grundsätzlich genehmigungspflichtige Handlungen allgemein genehmigen, eine individuelle Antragstellung somit entbehrlich machen (*Alexander Reuter* [FN 20], Rn. 743, 728).

63 So die Auskunft des BAFA auf Anfrage des Verfassers.

64 Vgl. HADDEX III.3, S. 5.

65 § 4 Nr. e, aa, und bb sowohl der Allgemeinen Bedingungen für Fabrikationsrisikogarantie als auch der Allgemeinen Bedingungen für Fabrikationsrisikobürgschaften.

66 *Otto Leonhardt,* in: Schulz (FN 20), § 30 Rn. 9.

da sich die Behörde damit allgemein freie Hand für den Fall der Änderung der Verhältnisse verschaffen wolle[67], läßt sich weder vor diesem Hintergrund, noch in Anbetracht
des grundsätzlichen Vertrauens- und Bestandsschutzes für begünstigende Verwaltungsakte (§§ 48, 49 VwVfG) rechtfertigen[68]. Daß gerade bei langjährigen Planungs- und
Produktionsprozessen Vertrauen betätigt wird, ergibt sich schon aus den enormen finanziellen Vorleistungen. Dieses Vertrauen durch einen Widerrufsvorbehalt über Jahre schutzlos zu stellen, weil sich möglicherweise die rechtlichen oder tatsächlichen Verhältnisse ändern, würde indes die nur ausnahmsweise Zulässigkeit der Beifügung von
Nebenbestimmungen in ihr Gegenteil verkehren und den auch verfassungsrechtlich
verankerten Vertrauensschutz ad absurdum führen, vor allem da Rechtsänderungen in
aller Regel weder vom Betroffenen beeinflußbar noch konkret vorhersehbar sind[69].
Will man diese Konsequenz vermeiden, wird man in diesen Fallgestaltungen § 49 Abs. 2
Nr. 3 und 4 VwVfG abschließenden Charakter zubilligen müssen[70]. Dies auch vor dem
Hintergrund, daß gerade angesichts des bei Großaufträgen vorhandenen volkswirt-
schaftlichen Interesses an der Vornahme des Rechtsgeschäfts § 3 Abs. 1 S. 2 AWG eine
Derogierung u. a. auch der Zwecke des § 7 Abs. 1 AWG zuläßt. Überdies verbietet das
im Rahmen des pflichtgemäßen Ermessens der Behörde hinsichtlich der Beifügung von
Nebenbestimmungen zu beachtende Verhältnismäßigkeitsprinzip grundsätzlich eine
Begünstigung, deren Realisierung erhebliche Aufwendungen verlangt, unter Widerrufsvorbehalt oder sonstige auflösende Bedingungen zu stellen[71]. Liegen die Voraussetzungen für die Erteilung einer Genehmigung vor und befürchtet die Behörde nur, daß
sie in der Zukunft entfallen könnten, muß sie in Ermangelung konkreter Anhaltspunkte
die Genehmigung daher ohne Nebenbestimmung erteilen[72].

b) Befristung

In der Praxis wird daher in erster Linie von Befristungen Gebrauch gemacht: Regelmäßig werden außenwirtschaftsrechtliche Genehmigungen auf zwei Jahre (mit Verlängerungsmöglichkeit) befristet; bei ‚kritischen‘ Zielländern werden kürzere Fristen festgelegt[73]. In der Mehrzahl der Fälle wird selbst eine kurze Befristung der Genehmigung
von einem halben Jahr ausreichend sein, das Geschäft abzuwickeln. Probleme treten
aber in den Fällen auf, in denen die Planung und Produktion der zu exportierenden
Ware einen Zeitraum von mehreren Jahren in Anspruch nimmt, bevor es überhaupt zur
Ausfuhr kommt, oder die Ausfuhr sich selbst über den üblichen Befristungszeitraum
hinaus erstreckt. Der Anlagenbau, der Werkzeugmaschinenbau und der Schiffbau sind
hierfür typische Beispiele. In den beiden letztgenannten Branchen wird sich die Ausfuhr der Maschine bzw. des Schiffs zwar unproblematisch in dem kurzen Befristungszeitraum bewerkstelligen lassen. Problematisch ist aber der sich oftmals über Jahre er-
streckende Planungs- und Herstellungszeitraum. Der Unternehmer wird zur Minimie-
rung des vertraglichen und wirtschaftlichen Risikos daher noch vor Vertragsschluß eine
Ausfuhrgenehmigung für dieses Großprojekt beantragen wollen. Die Frage ist also, ob

---

67 *Ernst-Joachim Mestmäcker / Christoph Engel* (FN 21), S. 73 („flächendeckende Verwendung"); *Alexander Reu-*
   ter (FN 20), Rn. 743, 728.
68 Vgl. hierzu *Hans-Günter Henneke,* in: Knack, VwVfG, 4. Auflage 1994, § 36 Rn. 5.2.
69 *Helmut Bronnenmeyer,* Der Widerruf rechtmäßiger begünstigender Verwaltungsakte nach § 49 VwVfG, 1994,
   S. 240.
70 Vgl. *Hans Meyer,* in: Meyer/Borgs-Maciejewski, VwVfG, § 36 Rn. 30.
71 *Rolf Müller-Uri,* in: Giemulla/Jarowsky/Müller-Uri, Verwaltungsrecht, Rn. 498.
72 Vgl. BVerwG, NJW 1980, 2773 (nur Leitsatz); BSG, DVBl. 1988, 449 (451); OVG Rh.-Pf., DÖV 1989, 779
   (780); *Helmut Bronnenmeyer* (FN 75), S. 240; *Hans-Günter Henneke* (FN 68), § 36 Rn. 4.2; *Ferdinand O. Kopp,*
   VwVfG, § 36 Rn. 9; *Paul Stelkens,* in: Stelkens/Bonk/Sachs, VwVfG, § 36 Rn. 56.
73 *Alexander Reuter* (FN 20), Rn. 727; auch *Armin von Bogdandy* (FN 20), VerwArch 83 (1992), 53 (69).

die Exekutive in diesem Fall – die Zulässigkeit der Ausfuhr im Genehmigungszeitpunkt wird unterstellt – die Ausfuhrgenehmigung mit einer Befristung überhaupt verbinden kann.

Gemäß § 36 Abs. 3 VwVfG darf die Befristung dem Zweck der Genehmigung nicht zuwiderlaufen. Selbst wenn es der Sachbezogenheit einer Genehmigung grundsätzlich nicht abträglich ist, wenn die Genehmigung zu dem Zweck befristet wird, eine spätere Entschädigungspflicht des Staates aufgrund eines Widerrufs der Genehmigung zu begrenzen[74], liegt der Zweck der Ausfuhrgenehmigung darin, bestehende außenwirtschaftliche Beschränkungen bei Erfüllung der Voraussetzungen zu überwinden und die Außenwirtschaftsfreiheit für den konkreten Fall wiederherzustellen. Wird die Ausfuhrgenehmigung indes so befristet, daß sie endet, bevor die Ware hergestellt ist (das Schiff ist z. B. noch nicht schwimmfähig oder noch nicht seetüchtig), ermöglicht die Genehmigung keinesfalls die Ausfuhr und stellt auch insoweit nicht die Außenwirtschaftsfreiheit wieder her. Eine solche Befristung läuft dem Zweck der Ausfuhrgenehmigung zuwider, ist also wegen Verstoßes gegen § 36 Abs. 3 VwVfG rechtswidrig. Die Befristung der Ausfuhrgenehmigung muß somit berücksichtigen, ob z. B. die Einfuhr- oder Ausfuhrware noch produziert werden muß. Ebenso muß bei der Einfuhr per Seefracht die Transportdauer miteinbezogen werden[75]. Dies offenbart, daß die beispielsweise vom Bundesausfuhramt praktizierte Befristung von Ausfuhrgenehmigungen auf maximal vier Jahre[76] für einen bestimmten Bereich von außenwirtschaftlichen Geschäften eine untaugliche Nebenbestimmung sein kann. Will die Behörde durch Nebenbestimmungen die Unsicherheit der Prognosen über die weitere wirtschaftliche und politische Entwicklung auffangen, läßt sich dies durch eine Befristung der Genehmigung überdies nur in einem überschaubaren Zeitraum bewerkstelligen[77]. Bei Großprojekten, die über mehrere Jahre angelegt sind, muß indes eine Befristung als taugliche Nebenbestimmung ausscheiden.

c) ‚Ausfuhrnaher Zeitpunkt‘

Das Bundesausfuhramt umgeht dieses Problem dadurch, daß es Ausfuhrgenehmigungen nur zu einem ’ausfuhrnahen Zeitpunkt‘ bescheidet, obgleich ein berechtigtes Antrags- bzw. Sachentscheidungsinteresse besteht. Ein Sachbescheidungsinteresse ist nämlich lediglich dann zu verneinen, wenn der Antragsteller kein schutzwürdiges Interesse an der von ihm beantragten Verwaltungshandlung hat, er vor allem die Verwaltung mißbräuchlich in Anspruch nimmt[78]. Der Antragsteller indes hat schon vor Vertragsabschluß und Aufnahme der Planung und Herstellung der Ware ein Interesse daran, eine sachliche Entscheidung über den Antrag auf Erteilung der Ausfuhrgenehmigung zu erhalten. Der Unternehmer begibt sich in vertragliche Abhängigkeiten und stellt die Ware mit hohem Kostenaufwand oftmals über Jahre hinweg her. Würde er statt dessen die Ausfuhr erst zu einem ausfuhrnahen Zeitpunkt beantragen, ginge er ein z. T. existentielles wirtschaftliches Risiko ein, wenn er die Ware, die zumeist entsprechend den

---

74 BVerwG, NVwZ 1988, 147 (148); *Hans-Uwe Erichsen* (FN 57), § 14 Rn. 11; *Hans-Günter Henneke* (FN 68), § 36 Rn. 4.3 (S. 506).

75 *Siegfried Berwald* (FN 61), § 30 AWG Anm. 3a; ebenso eine ‚ausreichende‘ Dauer der Befristung fordernd *Otto Leonhardt*, in: Schulz (FN 20), § 30 Rn. 10.

76 Laut Auskunft des BAFA beträgt die regelmäßige Befristung zwei Jahre mit Verlängerungsmöglichkeit, sofern sich die tatsächlichen und rechtlichen Gegebenheiten nicht ändern. In Ausnahmefällen wird die Befristung auf drei, maximal vier Jahre ausgedehnt.

77 *Armin von Bogdandy* (FN 20), VerwArch 83 (1992), 53 (69); i.E. ebenso *Harald Sieg/Hans Fahning/Karl Friedrich Kölling* (FN 20), § 30 Anm. III 3.

78 BVerwG, NVwZ 1990, 559 m.w.N.; vgl. auch *Peter Weides*, Verwaltungsverfahren und Widerspruchsverfahren, 3. Auflage 1993, S. 68–72 m.w.N.

Bedürfnissen des Auftraggebers gefertigt ist, nicht ausführen und auch nicht anderweitig verwerten könnte. Die für das Sachentscheidungsinteresse „irgendwie" erforderliche Berührung der Rechtssphäre des Antragstellers[79] ergibt sich aus der auch grundrechtlich garantierten Außenwirtschaftsfreiheit, die den Gesamtvorgang – Vertrag, Planung, Produktion und Ausfuhr – als *ein* – geradezu typisches – außenwirtschaftsrechtliches Geschäft erfaßt und grundsätzlich von Beschränkungen freistellt (vgl. § 1 Abs. 1 S. 1 AWG).

Wenn die Anträge auf Erteilung einer Ausfuhrgenehmigung vom Bundesausfuhramt gleichwohl erst zu einem „ausfuhrnahen" Zeitpunkt beschieden werden[80], ist diese Verwaltungspraxis schon angesichts der gesetzlichen Vorgaben des VwVfG und der VwGO zu monieren. Mit Antragstellung beginnt in Ermangelung entgegenstehender Bestimmungen im Sinne der vorgenannten Verwaltungspraxis das Verwaltungsverfahren, § 22 S. 2 Nr. 1 VwVfG. Dieses Verfahren muß, wie § 75 VwGO klarstellt, grundsätzlich binnen einer regelmäßigen Frist von drei Monaten ab Antragstellung beschieden werden. Selbst wenn man der Behörde einen zureichenden Grund i. S. des § 75 S. 3 VwVfG für die Überschreitung der dreimonatigen Regel-Bescheidungsfrist beispielsweise bei Großprojekten zubilligt, ist die Behörde gerade bei den in Rede stehenden Fällen verpflichtet, zeitlich weit vor einem ‚ausfuhrnahen' Zeitpunkt den Ausfuhrantrag zu bescheiden. Damit aber läßt sich eine Verwaltungspraxis, die Ausfuhranträge nur zu einem ‚ausfuhrnahen' Zeitpunkt bescheidet und damit einen Antrag unter Umständen mehrere Jahre ‚liegen läßt', nicht vereinbaren.

Die Befürchtung, daß die derzeit geltenden Genehmigungsvoraussetzungen in Zukunft möglicherweise entfallen, ist indes nie, also nicht nur im Hinblick auf das Außenwirtschaftsrecht, auszuschließen. Daher ist es auch unerheblich, daß die Behörde die Rechtslage zwar für den jetzigen, nicht aber für den späteren Zeitpunkt der Ausfuhr beurteilen kann. Die Entscheidung der Behörde ergeht stets nach Maßgabe der Sach- und Rechtslage im Zeitpunkt der Entscheidung[81], auch wenn die Genehmigung nicht sofort ausgenutzt werden soll. Denn die Genehmigung gilt, sofern sie nicht befristet ist, zeitlich unbegrenzt.

d) Bedingung

Schließlich ist noch auf die Negativbescheinigungen hinzuweisen, denen eine auflösende Bedingung i. S. des § 36 Abs. 2 Nr. 2 VwVfG des Inhalts beigefügt ist, daß „bei Aufnahme der vorgenannten Ware(n) in die Ausfuhrliste – Anlage AL zur AWV – und sei es auch für bestimmte Länder . . . diese Bescheinigung automatisch außer Kraft" tritt[82]. Vertrauensschutz wird daher von vornherein nur unter dem Vorbehalt begründet, daß die betreffenden Waren nicht in die Ausfuhrliste aufgenommen werden[83]. Dies ist auch durchaus sachadäquat, da die Negativbescheinigung lediglich situativ feststellt, daß die auszuführende Ware „nach den derzeitigen Bestimmungen (Außenwirtschaftsgesetz, -verordnung und Ausfuhrliste) keiner Ausfuhrgenehmigung bedarf."[84]

---

79 Vgl. *Peter Weides* (FN 78), S. 68.
80 So die Auskunft des Bundesausfuhramtes auf Anfrage des Verfassers.
81 Vgl. hierzu nur *Hartmut Maurer* (FN 12), § 10 Rn. 3.
82 Vgl. das Muster einer Negativbescheinigung in HADDEX III.3., S. 5.
83 *Raimund Wimmer* (FN 21), BB 1990, 1986 (1988); *Ulrich Häde* (FN 21), BayVBl. 1991, 485 (491); *Michael Sachs* (FN 55), § 49 Rn. 49.
84 HADDEX, III.3, S. 5.

3. Entschädigung

Bezogen auf die außenwirtschaftsrechtlichen Genehmigungen bleibt daher festzuhalten, daß die eingesetzten Nebenbestimmungen oftmals nicht geeignet sind, die Entschädigungsfolge des § 49 Abs. 6 VwVfG auszuschließen. Überdies muß der Rechtsgedanke des § 49 Abs. 6 VwVfG, der sich überdies auch in anderen spezialgesetzlichen Widerrufsregelungen wiederfindet (§ 39 BauGB, § 21 Abs. 4 BImSchG, § 18 Abs. 1 AtomG und § 9 Abs. 1 KWKG), auch dann Anwendung finden, wenn sich eine Genehmigung durch eine Verbotsverordnung erledigt, sofern ein entsprechender Ausgleich über andere Rechtsinstitute ausscheidet. Als Beispiel mag die mit einer Befristung versehene Genehmigung dienen. Da ein Widerruf innerhalb der Befristung die Entschädigungsfolge des § 49 Abs. 6 VwVfG ausgelöst hätte, liegt es nahe, diese Folge auch dann Raum greifen zu lassen, wenn der Unternehmer wegen des nach Genehmigungserteilung angeordneten Verbots die Ware nicht innerhalb der Befristung ausführen konnte. Denn immerhin handelt es sich bei einer solchen faktisch genehmigungsvernichtenden Beschränkung um einen nachträglichen Eingriff in die durch die Genehmigung stabilisierte Rechtsposition des Begünstigten[85]. Der durch die Genehmigung erhöhte Vertrauensschutz des Betroffenen muß daher hier ebenfalls in dem Sinne zu Buche schlagen, daß er auszugleichen ist[86].

V. Kurzresümee

Die „tour d'horizon" durch wesentliche Aspekte des Vertrauensschutzes im Außenwirtschaftsrecht hat gezeigt, daß im zentralen Bereich der Überleitung und der Entschädigung die Dogmatik noch im Fluß ist. Die rudimentäre Umsetzung des Vertrauensschutzgedankens im Außenwirtschaftsrecht vermag gerade mit Blick auf die betroffenen Außenwirtschaftreibenden jedenfalls derzeit noch nicht zu befriedigen. Dazu trägt punktuell auch die zumindest angerissene Verwaltungspraxis bei, die dem Vertrauensschutzgedanken unter den Maßgaben der Verwaltungseffizienz und des fiskalischen Interesses des Staates nicht immer genügend Rechnung trägt.

---

85 Sofern die Genehmigung in dieser Hinsicht durch Nebenbestimmungen unbeschränkt ist.
86 Vgl. hierzu insgesamt *Volker Epping,* Grundfragen des Außenwirtschaftsrechts, in: Dirk Ehlers/Hans-Michael Wolffgang, Rechtsfragen der Ausfuhrkontrolle und Ausfuhrförderung, 1997, S. 3 (28 ff.).

Diskussion zu den Referaten von Dr. Vaulont,
Mag. Leitgeb und Dr. Epping

Moderation: Rechtsanwalt Dr. Hans-Joachim Prieß,
Deringer Tessin Herrmann & Sedemund, Brüssel

Herr Dr. *Prieß* leitete die Diskussion mit dem Hinweis auf Differenzierungen zwischen den einzelnen Rechtsgebieten ein. So werde im Zollrecht der Vertrauensschutz unter Anwendung gemeinschaftsrechtlicher Maßstäbe geregelt, im Außenwirtschaftsrecht und im Verbrauchsteuerrecht hingegen würden nationale Maßstäbe angewandt. Als Folgeproblematik stelle sich die Frage, in welcher Weise das Gemeinschaftsrecht die Anwendung nationalen Rechts beschränkt. Als wichtigen Punkt für die Diskussion wies Herr Dr. *Prieß* auf die unterschiedliche Funktion des Vertrauensschutzgedankens hin, die auf der einen Seite zur Abwehr des Bürgers bzw. Marktbeteiligten gegen seine Inanspruchnahme durch die Verwaltung und auf der anderen Seite als Anspruchsnorm des Bürgers bzw. Marktbeteiligten diene. Danach bat Herr Dr. *Prieß* um Wortmeldungen.

Die erste Wortmeldung kam von Herrn Dr. *Danner,* Bundesausfuhramt. Es sei deutlich geworden, daß der Vertrauensschutz im Außenwirtschaftsrecht, wo Außen- und Sicherheitspolitik eine Rolle spielten, keine große Bedeutung habe. Es gebe lediglich zwei Fallgruppen, in denen der Vertrauensschutz relevant sei: Erstens beim Erlaß vieler Einzelentscheidungen, wo der Vertrauensschutz verwaltungsintern zum Zuge kommt. Zweitens im Bereich der Rüstungskooperation und der damit zusammenhängenden Exporte, wo aus wirtschaftlicher Notwendigkeit heraus ein Vertrauensschutztatbestand geschaffen worden sei. Herr Dr. *Danner* beendete seine Wortmeldung mit der Aufforderung an die Wissenschaft, dieses Thema noch weiter zu erforschen.

Herr *Wengler,* AVE Außenhandelsvereinigung, richtete an Herrn Dr. *Vaulont* die Frage, wann die Kommission die für Ende des letzten Jahres versprochene Gesamtlösung für die Irrtumsproblematik vorlegen werde und sprach sodann den Fall der „türkischen" Fernseher an. Herr *Wengler* bemerkte, daß nach dem Seafood-Urteil unter bestimmten Voraussetzungen der Irrtum einer ausländischen Behörde durchaus relevant sein könne und dies bei der Entscheidung in Sachen türkische Fernseher auch hätte berücksichtigt werden müssen. Herr Dr. *Vaulont* vertröstete die Anwesenden bezüglich der Stellungnahme der Kommission auf den Juli, da das Thema ausgeweitet, globalisiert und die Gesamtproblematik der Präferenz bei Einfuhren in ihrer Funktionsweise behandelt werde. Er deutete an, daß eine Lösung bzgl. des Vertrauensschutzes nicht erwartet werden dürfe und daß die Linie der Kommission, welche am 19.02.1997 mit den türkischen Fernsehern beschritten worden sei, bestätigt werden werde. Im Ergebnis werde es eine Bestätigung des vollen Handelsrisikos bei Präferenzen geben.

In bezug auf das Seafood-Urteil wies Herr Dr. *Vaulont* darauf hin, daß die Rechtsprechung des EuGH in Sachen Seafood nicht nur Auslegungssache der Kommission sei, sondern auch der nationalen Gerichte, welche letztlich auch über das Bestehen von Gutglaubensschutz entscheiden könnten. Diese Möglichkeit werde den nationalen Gerichten durch Art. 220 Abs. 2 lit b Zollkodex eröffnet. Hier bestehe allerdings die Gefahr, daß die Praxis der Kommission und die Praxis der nationalen Gerichte und der übrigen Instanzen „meilenweit auseinanderklaffen" könnte. Es könne zu einer Marginalisierung der Position der Kommission kommen, wenn die Wirtschaft den Eindruck erhielte, daß die Gerichte ihre Interessen besser vertreten und die Fälle den Gerichten vorgelegt werden.

Herr Dr. *Prieß* merkte dazu an, daß die Regelungen im Präferenzverkehr mit der Türkei so gestaltet seien, daß die Ausstellung des Präferenznachweises eine Pflicht zur

Erhebung der Abgabe begründe, so daß die Wirksamkeit des Präferenznachweises von der Erhebung oder Nichterhebung der Ausfuhrabgabe in der Türkei nicht abhängen dürfte.

Herr Dr. *Vaulont* entgegnete, daß die Bundesrepublik Deutschland und die Kommission davon ausgingen, daß diese Ursprungsnachweise ungültig wären. Herr Dr. *Prieß* erinnerte an die Praxis der deutschen Zollbehörden. Eine Ausfuhrabgabe werde nacherhoben, wenn festgestellt wird, daß der Anteilszoll hätte erhoben werden müssen. Die Präferenzgewährung sei bei der Einfuhr in die Türkei nie ein Thema gewesen.

Herr Dr. *Vaulont* wies sodann darauf hin, daß die Gemeinschaftsbehörden genauso verfahren seien wie die türkischen Behörden. Sie hätten jahrzehntelang keine Abgaben erhoben, wenn in der Gemeinschaft verarbeitete Waren in die Türkei ausgeführt worden waren. Herr Dr. *Vaulont* warnte davor, daß Zollunionen wie die mit der Türkei zu administrativen Ungereimtheiten führen könnten.

Herr Dr. *Langer,* Wirtschaftskammer Wien, bezog sich auf den Beitrag von Herrn Dr. *Danner.* Er hoffe, daß seine Vermutung, Haushaltsinteressen stünden mehr als rechtspolitische Aspekte im Vordergrund, unbegründet sei. Des weiteren regte er an, mehr über Möglichkeiten der Risikoreduzierung im Präferenzbereich für die Importeure nachzudenken. Man könne ein Signal an die Einführer geben, wenn es Probleme oder einen Verdacht gibt. Herr Dr. *Langer* befürchtete, daß ohne die Bereitschaft zur direkten Kooperation mit den Importeuren das Handelsrisiko für den Importeur als Strafe für die Einfuhr verstanden werde. Herr Dr. *Vaulont* wies darauf hin, daß ein sog. early warning system bereits durchgeführt wird. Er erläuterte die zwei verschiedenen Bedeutungen dieses Warnsystems, je nachdem, wie man das Seafood-Urteil bewertet. Nimmt man – wie die Kommission – eine restriktive Auslegung vor, hat das early warning system das Ziel, die Importeure vor Nachforderungslawinen zu warnen, ihnen eine rechtzeitige Preiskalkulation und somit eine Abdeckung zusätzlicher Kosten zu ermöglichen. Nimmt man hingegen eine weniger restriktive Auslegung des Urteils vor und geht von der Zulässigkeit des Vertrauensschutzes im Präferenzhandel aus, besitzt das early warning system die Funktion, daß es den guten Glauben zerstört, da im Moment der Erscheinung der Veröffentlichung im Amtsblatt der Gemeinschaft die Importeure nicht mehr gutgläubig sind.

Dennoch sei das early warning system eine der Lösungen, welche die Kommission für die Zukunft anbietet. Eine andere Lösung wären verbindliche Ursprungsauskünfte als Absicherung der Beteiligten. Im Ergebnis sah Herr Dr. *Vaulont* keine Änderung für die Importeure und keine Lösung für das Vertrauensschutzproblem und bejahte, daß elementare Haushaltsinteressen im Vordergrund stünden.

Herr *Columbus* sprach den Irrtum der Zollbehörde und die Differenzierung zwischen aktivem und passivem Irrtum an. Er stellte in Frage, ob hier wirklich nach objektiven Maßstäben differenziert werde. In bezug auf den Vortrag von Generalanwalt Prof. *Lenz* kritisierte Herr *Columbus,* daß mit dem Argument „Das steht im Amtsblatt" einzelne Umstände wie z. B. eine andere Sicht der Betriebsprüfung oder eventuelle Fehler der Verwaltung unbeachtet bleiben. Es stelle sich die Frage, ob ein Mittelständler das Amtsblatt vorhalten und immer dort nachlesen müsse. Herr Dr. *Vaulont* erklärte die Praxis der Kommission für den Fall, daß im Amtsblatt in einer Sprachfassung ein Fehler vorkäme. Hier folgte die Kommission dem Grundsatz, daß jeder das Recht kennen müsse, wie es im Amtsblatt stehe.

Herr *Vahrenhorst,* BGA, kritisierte, daß für eine verbindliche Fassung des Zolltarifs ca. drei Dutzend Amtsblätter benötigt würden und diese Unübersichtlichkeit für die Importeure eine Zumutung sei. Weiterhin bezog sich Herr *Vahrenhorst* auf die Rechtsprechung des EuGH zu Fehlern bei der Veröffentlichung nationaler Zolltarife. Jetzt werde der TARIC elektronisch übernommen, so z. B. von der Bundesrepublik Deutschland. Hier müsse bei Fehlern in allen Staaten, in denen der TARIC (falsch) übernommen werde, Vertrauensschutz eingeräumt werden. Das wäre für die Unternehmen ein erheblicher Fortschritt. Herr Dr. *Vaulont* erwiderte, daß die These von Herrn *Vahrenhorst* schon im Schrifttum vertreten werde und erläuterte, daß hiernach in dem Moment, in dem die Gemeinschaft elektronisch die Vorgaben gebe, jeder Fehler, der in Brüssel begangen wird, auch von Brüssel getragen werden muß. Hierzu gebe es jedoch weder EuGH-Judikatur noch sei ein solcher Fall in Brüssel bislang entschieden worden. Nach der Binder-Rechtsprechung, wonach der Geltungsanspruch des gesetzten Rechts Vorrang genießt, sei die These jedoch zweifelhaft.

Herr Dr. *Vaulont* wies sodann darauf hin, daß die Verpflichtung der Kommission, dafür zu sorgen, daß die Ursprungsregeln in Drittländern möglichst gut angewandt werden, sowohl ein quantitatives als auch ein qualitatives Problem sei. Ein quantitatives Problem deshalb, weil über 200 Länder präferenzberechtigt seien und ein qualitatives Problem, weil die begünstigten Staaten nicht immer bereit seien, sich entsprechend den Vorgaben aus Brüssel zu verhalten. In bezug auf das Seafood-Urteil führte Herr. Dr. *Vaulont* aus, daß nicht der Tatsachenirrtum, sondern nur der Rechtsirrtum geschützt sei. Hiervon seien nicht die Fälle erfaßt, in denen der Exporteur Tatsachen falsch dargelegt habe, denn hier trage der Importeur das volle Handelsrisiko. Gegen Fälle des Tatsachenirrtums müsse sich der Importeur im Rechtsverhältnis zum Exporteur absichern, was natürlich unbequem sei. Bezüglich des Rechtsirrtums sei darauf zu achten, ob der beteiligte Staat geltend mache, daß seine Behörden sich geirrt hätten. Tue er das nicht, sei schwerlich vom Gegenteil auszugehen. Mache er einen Irrtum geltend, stelle sich die Frage, ob das nicht ein Vorwand sei. Es sei demnach schwierig, der Wahrheit auf den Grund zu gehen. Man könne sicher nicht von der Vermutung ausgehen, daß immer ein Rechtsirrtum der dortigen Behörde vorliege.

Herr Dr. *Schrömbges* wies daraufhin, daß nach dem Seafood-Urteil eine Zollpräferenz mangels Vorliegen der Voraussetzungen nicht gewährt werden könne, daß die nationalen Behörden jedoch mit Zustimmung der Komission den Zoll zumindest zu einem Teil aus Billigkeitsgründen erlassen können. Herr Dr. *Schrömbges* fragte, wie die Kommission diese Aussage im Verhältnis zur spezialgesetzlichen Vertrauensschutzregelung des Art. 220 Zollkodex sehe. Er sah hier eine Möglichkeit, das Handelsrisiko mit dem Argument der Billigkeit zu begrenzen. Herr *Schrömbges* erklärte weiter, daß man im deutschen Recht, insbesondere im Verbrauchsteuerrecht, keine Schwierigkeit sehe, Vertrauensschutzgesichtspunkte im Rahmen der Billigkeit zu berücksichtigen. Herr Dr. *Vaulont* erwiderte dazu, daß das Verbrauchsteuerrecht seinen eigenen Rahmen habe und daß die Bundesrepublik Deutschland offenbar die Absicht habe, der Seafood-Entscheidung auch für den deutschen Verbrauchsteuerbereich zu folgen. Allerdings werde in Brüssel darüber entschieden, ob Zölle erlassen werden könnten oder nicht. Es gebe keine rechtliche Begründung für eine mechanische Übernahme im Bereich des Verbrauchsteuerrechts. Auf die Frage nach dem Verhältnis von Art. 220 Zollkodex zur Billigkeit antwortete Herr Dr. *Vaulont,* daß hier nirgends Klarheit herrsche.

Vertrauensschutz im Marktordnungsrecht
The principle of the protection of legitimate expectations

Mechtild Düsing,
Rechtsanwältin und Notarin, Münster

Inhalt

I. Eingrenzung des Themas der Erörterung auf Vertrauensschutz gegen sekundäres Gemeinschaftsrecht, d. h., gegen EG-Verordnungen

Der Vertrauensschutz ist schon seit vielen Jahren als allgemeiner Grundsatz des Gemeinschaftsrechts anerkannt, gehört somit zu den EG-Grundrechten. Er findet Anwendung im gesamten Bereich der EG-Verwaltung, also sowohl gegenüber EG-Verwaltungsakten als auch gegenüber allgemeinen Rechtsakten, also Verordnungen. Meine Erörterungen beziehen sich im folgenden nur auf den Vertrauensschutz gegen EG-Verordnungen, also gegen sekundäres Gemeinschaftsrecht auf dem Gebiet der Marktordnung.

Da auch im EG-Recht allgemein anerkannt ist, daß Verordnungen mit echter Rückwirkung rechtswidrig sind, beschränke ich mich auf die Untersuchung der Frage, inwieweit Vertrauensschutz gegen Verordnungen mit sog. „unechter" Rückwirkung besteht. Eine solche unechte Rückwirkung ist immer dann anzunehmen, wenn Verordnungen zwar zu einem zukünftigen Zeitpunkt in Kraft gesetzt werden, dadurch jedoch Eigentums- oder Rechtspositionen beeinträchtigt werden, die bereits in der Vergangenheit erworben wurden.

Aus dem englischen und französischen Wort für „Vertrauensschutz" ergibt sich der Inhalt dieses Vertrauensschutzes gegen solche Verordnungen etwas direkter als es das deutsche Wort ausdrückt. Das englische Wort hierfür lautet „protection of the legitimate expectation". Das französische Wort lautet „confiance légitime". Gerade aus dem englischen Begriff ergibt sich besonders deutlich, daß damit ein Schutz des Vertrauens in die zukünftige Entwicklung gemeint ist. Ich werde mich im folgenden daher speziell mit dem Grundsatz des Vertrauensschutzes im Marktordnungsrecht im Hinblick auf EG-Verordnungen mit unechter Rückwirkung beschäftigen.

II. Situation der Marktbeteiligten bei Einführung der Milchkontingentierung bzw. der Marktorganisation für Bananen

1. Mit der EG-Verordnung Nr. 857/84 des Rates wurde buchstäblich von heute auf morgen die sog. Milchkontingentierung eingeführt. Hierbei handelte es sich um eine radikale Verschärfung der bisher bestehenden Marktorganisation für Milch und Milcherzeugnisse[1]. Danach konnte ab Veröffentlichung der Verordnung ein Landwirt Milch nur noch innerhalb eines ihm zugeteilten Kontingents bzw. einer ihm zugeteilten Milchreferenzmenge liefern. Jede Milchmenge, die er darüber hinaus lieferte, war mit einer Abgabe belegt, die die Milcherzeugung unrentabel machte.

2. Durch die EG-Verordnung Nr. 404/93 des Rates wurde eine Marktorganisation für Bananen eingeführt, die sich ähnlicher Mittel bediente[2]. Mit der Neueinführung dieser Marktordnung für Bananen sollte die Rechtsungleichheit auf dem Gebiet der EG hinsichtlich des Handels mit Bananen aufgehoben werden. Die innerhalb der Gemeinschaft befindlichen Erzeuger von Bananen sollten gestärkt werden und die Einfuhr von herkömmlichen AKP-Bananen sollte weiterhin möglich sein. Schließlich sollte auch der Bedarf innerhalb der Gemeinschaft zu angemessenen Preisen durch die Einfuhr von Drittlandsbananen gesichert bleiben.

Um diese – und sonstige – Ziele der neuen Marktordnung erreichen zu können, mußten Regeln eingeführt werden, wie das Zollkontingent in Höhe von 2.000.000 t für Drittlandsbananen (und nicht herkömmliche AKP-Bananen) auf die Importeure innerhalb der EG aufgeteilt werden sollte. Die Aufteilungskriterien der Verordnung (EWG) Nr. 404/93 des Rates führten – kurz gesagt – dazu, daß die deutschen Importeure von Drittlandsbananen nach Einführung der neuen Marktordnung weniger als 50% der Mengen einführen konnten, die sie bisher eingeführt hatten. Dies lag daran, daß die Bundesrepublik in großem Umfang Drittlandsbananen aufgrund des sog. „Bananenprotokolls" zum EG-Vertrag von 1957 eingeführt hatte[3].

Da nun die Zollkontingente von traditionellen AKP-Bananen und Drittlandsbananen gleichmäßig innerhalb der EG verteilt werden mußten, führte dies automatisch dazu, daß den deutschen Importeuren erhebliche Mengen ihrer Importmöglichkeiten verloren gingen. Dies geschah durch die Verordnung dazu auch noch abrupt und übergangslos. Einfuhren über die erteilten Einfuhrbescheinigungen hinaus werden mit einem erdrosselnden Zollsatz belegt. Die deutschen Importeure gerieten dadurch in erhebliche wirtschaftliche Schwierigkeiten und wandten sich an die Gerichte.

III. Gemeinsame Rechtsprobleme bei der Einführung der Milchkontingentierung und des Zollkontingents für Drittlandsbananen

Sowohl bei der Einführung der Milchkontingentierung als auch bei der Einführung des Zollkontingents durch die Bananenordnung entstanden für die Marktbeteiligten erhebliche Probleme, die teilweise gleich strukturiert sind. Zum einen gab es in beiden

---

1 Verordnung (EWG) Nr. 857/84 des Rates vom 31.03.1984, ABl. EG L 90, Seite 13.
2 Verordnung (EWG) Nr. 404/93 des Rates vom 13.02.1993, ABl. EG L 47, Seite 1.
3 Protokoll über das Zollkontingent für die Einfuhr von Bananen, BGBl. 1957 II, Seite 1008.

EG-Verordnungen sog. „Referenzjahre", die für die Höhe des den Marktbeteiligten zustehenden Kontingents letztlich bestimmend waren. Weiterhin gab es solche Marktbeteiligten, die im Vertrauen auf die bisherige Rechtslage Investitionen in ihren Betrieb vorgenommen hatten, die durch die Einführung der Kontingentierung unrentabel geworden waren. Ebenso wie die Bananenimporteure seit 1993 hatten zehn Jahre vorher die Milchbauern seit 1984 in zahlreichen Prozessen die Gerichte bis hin zum EuGH, zum BFH und auch zum BVerfG bemüht. Schon bei den Rechtsstreitigkeiten der Milchbauern sind einige bahnbrechende Entscheidungen des EuGH zum Grundsatz des Vertrauensschutzes ergangen. Aus diesen Entscheidungen kann sozusagen die „Generallinie" des EuGH im Hinblick auf den Vertrauensschutz gegen EG-Verordnungen entnommen werden.

IV. Grundsätze des EuGH zum Vertrauensschutz gegen EG-Verordnungen im Marktordnungsrecht

1. Nach dem neuesten Urteil des EuGH zur Milchmarktordnung läßt sich die Rechtsprechung des EuGH zum Vertrauensschutz wie folgt zusammenfassen: „Nach ständiger Rechtsprechung des Gerichtshofes dürfen die Wirtschaftsteilnehmer auf dem Gebiet der gemeinsamen Marktorganisationen, deren Zweck eine ständige Anpassung an die Veränderung der wirtschaftlichen Lage mit sich bringt, nicht darauf vertrauen, daß sie Beschränkungen nicht unterworfen werden, die sich aus evtl. markt- oder strukturpolitischen Bestimmungen ergeben. Die Berufung auf den Grundsatz des Vertrauensschutzes ist gegenüber einer Gemeinschaftsregelung nur insoweit möglich, als die Gemeinschaft zuvor selbst eine Situation geschaffen hat, die ein berechtigtes Vertrauen erwecken kann (Urteile vom 10.01.1992 in der Rechtssache C-177/90, Kühn, Slg. 1992, I-35, Rdnr. 13 u. 14, und vom 15.02.1996 in der Rechtssache C-63/93, Duff u. a., Slg. 1996, I-569, Rdnr. 20)"[4].

2. Wenn der Gerichtshof in diesem Urteil, das auf dem Gebiet der Milchmarktordnung erging, davon redet, daß Vertrauensschutz nur dann möglich ist, soweit die Gemeinschaft zuvor selbst eine Situation geschaffen hatte, die ein berechtigtes Vertrauen erwecken konnte, so bezieht sich der Gerichtshof dabei auf die Urteile in den Verfahren Mulder und von Deetzen I[5]. In diesen Urteilen hatte der EuGH die Verordnung (EWG) Nr. 857/84 des Rates insoweit für ungültig erklärt, als sie den sog. ehemaligen Nichtvermarktern keine Referenzmenge Milch zuwies.

Bei dieser Gruppe von Landwirten handelte es sich um solche Landwirte, die aufgrund einer „Nichtvermarktungsaktion" der EG sich verpflichtet hatten, vier bzw. fünf Jahre lang keine Milch zu liefern. Dafür hatten sie ein Entgelt erhalten. Da bei Einführung der Verordnung (EWG) Nr. 857/84 das Referenzjahr 1983 für die Zuteilung von Milchkontingenten zugrundegelegt wurde, diese Landwirte jedoch aufgrund der Nichtvermarktungsverpflichtung 1983 keine Milch geliefert hatten, erhielten sie demzufolge kein Milchkontingent zugeteilt, blieben somit vom Milchmarkt völlig ausgeschlossen. Der EuGH hat hier dem Grundsatz des Vertrauensschutzes Vorrang gegenüber einer EG-Verordnung verliehen, obwohl diese Verordnung keineswegs rückwirkend in Kraft gesetzt worden war. Bis zu den Urteilen Mulder und von Deetzen hatte der Gerichtshof nur in zwei Fällen echter Rückwirkung den Grundsatz des Vertrauensschutzes durchgreifen lassen[6].

---

4 Zitat aus EuGH Urteil vom 15.04.1997 The Irish Farmer Association u. a., Rs. C-22/94, Rdnr. 19.
5 EuGH Urteile vom 28.04.1988, Rs. C-120/86 (Mulder, Slg. 1988, Seite 2321) und Rs. C-170/96 (von Deetzen, Slg. 1988, S. 2355).
6 EuGH, Rs. C-224/82, Slg. 1983, S. 2539, Meiko; EuGH Rs. C-74/74, CNTA Slg. 1975, S. 533.

Der Gerichtshof betont ausdrücklich, daß Vertrauensschutz nur deswegen gewährt werde, weil die Kläger auf Veranlassung der EG die Milcherzeugung eingestellt hatten. Hätten Sie die Milcherzeugung ohne eine solche Veranlassung, also ganz freiwillig eingestellt, so hätten sie – so der Gerichtshof – nicht darauf vertrauen dürfen, daß sie nach Ablauf einiger Zeit die Milcherzeugung wieder hätten aufnehmen können.

3. Die Argumentation des Gerichtshofs ist schon etwas erstaunlich. Diejenigen Landwirte, die sich ihre „freiwillige" Einstellung der Milcherzeugung durch ein Entgelt der EG haben versüßen lassen, können darauf vertrauen, nach Ablauf der fünfjährigen Nichtvermarktungsfrist wieder Milch erzeugen zu dürfen. Diejenigen Landwirte, die aus sonstigen Gründen (z. B. um das Heranwachsen der neuen Generation abzuwarten) die Milcherzeugung freiwillig eingestellt haben, ohne dafür ein Entgelt von der EG zu bekommen, können darauf nicht vertrauen; ebenso nicht diejenigen, die investiert haben.

Auch in einem neuerdings noch ergangenen Urteil zur Milchkontingentierung hat der EuGH entschieden, daß die EG keinesfalls verpflichtet war, Investitionen, die ein Landwirt im Hinblick auf die Fortgeltung der Milchmarktordnung in der bisherigen Form gemacht hat, mit zusätzlichen Milchreferenzmengen zu honorieren[7].

4. Grundsätzlich steht daher der EuGH nach wie vor auf dem Standpunkt, daß es einen Vertrauensschutz hinsichtlich einer zukünftigen Änderung der Rechtslage im Marktordnungsrecht nicht gibt. Dies hat der EuGH hinsichtlich der Bananenmarktordnung wiederum bestätigt. Auf ein Klageverfahren der BRD gegen den Rat der EG, mit der die Bananenmarktordnung zugunsten der deutschen Importeure zu Fall gebracht werden sollte, hat der EuGH den Vertrauensschutzgedanken nicht durchgreifen lassen[8].

In dem genannten Urteil vom 05.10.1994 „schmettert" der EuGH das Vorbringen der BRD zum Vertrauensschutz mit *einem* Satz folgendermaßen ab:

> „Ein Wirtschaftteilnehmer kann auch kein wohlerworbenes Recht oder auch nur ein berechtigtes Vertrauen auf die Beibehaltung einer bestehenden Situation, die durch Entscheidungen der Gemeinschaftsorgane im Rahmen ihres Ermessens verändert werden kann, geltend machen, besonders dann nicht, wenn die bestehende Situation mit den Regeln des gemeinsamen Marktes unvereinbar ist."

Auch die von der Bundesrepublik vorgetragenen Grundrechte des Eigentums und der Berufsausübungsfreiheit werden vom EuGH als nicht verletzt angesehen. Das Ziel der EG, nämlich eine gemeinsame Marktorganisation Bananen einzuführen, rechtfertigt nach Meinung des EuGH auch die Eingriffe in das Eigentumsrecht, das Recht auf freie Berufsausübung, den Grundsatz der Verhältnismäßigkeit und den Vertrauensgrundsatz. Das Gericht führt wörtlich aus, es sei nicht der Beweis erbracht worden, daß die von der EG ergriffenen Maßnahmen zur Verwirklichung des verfolgten Zieles offensichtlich ungeeignet gewesen seien. Der EuGH sieht daher in dem abrupten Wegfall von mehr als 50% der Einfuhrmöglichkeiten bei einem deutschen Importeur keinen Verstoß gegen Eigentumsrechte und Vertrauensschutz. Dies, obwohl dem EuGH in dem Vorlageverfahren des Verwaltungsgerichts Frankfurt vor Augen geführt wurde, daß die Verordnung (EWG) Nr. 404/93 des Rates für den betroffenen Importeur (Atlanta) zu schwerwiegenden wirtschaftlichen Schwierigkeiten geführt hat. Teilbetriebe der Gruppe Atlanta mußten stillgelegt werden, Personal in erheblichem Umfang entlassen werden.

---

7 EuGH Urteil vom 15.02.1996, Rs. C-63/93, Duff, ZfZ 1996, S. 307; EuGH Urteil vom 10.01.1992, Rs. C-177/90, Kühn, Slg. 1992 I-35.
8 EuGH Urteil vom 05.10.1994, Rs. C-280/93, BRD gegen Rat der EG, EWS 1995, S. 377.

Der EuGH ist der Meinung, jeder Marktbeteiligte hätte mit der Einführung einer europaweiten Bananenmarktordnung rechnen müssen[9].

V. Vereinbarkeit der Auslegung des Grundsatzes des Vertrauensschutzes durch den EuGH mit dem Grundgesetz

1. Das VG Frankfurt rügt mit seinem Vorlagebeschluß vom 24.10.1996 zum BVerfG, daß die Rechtsprechung des EuGH zu Grundrechtseingriffen im Bereich des Marktordnungsrechts ein strukturelles Defizit aufweise[10]. Das VG Frankfurt macht bemerkenswerte und sehr lesenswerte Ausführungen zur Rechtsprechung des EuGH zu Grundrechtseingriffen im Bereich des Marktordnungsrechts. Dadurch, daß der EuGH den Gemeinschaftsorganen ein überaus großes Ermessen bei der Einführung neuer rechtlicher Regelungen im Marktordnungsrecht zubillige, ergäbe sich ein grundsätzliches und zwangsläufiges Abwägungsdefizit, demzufolge das nicht ausreichend ermittelte und gewichtete Privatinteresse des Marktteilnehmers regelmäßig dem öffentlichen Interesse unterlegen ist. Es sei nach Meinung des VG Frankfurt mit den deutschen Grundrechten nicht vereinbar, daß ein Grundrechtseingriff nach der Rechtsprechung des EuGH immer schon dann gerechtfertigt sei, wenn die konkrete Maßnahme unter Beachtung der marktwirtschaftlichen Erwägungen des Gesetzgebers im Hinblick auf die Beschränkung des Eigentums geeignet, erforderlich und angemessen sei. Hinzukomme, daß die Frage, ob nicht ein milderes Mittel für die Erreichung des Zieles hätte ergriffen werden können, vom EuGH überhaupt nicht zugelassen werde.

Das VG Frankfurt sieht daher die Grundrechte der deutschen Importeure durch die Bananenmarktordnung in unzulässiger Weise beeinträchtigt. Da der EuGH hier trotz Vorlagebeschluß keine Abhilfe geschaffen habe, komme nach Meinung des VG Frankfurt nur eine Vorlage nach Art. 100 GG zum BVerfG in Betracht. Das VG Frankfurt bittet das BVerfG gem. Art. 100 GG analog um Überprüfung der Rechtmäßigkeit der entsprechenden Vorschriften der Bananenmarktordnung. Zur Zulässigkeit dieser Vorlage beruft sich das VG Frankfurt auf das Maastricht-Urteil des BVerfG[11].

2. Den Ausführungen des VG Frankfurt zur mangelnden Berücksichtigung des Vertrauensschutzgrundsatzes in der Rechtsprechung des EuGH kann nur beigepflichtet werden. Beispiele auf dem Gebiet der Milchmarktordnung zeigen, daß beispielsweise das BVerwG Vertrauensschutz ausdrücklich gewährt hat, wo der EuGH dies ebenso ausdrücklich ablehnt. Hierzu ein Beispiel:

In dem oben bereits erwähnten Urteil des EuGH in der Sache Duff, hat der EuGH klipp und klar erklärt, Investitionen eines Landwirts in die Milchviehhaltung, die im Vertrauen auf die Fortgeltung des bisherigen Rechts gemacht worden seien, verpflichteten Behörden nicht, diesem Landwirt ein seinem Vertrauen entsprechendes zusätzliches Milchkontingent zuzuweisen[12]. Dieses Urteil ist vom juristischen Dienst des Rates der EU geradezu euphorisch begrüßt worden. Nachdem Rat und Kommission durch die Urteile des EuGH in den Verfahren Mulder und von Deetzen I schwere Niederlagen hinnehmen mußten, sehen sie den EuGH in dem Urteil Duff wieder auf dem rechten Weg. Der juristische Dienst des Rates begrüßt es, daß der EuGH feststellt, daß weder die EG noch die Mitgliedsstaaten verpflichtet seien, „unvorsichtigen Investitionen" Rechnung zu tragen[13]. Selbst öffentlich geförderte Betriebsentwicklungspläne und die

---

9 EuGH Urteil vom 09.11.1995, Rs. C-465/93, EuZW 1995, S. 837.
10 Vorlagebeschuß nach Art. 100 GG vom 24.10.1996, 1 E 798/95 (V) und 1 E 2949/93 (V), EuZW 1997, S. 182 f.
11 BVerfGE 89, 155, NJW 1993, 3047.
12 EuGH Urteil vom 15.02.1996, Rs. C-63/93, Duff, ZfZ 1996, S. 307.
13 Informatorische Aufzeichnung des juristischen Dienstes, EU, Der Rat, vom 26.03.1996, Nr. 6144/96.

darauf gestützten Investitionen begründen daher auf dem Gebiet des Marktordnungsrechts keinen Vertrauensschutz. In Rdnr. 20 des Urteils bemerkt der EuGH nochmals
ausdrücklich, eine Berufung auf den Grundsatz des Vertrauensschutzes gegenüber
einer Gemeinschaftsregelung sei nur insoweit möglich, als die Gemeinschaft zuvor
selbst eine Situation geschaffen habe, die ein berechtigtes Vertrauen erwecken könne.

3.   Dieses Urteil des EuGH widerspricht Urteilen des BVerwG zu ähnlich gelagerten
Fällen, die sich dann allerdings auf die deutsche Ausführungsverordnung zur Verordnung (EWG) Nr. 857/84 bezogen. Es ging dabei um die sog. 80-Kuh-Grenze-Fälle. Die
EG-Grundverordnung Nr. 857/84 hatte es den Mitgliedsstaaten freigestellt, ob sie bei
nachgewiesenen Investitionen zusätzliche Referenzmenge gewährten oder nicht. Der
deutsche Verordnungsgeber hatte daher in Übereinstimmung mit diesem EG-Recht
Landwirten nur bis zu einer bestimmten Größe zusätzliche Referenzmengen aufgrund
von Investitionen zugebilligt. Landwirten, die im Hinblick auf die Fortgeltung des bisherigen Rechts Kuhställle neu erbaut hatten, die eine Kuhplatzzahl von über 80 Kühen
aufwiesen, erhielten jedoch nur Referenzmengen bis zu 80 Kühen. Diese sog. 80-Kuh-
Grenze ist vom BVerwG wegen Verstoßes gegen den Vertrauensgrundsatz und die
Eigentumsrechte für verfassungswidrig erklärt worden. Die BRD ist anschließend von
den Gerichten auch zu Entschädigungszahlungen nach den Grundsätzen des enteignungsgleichen Eingriffs verurteilt worden[14].

Der Vergleich des Urteils des BVerwG mit dem Urteil des EuGH in der Sache Duff
und mit den Urteilen des EuGH zur Bananenmarktordnung zeigt ganz deutlich die andere Gewichtung, die der Vertrauensschutzgrundsatz im deutschen Recht hat. Vor diesem Hintergrund hat der Vorlagebeschluß des VG Frankfurt zumindest im Hinblick
auf den Vertrauensgrundsatz und die Eigentumsrechte sicherlich seine Berechtigung[15].

VI.   Zum Vorlagebeschluß des VG Frankfurt nach Art. 100 GG

1.   Fraglich ist, ob das BVerfG mit dem Hinweis auf die „Härtefallklausel" des Art. 30
der Verordnung (EWG) Nr. 404/93 das Problem erledigen könnte.

Der EuGH hat auf den Vorlagebeschluß des VGH Kassel geantwortet, daß Art. 30 der
Verordnung die Kommission verpflichte, eine Härtefallregelung für den dortigen Kläger zu treffen[16]. In dem Verfahren ging es allerdings nur um die Wahl anderer Referenzjahre im Hinblick auf die Zuteilung von Zollkontingenten. In den von der Bananenmarktordnung gewählten Referenzjahren 1989 bis 1991 hatte der entsprechende Importeur nämlich aus von ihm nicht verschuldeten Gründen unverhältnismäßig wenig
Bananen aus Drittländern eingeführt.

2.   Eine solche Härtefallregelung hinsichtlich der Wahl eines anderen Referenzjahres
hatte die auf dem Milchsektor ergangene Verordnung (EWG) Nr. 857/84 von vornherein vorgesehen. Es fragt sich, warum der Verordnungsgeber der Verordnung Nr. 404/93
eine solche Wahl eines anderen Referenzjahres nicht gleich schon in der Verordnung
als Härtefallmöglichkeit vorgesehen hat. Im Falle des Vorlagebeschlusses des VG
Frankfurt zum BVerfG kann es jedoch nicht richtig sein, Art. 30 zur Heilung der grund-
rechtlichen Mängel der Verordnung (EWG) Nr. 404/93 heranzuziehen. Dies würde
dem Prinzip der Gesetzmäßigkeit der Verwaltung und dem Grundsatz der Rechtssicherheit widersprechen. Der Grundsatz der Rechtssicherheit verlangt, daß jede Maß-

---

14 BVerwG, Urteil vom 08.12.1988, 3 C 6/87, AgrarR 1989, S. 224 f.; BGH, Beschluß vom 11.03.1993, AgrarR
    1993, S. 182.
15 hierzu auch Wolffgang: Die EG-Bananenmarktordnung im Spannungsverhältnis von Völkerrecht, Europa-
    recht und Verfassungsrecht, ZfZ 1996, S. 162 f.
16 EuGH Urteil vom 26.11.1996, Rs. C-68/95, T. Port GmbH, NJW 1997, S. 1225.

nahme der Organe, die Rechtswirkungen entfaltet, klar und deutlich ist und dem Betroffenen so zur Kenntnis gebracht wird, daß er mit Gewißheit den Zeitpunkt erkennen kann, von dem an die genannte Maßnahme besteht und ihre Rechtwirkungen zu entfalten beginnt[17].

Es ist daher – wie in der Milchmarktordnung auch geschehen – grundsätzlich zu fordern, daß Umfang und Ausmaß von Härtefallregelungen vom Verordnungsgeber selbst prinzipiell festgelegt werden. Die Milchmarktordnung zeigt, daß dies ohne weiteres auch möglich ist. Jedenfalls kann Art. 30 nicht dazu herhalten, die grundsätzliche Aufteilung der Drittlandskontingente nach Art. 18 und Art. 19 der Verordnung außer Kraft zu setzen. Auch das VG Frankfurt sieht daher zu Recht in Art. 30 keine Handhabe, den von ihm festgestellten Verstoß gegen die Eigentumsrechte, die Berufsfreiheit und den Vertrauensgrundsatz zu heilen.

3. Allerdings stehen sich in der Literatur zur Zulässigkeit des Vorlagebeschlusses nach Art. 100 GG zwei Meinungen strikt gegenüber. Die einen sind der Meinung, daß der Grundrechtsschutz des EuGH ausreichend ist und – zumindest im Marktordnungsrecht – eine Kompetenz des BVerfG nicht mehr bestehe. Bezeichnender Weise wird diese Meinung insbesondere von ehemaligen oder jetzigen Richtern am EuGH vertreten[18].

Die andere Meinung in der Literatur steht auf dem Standpunkt, daß alle Grundrechtseingriffe der Gemeinschaft, also auch solche Eingriffe, die durch Verordnungen vorgenommen werden, letztlich auch vom BVerfG – nach Vorlage beim EuGH – noch überprüfbar sein müssen. Diese Meinung wird – wen sollte es wundern – von Rechtsanwaltsseite vertreten[19].

Das VG Frankfurt vertritt sozusagen eine Mittelmeinung, in dem es einen Vorlagebeschluß nach Art. 100 GG nur dann für möglich hält, wenn beim EuGH strukturelle Defizite in der Grundrechtsgewährung festzustellen sind. Dies stellt dann das VG Frankfurt generell auf dem Gebiet des Marktordnungsrechts fest.

4. Richtig ist sicherlich, daß der Vertrauensschutz und der damit zusammenhängende Schutz des eingerichteten und ausgeübten Gewerbebetriebes in der Rechtsprechung des EuGH auf dem Gebiet des Marktordnungsrechts nicht so stark ausgeprägt ist, wie in der Rechtsprechung des BVerfG. Allerdings ist der deutsche Standard auf diesem Gebiet innerhalb Europas auch einmalig. So kennt man einen derartig ausgeprägten Vertrauensschutzgrundsatz beispielsweise im angelsächsichen und französischen Recht nicht. Die Begriffe „confiance légitime" und „protection of legitimate expectations" sind erst durch eine wörtliche Übersetzung des Wortes „Vertrauensschutz" entstanden.

Wenn das BVerfG allerdings auf die Vorlage hin die Bananenmarktordnung für verfassungswidrig erklären würde, würde dies nur für Deutschland gelten. D.h. also, innerhalb der Gemeinschaft würde nicht mehr gleiches Recht gelten. Ob daran gleich der „rechtliche Zusammenhalt der Gemeinschaft" scheitern würde, wie Zuleeg meint, mag dahinstehen. Sicher aber hätten die anderen Mitgliedsstaaten wenig Verständnis dafür, daß die Deutschen ihre Rechtsauslegung innerhalb der Gemeinschaft durchsetzen wollen.

Trotzdem meine ich, daß es letztlich gerechtfertigt ist, eine Entscheidungsbefugnis des BVerfG anzunehmen, solange es eine parlamentarisch verabschiedete Grundrechtsordnung innerhalb der EG nicht gibt.

---

17 EuG Urteil vom 22.01.1997, Rs. T-115/94, Opel Austria GmbH.
18 Zuleeg, NJW 1997, S. 1201 und Hirsch, NJW 1996, S. 2457.
19 Zuck/Lenz, NJW 1997, S. 1193.

VII. Schadensersatzansprüche bei legislativem Unrecht

Beim Thema Vertrauensschutz darf das Thema „Schadensersatzansprüche" nicht vergessen werden. Wird nämlich eine Verordnung wegen des Verstoßes gegen den Grundsatz des Vertrauensschutzes für rechtswidrig erklärt, so stellt sich sofort die Frage nach der zu leistenden Entschädigung.

In diesem Zusammenhang muß einmal ein Lob des EuGH deutlich ausgesprochen werden. Wenn in Deutschland in solchen Fällen legislativen Unrechts allenfalls eine Entschädigung nach den Grundsätzen des enteignungsgleichen Eingriffs gezahlt wird, so gewährt der EuGH vollen Schadensersatz. Dies führt durchaus zu sehr unterschiedlichen Ergebnissen.

So hat der EuGH in den Grundsatzurteilen Mulder und Heinemann den ehemaligen Nichtvermarktern vollen Schadenersatz, also auch den entgangenen Gewinn zugebilligt[20].

Demgegenüber hat der BGH bei den Schadensersatzansprüchen der durch die 80-Kuh-Grenze geschädigten deutschen Bauern nur eine Entschädigung nach den Grundsätzen des enteignungsgleichen Eingriffs angenommen. Dies führt nur zu einer Entschädigung in Höhe einer angemessenen, d. h. banküblichen Verzinsung des eingesetzten, frustrierten Kapitals, nicht jedoch zu einer Entschädigung auch für den entgangenen Gewinn. Dabei kann die Entschädigung nach enteignungsgleichem Eingriff durchaus nur die Hälfte des vollen Schadens betragen.

Auf dem Gebiet des Schadensersatzes ist zu hoffen, daß die Rechtsprechung des EuGH sich in Zukunft auch gegenüber der restriktiven Rechtsprechung des BGH durchsetzen wird.

Mit der Entscheidung des EuGH in dem Verfahren Brasserie du Pecheur hat der EuGH dem BGH schon den richtigen Weg gewiesen[21]. Allerdings hat der BGH es trotz der eindeutigen Worte des EuGH fertiggebracht, die Schadenersatzklage der Brasserie du Pecheur abzuweisen[22]. Der BGH hat entschieden, daß ein „hinreichend qualifizierter Verstoß" gegen das Gemeinschaftsrecht, der für den geltendgemachten Schaden unmittelbar ursächlich geworden wäre, nicht festzustellen sei. Es drängt sich leider der Verdacht auf, daß der BGH – nunmehr mit einer neuen Begründung – an seiner Rechtsprechung zum legislativen Unrecht festhalten wollte. Dies wäre aber wieder ein anderes Thema.

VIII. Schlußbemerkung

Abschließend kann festgestellt werden, daß der EuGH Vertrauensschutz gegenüber EG-Verordnungen im Marktordnungsrecht nur äußerst eingeschränkt gewährt, da der Marktbürger mit ständigen Rechtsänderungen rechnen muß. Selbst abrupte und übergangslose Änderungen der Rechtslage werden vom EuGH nach dem Grundsatz, der Zweck heiligt die Mittel, für gerechtfertigt gehalten.

---

20 EuGH Urteile vom 19.05.1992, Rs. C-104/89, Mulder u. a. und C-37/90, Heinemann, NVwZ 1992, S. 1077, AgrarR 1992, S. 195 f.
21 EuGH Urteil vom 05.03.1996, Rs. C-46/93 und C-48/93, Brasserie du Pecheur SA gegen BRD, ZfZ 1996, S. 333.
22 BGH Urteil vom 24.10.1996, III ZR 127/91, NJW 1997, S. 123.

Wenn jedoch der EuGH einmal – wie in den Urteilen Mulder und Heinemann – feststellt, daß legislatives Unrecht geschehen ist, dann wird den betroffenen Marktteilnehmern voller Schadensersatz auch in Form des entgangenen Gewinns gewährt. Dies führte in den Fällen der ehemaligen Nichtvermarkter zu Schadensersatzzahlungen in Millionenhöhe an tausende von Landwirten innerhalb der Gemeinschaft. Die Rechtsprechung des EuGH hatte daher für den Marktteilnehmer durchaus auch positive Seiten.

Nacherhebung – Erlaß – Erstattung
– Gedanken zum Vertrauensschutz in die Zollerhebung

Dr. Klaus Peter Müller-Eiselt,
Richter am Bundesfinanzhof, München

Inhalt

I.   Einführung und Problemstellung

„Nacherhebung – Erlaß – Erstattung", so lautet mein Thema, im übrigen das einzige Thema dieser Tagung ohne Ansprache des magischen Worts *„Vertrauensschutz"*, dem diese Veranstaltung ausweislich ihres Generalthemas gewidmet ist. Wie paßt das zusammen? Spielt der Gesichtspunkt des Vertrauensschutzes auf diesem mehr technischen Spezialgebiet des Zollrechts überhaupt eine Rolle, und wenn ja, um wessen Vertrauen geht es, worauf soll sich dieses Vertrauen gründen und inwieweit soll es schützenswert sein?

Vergewissern wir uns kurz über die zollrechtlichen Grundlagen unseres Themas. Nacherhebung und Erlaß bzw. Erstattung betreffen die *Korrektur von Zollerhebungen,* die sich nachträglich als unzutreffend erweisen. Die Nacherhebung oder die „nachträgliche buchmäßige Erfassung", wie es technisch im Zollkodexrecht heißt (Art. 220 Abs. 1 Satz 1 ZK)[1], ist die Korrektur zu Lasten des Zollschuldners, die Erstattung, d. h. die Rückzahlung bereits geleisteten Zolls (Art. 235 Buchst. a ZK), und der Erlaß, d. h. der Verzicht auf die Erhebung eines bereits festgesetzten und mitgeteilten oder zumindest buchmäßig erfaßten Zolls (Art. 235 Buchst. b ZK), sind zwei mögliche Formen der Korrektur zugunsten des Zollschuldners. Korrigiert wird dabei, anders als im nationalen Recht (vgl. die Vorschriften der §§ 172 ff. AO zur „Bestandskraft"), grundsätzlich nicht

---

1 Der Begriff „Nacherhebung" als solcher kommt im Zollkodexrecht nicht mehr vor, nachdem mit der 11. Änderungsverordnung (EG) Nr. 12/97 zur ZKDVO vom 18. Dezember 1996 (ABl. EG 1997 Nr. L 9/1) die Überschrift des Titels III (Buchmäßige Erfassung und Nacherhebung) des Teils IV (Zollschuld) in Angleichung an die Gliederung des ZK (Titel VII Kapitel 3) in „Erhebung des Zollschuldbetrags" umbenannt worden ist. Adjektivische oder verbale Formen des Begriffs begegnen nur in Art. 220 Abs. 1 Satz 1 ZK („nachzuerhebender Restbetrag") und in Art. 868 Satz 2 ZKDVO („Einfuhr- oder Ausfuhrabgaben von weniger als 10 ECU je Einzelfall werden nicht nacherhoben").

die Entscheidung (Zollbescheid = Steuerbescheid, Art. 4 Nr. 5 ZK), in der der Zoll ursprünglich unzutreffend festgesetzt worden ist, sondern – in materieller Betrachtung – allein das Ausmaß der Zollschuld[2].

Dieser Unterschied wird in Deutschland, wie die Gerichtspraxis zeigt, nicht immer klar gesehen. Noch unlängst hatte der Zollsenat des BFH erneut auszuführen, daß die Nachforderung von Zoll seit 1. Juli 1980 aufgrund Gemeinschaftsrechts nicht mehr von einer Änderung entsprechender Zollbescheide des nationalen Rechts (§ 172 Abs. 1 Nr. 1 AO) abhängig ist, sondern daß der Nachforderungsbescheid hinsichtlich der nicht erhobenen Einfuhrabgaben für eine eingeführte Ware in seinem Bestand und in seiner Wirkung unabhängig von einem anläßlich der Einfuhr dieser Ware ergangenen Steuer- bzw. Zollbescheid ist und es mithin einer formalen Verknüpfung des Nachforderungsbescheids mit dem ursprünglichen Steuerbescheid nicht mehr bedarf[3]. Gleiches gilt für die Erstattung von Zoll.

Auch hinsichtlich der tatbestandlichen Voraussetzungen für eine Korrektur bereits festgesetzter Zollschulden muß immer wieder darauf hingewiesen werden, daß seit dem genannten Zeitpunkt des Inkrafttretens der VO (EWG) Nr. 1697/79 (sog. Nacherhebungs VO)[4] und der VO (EWG) Nr. 1430/79 (sog. Erstattungs/ErlaßVO)[5] nebst den dazugehörigen Durchführungsverordnungen die nationalen Vorschriften über die Festsetzungsverjährung (§§ 169 ff. AO) und über die Bestandskraft von Steuerbescheiden (§§ 172 ff. AO) für den Bereich der Zölle vom Gemeinschaftsrecht überlagert werden und wegen des *Vorrangs des Gemeinschaftsrechts* weitestgehend nicht mehr anwendbar sind[6]. Zum 1. Januar 1994 ist das bezeichnete Verordnungsrecht inhaltlich im wesentlichen unverändert in das Zollkodexrecht (Nacherhebung: Art. 220 und 221 ZK, Art. 868 ff. ZKDVO; Erlaß/Erstattung: Art. 235 – 242 ZK, Art. 877 ff. ZKDVO) übernommen worden.

Trotz des aufgezeigten unterschiedlichen Ansatzes im Gemeinschaftsrecht liegen die Interessen desjenigen, der vom Hauptzollamt als Zollschuldner auf Zahlung eines Zollbetrags in Anspruch genommen worden ist, nicht wesentlich anders als die Interessen desjenigen, gegen den das Finanzamt eine nationale Steuer festgesetzt hat. Beide sind *Steuerschuldner* und damit Steuerpflichtige i. S. der AO (§ 33 AO), denn auch Zölle sind Steuern i. S. dieses Gesetzes (§ 3 Abs. 1 Satz 2 AO). Jeder Steuerschuldner hat ein vitales und legitimes Interesse daran, daß die von ihm geschuldete Steuer nach Art und Höhe ordnungsgemäß und zutreffend festgesetzt wird, daß überzahlte Steuer von der Steuerbehörde anstandslos zurückerstattet wird und daß, sollte zu wenig Steuer angefordert worden sein, es möglichst bei der ursprünglichen Festsetzung verbleiben soll, jedenfalls sofern auf der Grundlage der unzutreffenden Steuerfestsetzung bereits Dispositionen getroffen worden sind, wenn etwa – so die Standardsituation im Zollrecht – der Importeur der eingeführten Ware den nachgeforderten Zoll wegen schon erfolgten Weiterverkaufs der Ware nicht mehr auf einen Abnehmer abwälzen kann. Die beiden Aspekte dieses Interesses möchte ich zusammengefaßt hier einmal charakterisieren als das unverdorbene, vielleicht naive *Grundvertrauen des Steuerbürgers in die Ordnungsmäßigkeit der Steuererhebung.*

Dieses Grundvertrauen wird aber wohl in keiner Rechtsordnung bedingungslos geschützt. Ursächlich ist dafür in erster Linie der haushälterische Gesichtspunkt der *Sicherung der Staatseinnahmen.* Unrichtige Steueranforderungen kommen vor, wie

---

2 Vgl. Witte/Alexander, Zollkodex, Vor Art. 220 Rz. 8; Witte/Huchatz, Zollkodex, Vor Art. 235 Rz 1.

3 BFH-Beschluß vom 6. August 1996 VII B 35/96, BFH/NV 1997, 207.

4 ABl. EG 1979 Nr. L 197/1.

5 ABl. EG 1979 Nr. L 175/1.

6 Hinsichtlich der Nacherhebung vgl. BFH/NV 1997, 207 m.w.N.

Irren menschlich ist. Je komplizierter ein Steuersystem ist, desto häufiger unterlaufen Fehler. Das gemeinschaftliche Zollrecht macht hier keine Ausnahme, im Gegenteil. Die Publikation der Gesetzestexte in verschiedenen Sprachfassungen, Übersetzungsfehler, begriffliche Ungenauigkeiten, häufige Berichtigungen und Änderungen der Texte schaffen zusätzliche Fehlerquellen neben den auch im nationalen Bereich hinlänglich bekannten (wie z. B. zu viele, schwer verständliche und unübersichtliche Vorschriften, Personalmangel in den Verwaltungen – hier scheint sich gerade bei der Zollverwaltung zu rächen, daß jahrzehntelang mehr Wert auf die sog. OPH-Angelegenheiten als auf das Fach gelegt worden ist –, mangelnde Motivation des Personals, Ausbildungs- und Fortbildungsdefizite usw.). Bei der Vielzahl der möglichen Fehlerquellen wird das steuererhebende Gemeinwesen möglichst viele Risiken dem Steuerbürger auferlegen wollen. In dem besonders sensiblen Bereich der Nacherhebung tritt eine weitere grundsätzliche Erwägung hinzu. Das *Prinzip der Nachentrichtung zu Unrecht nicht erhobener Einfuhrabgaben* stellt sich auch als Gebot des Gleichheitssatzes und der Wettbewerbsgleichheit dar, wonach die Belastung mit Einfuhrabgaben in allen Mitgliedstaaten der Gemeinschaft grundsätzlich gleich hoch sein muß, gleichgültig, zu welchem Zeitpunkt innerhalb der dreijährigen Verjährungsfrist die richtige Höhe der Einfuhrabgaben festgestellt worden ist[7].

Vertrauensschutz in die Zollerhebung wird daher *nur ausnahmsweise* gewährt, wenn im Einzelfall die Durchsetzung des Fiskalinteresses der Verwaltung schlicht unerträglich wäre. Jede Rechtsordnung stellt hierfür ein mehr oder minder kunstvolles Geflecht von Kriterien und Voraussetzungen auf, die erfüllt sein müssen, um ausnahmsweise dem Individualinteresse zum Erfolg zu verhelfen. Im Gegensatz zum nationalen Abgabenrecht der §§ 172 ff. AO ist im gemeinschaftlichen Zollrecht kein in sich geschlossenes System erkennbar; bei der Nacherhebung sind die maßgeblichen Kriterien nur rudimentär, bei Erlaß/Erstattung etwas ausgeprägter entwickelt. Sie aufzuzeigen, kritisch zu prüfen und darzustellen, was die Rechtsprechung, die auf diesen Gebieten zwangsläufig ihr Tummelfeld hat, aus den gesetzlichen Vorgaben gemacht und daraus entwickelt hat, ist Aufgabe der nachfolgenden Darstellung. Sie wird sich aus Zeitgründen hauptsächlich dem Vertrauensschutz bei der Nacherhebung widmen. Bei Erlaß/Erstattung geht es im wesentlichen ohnehin nur um die Grenzfälle der Korrektur aus besonderen Gründen, um die Billigkeit im Einzelfall. Denn es ist klar, daß ein demokratisches Gemeinwesen sich schlechterdings nicht weigern kann, unter eindeutigem Verstoß gegen gesetzliche Bestimmungen erhobene oder festgesetzte Abgaben dem Bürger unter Einhaltung eines geregelten Verfahrens wieder zurückzuzahlen oder zu erlassen.

II. Vertrauensschutz bei der Nacherhebung

1. Die besonderen Vertrauensschutztatbestände

Der in Art. 220 Abs. 1 ZK statuierte Grundsatz der nachträglichen buchmäßigen Erfassung bedeutet im Falle zu niedriger Ersterfassung die Verpflichtung der Zollbehörde zur Nacherhebung. Diese Verpflichtung kennt nur wenige Ausnahmen, die zudem nicht alle dem reinen Vertrauensschutz dienen:

Ausschließlich der Verwaltungsökonomie dient die sog. Kleinbetragsregelung, wonach Bagatellnachforderungen von weniger als 10 ECU (= 20 DM)[8] je Einzelfall nicht nacherhoben werden (Art. 220 Abs. 2 Buchst. c ZK, Art. 868 zweiter Unterabs. ZKDVO).

---

7 Vgl. BFH-Beschluß vom 24. Oktober 1989 VII R 43/88, BFHE 159, 283; BFH/NV 1997, 207.
8 Vgl. dazu jetzt VSF N 05 97 Nr. 40 vom 24.1.1997. Für erstmalige buchmäßige Erfassungen gilt hingegen die Kleinbetragsregelung gem. Art. 868 erster Unterabs. ZKDVO i. V. m. § 23 Abs. 1 ZollV (keine Festsetzung bei einem Gesamtbetrag der Einfuhrabgaben von weniger als 5 DM im gewerblichen Verkehr und weniger als 1 DM im Reise- und Postverkehr).

Mehr den dem Vertrauensschutz verwandten Komponenten des Rechtsstaatsprinzips, nämlich der Rechtssicherheit und dem Rechtsfrieden, verdankt die *reguläre Festsetzungsverjährung* ihre Berechtigung. Nach Ablauf einer Frist von drei Jahren seit dem Zeitpunkt der Entstehung der Zollschuld erlischt, so jedenfalls in Deutschland, die noch offene Zollschuld (Art. 221 Abs. 3 Satz 1, Art. 233 Abs. 1 i. V. m. Art. 4 Nr. 23 ZK und § 47 AO); der noch ausstehende Abgabenbetrag darf dann weder erstmals angefordert noch nacherhoben werden, so daß auch von einer nachträglichen buchmäßigen Erfassung des betreffenden Abgabenbetrages abgesehen werden darf (Art. 220 Abs. 2, Art. 217 Abs. 1 Unterabs. 3 ZK). Vertrauensschutzgesichtspunkte spielen hier nur insoweit eine Rolle, als sie die Dauer der Verjährungsfrist betreffen. Bekanntlich verdient nämlich der unredliche Zollschuldner, der durch eine strafbare Handlung[9], d. h. eine Steuerhinterziehung i.S. des § 370 AO, die Nichtanforderung der Zollschuld verursacht hat, die kurze Verjährungsfrist nicht. Für ihn gilt über Art. 221 Abs. 3 Satz 2 ZK die 10jährige Festsetzungsfrist des § 169 Abs. 2 Satz 2 AO. Eine spürbare Verkürzung der regulären Festsetzungsfrist würde vermutlich zu einer Stärkung des Vertrauensschutzes führen; doch angesichts der doch eher bescheidenen personellen und sachlichen Ausstattung der Prüfungsdienste allenthalben in der Gemeinschaft und der damit zwangsläufig verbundenen Risikoverlagerung auf den Haushalt der Gemeinschaft ist es nur schwer vorstellbar, daß sich hier etwas bewegt[10].

Das *Vertrauen* des Zollschuldners *in die Gültigkeit der* zum Zeitpunkt der ersten buchmäßigen Erfassung *anwendbaren Rechtsvorschriften* wird durch Art. 220 Abs. 2 Buchst. a ZK geschützt. Werden nämlich diese Vorschriften später durch eine gerichtliche Entscheidung, sei es der Gemeinschaftsgerichte für den Bereich des Gemeinschaftsrechts, sei es der nationalen Gerichte innerhalb ihres Kompetenzbereichs, für ungültig erklärt, so darf deswegen nicht nacherhoben werden. § 176 AO kennt für das nationale Recht entsprechende Bestimmungen. Die Regelung wirkt ähnlich wie das dem Rechtsstaatsprinzip immanente Verbot, den Bürger belastende Regelungen rückwirkend in Kraft zu setzen. Ihre praktische Relevanz ist naturgemäß begrenzt.

Echten Vertrauensschutz bieten innerhalb ihres jeweiligen Anwendungsbereichs auch die *verbindlichen Auskünfte,* welche die Verwaltung nach dem Zollkodexrecht erteilen kann: die verbindliche Zolltarifauskunft hinsichtlich der zolltariflichen Einreihung und, seit 1. Januar 1997, die verbindliche Ursprungsauskunft hinsichtlich der Feststellung des Ursprungs einer Ware (Art. 12 ZK[11] und Art. 5 – 14 ZKDVO[12]). Hier hat der Berechtigte jeweils ein mit Aufwand verbundenes formalisiertes Prüfungsverfahren durchlaufen, auf dessen Ergebnis er im Rahmen der Geltungsdauer der Auskunft vertrauen darf, selbst wenn sich nachträglich herausstellt, daß die verbindliche Auskunft unzutreffend war. Der Vertrauensschutz erstreckt sich auch und gerade auf die Festsetzung der Einfuhrabgaben (Art. 12 Abs. 7 ZK); bezüglich des gesetzlich geschuldeten Abgabenbetrages, der sich als höher herausstellt als der Betrag, der aufgrund der erteilten Auskunft festgesetzt worden ist, besteht ein Nacherhebungsverbot (Art. 220 Abs. 2, Art. 217 Abs. 1 zweiter Unterabs. Buchst. c ZK). Dabei kommt es grundsätzlich nicht darauf an, ob der Berechtigte die Unrichtigkeit der Auskunft hätte erkennen können[13]. Die Verwaltung ist insoweit auf den Widerruf der Auskunft mit Wirkung für die Zukunft be-

---

9 Strafbare Handlungen i.S. des Art. 221 Abs. 3 Satz 2 ZK sind nur Straftaten, keine Ordnungswidrigkeiten, wie der EuGH auf Vorlage des Hess. FG zur inhaltsgleichen Vorgängerregelung des Art. 3 NacherhebungsVO entschieden hat (Urt. vom 27. November 1991 Rs. C-273/91 – Meico-Fell –, Slg. 1991 I-5569). Bei leichtfertiger Steuerverkürzung (§ 378 AO) beträgt die Festsetzungsfrist also lediglich drei Jahre.

10 Zu – wieder verworfenen – Ansätzen zu diesem Problem vgl. Gellert, a.a.O. (unten Fn. 30).

11 I.d.F. der VO (EG) Nr. 82/97, ABl. EG Nr. L 17/1 vom 21.1.1997.

12 I.d.F. der VO (EG) Nr. 12/97, ABl. EG Nr. L 9/1 vom 13.1.1997.

13 EuGH, Urt. vom 8. April 1992 Rs. C-371/90 – Beirafrio –, Slg. 1992 I-2715.

schränkt (Art. 12 Abs. 5 Buchst. a Ziff. iii und Buchst. b Ziff. iii, Art. 9 ZK). Eine Rücknahme der verbindlichen Auskunft mit Wirkung für die Vergangenheit und damit die Eröffnung der Möglichkeit der Nacherhebung findet nur statt, wenn die Auskunft auf unrichtigen oder unvollständigen Angaben des Antragstellers beruht; die Einschränkungen des Art. 8 ZK gelten hierfür nicht (Art. 12 Abs. 4 Satz 2 ZK). In dieser Vorschrift kommt ein allgemein gängiges, den *Vertrauensschutz begrenzendes Prinzip* zum Ausdruck: Vertrauensschutz verdient nicht, wer in betrügerischer Absicht oder zumindest grob fahrlässig die Unrichtigkeit der Abgabenerhebung herbeigeführt hat. Dieses Prinzip wurde in einem Fall absichtlicher Falschanmeldung des Rechnungspreises zwecks Erschleichung der Einfuhrabfertigung, in dem der EuGH die nach erfolgter Abfertigung begehrte Erstattung des zuviel gezahlten Zolles versagte[14], vom britischen Generalanwalt Sir Gordon Slynn in seinen Schlußanträgen eindrucksvoll umschrieben: „Wer mit dem Feuer spielt, darf sich nicht beklagen, wenn er sich verbrennt."

2. Die Generalklausel des Art. 220 Abs. 2 Buchst. b ZK

Abgesehen von diesen wenigen speziellen Tatbeständen ist der Vertrauensschutz im Bereich der Nacherhebung in der Generalklausel des Art. 220 Abs. 2 Buchst. b ZK angesiedelt. Hiernach erfolgt keine nachträgliche buchmäßige Erfassung, wenn der gesetzlich geschuldete Abgabenbetrag aufgrund eines Irrtums der Zollbehörden (a) nicht buchmäßig erfaßt worden ist, sofern dieser Irrtum vom Zollschuldner nicht erkannt werden konnte (b) und dieser gutgläubig gehandelt und alle geltenden Vorschriften über die Zollanmeldung eingehalten hat (c). Unter den genannten drei Voraussetzungen hat der Abgabenschuldner einen *Rechtsanspruch auf Absehen von der Nacherhebung,* wie der EuGH schon zu der inhaltsgleichen Vorgängervorschrift des Art. 5 Abs. 2 NacherhebungsVO trotz des früheren Wortlauts „die zuständigen Behörden können von einer Nacherhebung absehen" erkannt hat[15]. Daneben gibt es keinen weitergehenden Vertrauensschutz nach nationalem Recht[16].

Art. 5 Abs. 2 NacherhebungsVO ist im übrigen bis zum heutigen Tag wohl die zollrechtliche Vorschrift außerhalb des Zolltarifrechts, mit der sich der EuGH aufgrund der regen Vorlagentätigkeit der nationalen Gerichte gem. Art. 177 EGV am häufigsten beschäftigen mußte. Es besteht daher eine reichhaltige Kasuistik zur Auslegung der tatbestandlichen Voraussetzungen dieser Vorschrift, die von der Rechtsprechung stetig weiterentwickelt wird. Lassen Sie mich hier die Grundzüge und einige neuere Tendenzen aufzeigen.

a) Irrtum der Zollbehörden

Es muß zunächst ein Irrtum der Zollbehörden vorliegen, der zu der zu niedrigen Abgabenerhebung geführt hat. Der Begriff des Irrtums erfaßt nicht nur Schreib- und Rechenfehler, sondern jedweden Irrtum tatsächlicher oder rechtlicher Art, der die getroffene Entscheidung fehlerhaft macht, insbesondere aber unrichtige Rechtsauslegung oder Rechtsanwendung[17]. Betroffen können alle Bereiche des Zollrechts sein. Praktisch werden vor allem Fehler bei den Grundlagen der Abgabenerhebung, also hinsichtlich der Tarifierung, des Ursprungs und des Zollwerts der eingeführten Waren.

---

14 EuGH, Urt. vom 15. Dezember 1987 Rs. 328/85 – Deutsche Babcock –, Slg. 1987, 5119.
15 EuGH, Urt. vom 22. Oktober 1987 Rs. 314/85 – Foto-Frost –, Slg. 1987, 4199; vom 27. Juni 1991 Rs. C-348/89 – Mecanarte –, Slg. 1991 I-3277.
16 BFH, Urt. vom 22.10.1991 VII R 44/90, BFH/NV 1992, 428; FG Brandenburg, EFG 1995, 1067.
17 EuGH, Slg. 1991 I-3277.

Es muß sich um einen sog. *aktiven Irrtum* der Zollbehörden handeln, d. h. die Zollbehörde muß den Irrtum aktiv begehen; ein bloßes passives Unterliegen genügt nicht[18]. Ein Irrtum liegt also nicht vor, wenn die Zollbehörde lediglich eine falsche Zollanmeldung des Beteiligten übernommen und diese der Abfertigung zugrundegelegt hat[19]. Hingegen liegt in der rechtlich unzutreffenden Würdigung korrekt angemeldeter tatsächlicher Angaben ohne weiteres ein aktiver (Rechts-)Irrtum der Behörde[20].

Schließlich muß der Irrtum von den zuständigen Behörden begangen worden sein. Dies ist nach Auffassung des EuGH weit zu verstehen und erfaßt jede Behörde, die im Rahmen ihrer Zuständigkeiten Gesichtspunkte beigetragen hat, die bei der Erhebung des zu niedrig festgesetzten Zolls berücksichtigt worden sind, gleichgültig welchem Mitgliedstaat der Gemeinschaft die Behörde angehört[21]. Allerdings muß die betreffende Zollbehörde mit der konkreten Warenbewegung befaßt gewesen sein. Ein Einführer, der über verschiedene Hauptzollämter die gleichen Waren einführt, kann sich also gegenüber der aufgrund einer unzutreffenden Anmeldung erfolgten Fehltarifierung durch das HZA X nicht darauf berufen, daß ein anderes HZA Y bei der Abfertigung gleicher Waren einen aktiven Irrtum begangen hat, der die Falschanmeldung im Nacherhebungsfall verursacht habe, selbst wenn die Nacherhebung zentral durch ein drittes HZA vorgenommen wird[22]. Ebenso begründet die einer konzernangehörigen Firma im Mitgliedstaat A (bezüglich einer anderen Einfuhr der gleichen Ware) erteilte falsche Tarifauskunft für sich keinen Irrtum der für die Nacherhebung zuständigen Behörde im Mitgliedstaat B[23].

Unter diesem Aspekt des Nichtvorliegens eines aktiven Irrtums der zuständigen Zollbehörde in der Gemeinschaft wurde bislang von der herrschenden Ansicht dem gutgläubigen Importeur der Vertrauensschutz versagt, wenn sich nachträglich herausstellte, daß die zuständige Behörde des Ausfuhrlandes durch die *Ausstellung einer Warenverkehrsbescheinigung* irrtümlich den Präferenzursprung der Ware bestätigt hat. Daß insoweit das Handelsrisiko beim Einführer liegt, bestätigt auch Art. 904 Buchst. c ZKDVO, wonach allein mit der Begründung, daß gutgläubig Papiere zur Erlangung einer Zollpräferenzbehandlung für zum zollrechtlich freien Verkehr angemeldete Waren vorgelegt worden sind, die sich später als falsch, gefälscht oder für die Gewährung dieser Zollpräferenzbehandlung ungültig erweisen, Erlaß oder Erstattung aus Billigkeitsgründen (Art. 239 ZK) nicht zu erlangen ist.

Diese von der bisherigen Rechtsprechung des EuGH gestützten gesetzlichen Festlegungen[24] sind, u. a. hervorgerufen durch den erheblichen Anstieg der Fälle der Nacherhebung von Zöllen infolge unrichtig ausgestellter Warenbegleitdokumente, zunehmend in die *Kritik der Importeurverbände* geraten[25]. Ziemlich einzigartig in diesem Zusammenhang ist, daß der Rat die von der Kommission zu Lasten der Wirtschaftsbeteiligten vorgeschlagene Verschärfung der Bestimmungen zur Einhaltung der Festset-

---

18 EuGH, Slg. 1991 I-3277; BFH, Urt. vom 2. Mai 1991 VII R 117/89, BFH/NV 1992, 420.
19 BFH, Beschl. vom 22. November 1994 VII B 140/94, BFHE 176, 170.
20 EuGH, Slg. 1987, 4199; Slg. 1991 I-3277; BFH, Urt. vom 7. September 1993 VII R 128/92, BFHE 172, 561.
21 EuGH, Slg. 1991 I-3277.
22 BFHE 172, 561; BFHE 176, 170.
23 EuGH, Urt. vom 1. April 1993 Rs. C-250/91 – Hewlett Packard France –, Slg. 1993 I-1819.
24 EuGH, Slg. 1991 I-3277.
25 Vgl. dazu den Bericht von Wengler, Vertrauensschutz des Importeurs, AW-Prax 1996, 343, über ein Seminar der Foreign Trade Association (FTA), der europäischen Schwesterorganisation der Außenhandelsvereinigung des Deutschen Einzelhandels (AVE), in Brüssel mit dem Ergebnis, daß die bisherige Gesetzgebung und Rechtsprechung, wonach sämtliche Risiken des Auslandsgeschäfts der Importeur zu tragen habe, überprüfungsbedürftig seien.

zungsfrist[26] abgelehnt und statt dessen die Kommission in einem besonderen Beschluß aufgefordert hat, eine Gesamtlösung für die Beitreibung der Zollschuld in den Fällen zu entwickeln und vorzulegen, in denen Handlungen der Behörden von Drittstaaten im Rahmen der Präferenzsysteme zu Unregelmäßigkeiten führen, für die die Wirtschaftsteilnehmer in der Gemeinschaft unbilligerweise einstehen müssen[27]. Mögliche Abhilfe sieht der Rat in kurzfristigen Billigkeitsmaßnahmen durch den zuständigen Zollkodexausschuß, ggf. mit Einrichtung eines Frühwarnsystems, sowie in langfristiger Vorbeugung im Rahmen künftig ausgehandelter Präferenzabkommen[28]. Bis auf eine Verbesserung der Rechtsstellung der Beteiligten in den Ausschußverfahren bei der Kommission betreffend Nacherhebung (Art. 871 Abs. 1 ZKDVO) bzw. Erlaß/Erstattung (Art. 905 Abs. 2 ZKDVO) durch die letzte ÄnderungsVO zur ZKDVO[29] ist aber bislang noch nichts geschehen.

Ein Lichtblick am Horizont, der hier den richtigen Weg zeigen könnte, findet sich neuerdings in der *Rechtsprechung des EuGH*. In einem Fall, in dem die Behörden der Färöer-Inseln nach den Feststellungen einer Ermittlungsmission der EG für verarbeitete Garnelen zu Unrecht EUR. 1 ausgestellt hatten und der britische Einführer völlig gutgläubig war, sah der Gerichtshof als „zuständige Behörden" i. S. des Art. 5 Abs. 2 NacherhebungsVO zum ersten Mal eine Behörde außerhalb der EG – die färöische Behörde – an, die den Ursprung der Waren in den EUR. 1 bescheinigt hatte, allerdings mit der Einschränkung, daß ein Irrtum nur angenommen werden könne, wenn der Beteiligte alle erheblichen Tatsachen angegeben und darauf vertraut hat, daß die zuständige Behörde diese kannte und trotz dieser Kenntnis auf der Grundlage einer verfehlten rechtlichen Auslegung der Ursprungsregeln den Ursprung bescheinigt hat[30]. Entscheidend für die Einbeziehung der färöischen Behörde in den Schutzbereich des Art. 5 Abs. 2 NacherhebungsVO war, daß diese durch autonome Regelung der Gemeinschaft an der Ermittlung der bei der Zollerhebung zu berücksichtigenden Gesichtspunkte beteiligt worden ist, so daß das ihr vom Abgabenschuldner entgegengebrachte Vertrauen schutzwürdig ist[31]. Künftig ist also in solchen Fällen des Rechtsirrtums einer ausländischen Behörde, die eine Warenverkehrsbescheinigung ausgestellt hat, der Weg für ein Absehen von der Nacherhebung nicht mehr von vornherein versperrt; sofern auch die anderen Voraussetzungen erfüllt sind, kann geholfen werden[32], wobei zu hoffen bleibt, daß das vom EuGH zuerkannte „Mehr" an Vertrauenschutz zugunsten des redlichen

---

26 Vgl. den Vorschlag der Kommission für die Änderung des ZK (ABl. EG Nr. C 260/8 vom 5.10.1995), Art. 1 Nr. 18 (zu Art. 220 Abs. 1 ZK).
27 Beschl. vom 28. Mai 1996 betreffend die Nacherhebung der Zollschuld (ABl. EG Nr. L 170/1 vom 14.6.1996).
28 Vgl. den Gemeinsamen Standpunkt (EG) Nr. 36/96 zum Vorschlag zur Änderung des ZK (ABl. EG Nr. C 248/1 vom 26.8.1996), Begründung III zu Art. 1 Nr. 18 betreffend Art. 220 Abs. 1 ZK.
29 VO (EG) Nr. 12/97 vom 18. Dezember 1996 (ABl. EG 1997 Nr. L 9/1 vom 13.1.1997), mit Wirkung ab 20.1.1997.
30 EuGH, Urt. vom 14. Mai 1996 Rs. C-153/94, C-204/94 – Faroe Seafood –, Slg. 1996 I-2465; s. dazu Kioschus/ Wöhner, EuGH zu Zollpräferenzen und Nacherhebung, AW-Prax 1997, 59; Gellert, Die Entscheidungspraxis der Europäischen Kommission im Bereich der Erstattung, des Erlasses und der Nacherhebung von Einfuhrabgaben aus Billigkeitsgründen, ZfZ 1997, 2. Ansatzpunkte für diese Rechtsprechung gibt es bereits im EuGH-Urt. vom 7. Dezember 1993 Rs. C-12/92 – Huygen –, Slg. 1993 I-6381, in dem der Gerichtshof es als nicht ausgeschlossen erachtete, daß auch das Verhalten von Behörden dritter Staaten „höhere Gewalt" sein kann. Dort ging es um die Frage der Nachlässigkeit der Zollbehörden des Ausfuhrlandes, in dem eine EUR. 1 ausgestellt worden war, im förmlichen Nachprüfungsverfahren.
31 Art. 220 Abs. 2 Buchst. b ZK spricht nicht mehr von einem Irrtum der „zuständigen Behörden", sondern von einem solchen der Zollbehörden. Das sind nach Art. 4 Nr. 3 ZK „die unter anderem für die Anwendung des Zollrechts zuständigen Behörden". Zum Zollrecht gehören gem. Art. 1 und Art. 27 ZK auch die Präferenzursprungsregeln, die in Abkommen der Gemeinschaft mit dritten Ländern oder autonom von der Gemeinschaft festgelegt werden. Unter dem Zollkodexrecht ließe sich also noch stringenter als bisher begründen, daß auch ausländische Behörden, die Warenverkehrsbescheinigungen ausstellen, Zollbehörden i. S. der Vorschrift sind.
32 Art. 904 Buchst. c ZKDVO scheint damit teilweise überholt, vgl. Gellert, a.a.O. (Fn. 30).

Importeurs nicht dadurch wieder genommen wird, daß man diesem vorhält, er hätte sich – seit 1. Januar 1997 – durch Einholung einer verbindlichen Ursprungsauskunft Gewißheit über den Ursprung verschaffen können.

Ob die für die Warenverkehrsbescheinigungen aufgezeigte Entwicklung entsprechend auch für *gefälschte Echtheitsbescheinigungen* für argentinisches Rindfleisch gilt, das mit solchen Bescheinigungen im Rahmen von Zollkontingenten vormalig abschöpfungsfrei und jetzt zollbegünstigt in die Gemeinschaft eingeführt worden ist – einige dieser sog. Hilton-Beef-Fälle hängen als Erstattungsfälle nach ablehnender Entscheidung der Kommission derzeit beim Gericht erster Instanz der EG (EuG) an[33] –, darf angesichts der Unterschiede der Sachverhalte indessen bezweifelt werden. Auf jeden Fall hat aber der EuGH einen Weg zur Stärkung des Vertrauensschutzes des Beteiligten zu Lasten der eigenen Einnahmen der Gemeinschaft aufgezeigt, der diskussionswürdig ist, aber weiterer Präzisierung bedarf. Seine gesetzliche Festschreibung und Ausformulierung könnte die dringendsten Probleme der Praxis lösen.

b) Nichterkennbarkeit des Irrtums für den Zollschuldner

Zündstoff birgt die zweite Voraussetzung für die Abstandnahme von der Nacherhebung, weil die Sorgfaltsanforderungen, die die Rechtsprechung hinsichtlich der Nichterkennbarkeit des Irrtums der Zollbehörde für den Zollschuldner stellt, bisweilen übertrieben erscheinen. Nach ständiger Rechtsprechung des EuGH sind hier namentlich die Art des Irrtums, die geschäftliche Erfahrung des betroffenen Wirtschaftsteilnehmers und die von diesem aufgewandte Sorgfalt zu berücksichtigen[34]. Diese – nicht abschließenden – rechtlichen Merkmale bei der Anwendung der Vorschrift gelten als geklärt, so daß in Deutschland insoweit eine Zulassung der Grundsatzrevision mangels Klärungsbedürftigkeit ausscheidet[35]. Innerhalb dieses Rahmens ist eine Gesamtbetrachtung aller hiernach relevanten Umstände des konkreten Falles erforderlich. Das ist Aufgabe der den Gerichten übertragenen Rechtsanwendung im Einzelfall[36], was auch der EuGH in seinen Entscheidungen immer wieder betont und folgerichtig die definitive Entscheidung über die Nacherhebung im vorgelegten Fall zunehmend den vorlegenden Gerichten überläßt[37].

Die vor allem in den letzten Entscheidungen vom EuGH dabei gegebenen Auslegungshinweise für die Beurteilung der *Art des Irrtums* sind für den Abgabenschuldner durchaus vorteilhaft zu bewerten. Zu berücksichtigen ist vor allem die Kompliziertheit und Komplexität des einschlägigen Rechts[38] und dabei namentlich die „Verwirrung, die sich aus der verwendeten Terminologie ergeben kann, der Umstand, daß eine Regelungsänderung nicht klar zutage lag, und die Zeit, die die zuständigen Behörden selbst benötigten, bis sie diese Änderung erkannten"[39] bzw. eine ständig wiederkehrende Falschanmeldung endlich beanstandeten[40]. Von Bedeutung sind ferner „die Bestätigung des

---

33 Rs. T-42/96, ABl. EG Nr. C 180/29 vom 22.6.1996; Rs. T-50/96, ABl. EG Nr. C 180/33 vom 22.6.1996; s. dazu Gellert, a.a.O. (Fn. 30).

34 EuGH, Urt. vom 26. Juni 1990 Rs. C-64/89 – Deutsche Fernsprecher –, Slg. 1990 I-2535; s. auch Slg. 1992 I-2715; Slg. 1993 I-1819; Slg. 1996 I-2465.

35 Vgl. z. B. BFH, Beschl. vom 15. Dezember 1992 VII B 123/92, BFH/NV 1994, 65; vom 8. Juni 1993 VII B 58/93, BFH/NV 1994, 433.

36 BFH/NV 1994, 65.

37 So z. B. in allen zuletzt entschiedenen Fällen: Slg. 1996 I-2465; EuGH, Urt. vom 12. Dezember 1996 Rs. C-38/95 – Foods Import –, HFR 1997, 260; vom 12. Dezember 1996 Rs. C-47/95 u. a. – Olasagasti –, HFR 1997, 262.

38 Ständige Rspr., vgl. z. B. EuGH, Slg. 1990 I-2535.

39 EuGH, HFR 1997, 260.

40 EuGH, Slg. 1993 I-1819.

fraglichen Irrtums durch andere Handlungen des betroffenen Mitgliedstaats und abweichende Meinungen der Mitgliedstaaten über die richtige Auslegung der fraglichen Bestimmungen"[41], so daß beispielsweise bei streitiger Tarifierung der Erlaß einer EinreihungsVO erforderlich wurde[42].

Hinsichtlich des Kriteriums der *Berufserfahrung* haben Kaufleute schlechte Karten, die regelmäßig Import- oder Exportgeschäfte abwickeln und gerade im Handel mit den betreffenden Waren schon über gewisse Erfahrungen verfügen, insbesondere in der Vergangenheit Geschäfte dieser Art durchgeführt haben, für die die Zölle richtig berechnet worden sind[43]. Nicht entlastend wirkt die regelmäßige Übertragung der zollamtlichen Abfertigung von Importwaren auf eine Spedition, weil der Importeur das Verhalten der geschäftserfahrenen Spedition gegen sich gelten lassen muß[44].

Hinsichtlich der Beachtung der *erforderlichen Sorgfalt,* die der Wirtschaftsteilnehmer aufwenden muß, darf nicht von der Erwägung ausgegangen werden, von einem Importeur könnten keine weitergehenden Kenntnisse als von den zuständigen Zollbeamten selbst erwartet werden[45]. Der Importeur muß vielmehr grundsätzlich – bis zur Grenze der Zumutbarkeit – schlauer sein als der Zöllner. Sobald er Zweifel an der Richtigkeit der Zollfestsetzung hat oder nach den Umständen haben muß, muß er sich aus allen zugänglichen Quellen informieren und sich Aufschluß darüber verschaffen, ob diese Zweifel berechtigt sind[46]. Besonders ärgerlich für den Importeur: Das Vertrauen in nationale Dienstanweisungen oder nationale Zolltarifveröffentlichungen wird nicht geschützt[47]. Zur erforderlichen Sorgfalt gehört stets der Blick ins ABl. der EG. Die dort veröffentlichten Vorschriften stellen von der Veröffentlichung an das einzige positive Recht auf dem betreffenden Gebiet dar, und niemand kann sich auf dessen Unkenntnis berufen[48].

Schlimmer noch: Nicht einmal *Übersetzungsfehler oder sonstige Unrichtigkeiten* in dem in einer Amtssprache amtlich veröffentlichten Gesetzestext bieten Schutz. In einem kürzlich entschiedenen Fall betreffend die Erhebung von Ausgleichsabgaben bei der Einfuhr von Sauerkirschen aus Polen sah die deutsche Sprachfassung der einschlägigen EG-VO die Erhebung der Ausgleichsabgabe für „Süßkirschen" statt für „Sauerkirschen" vor, was später im ABl. berichtigt wurde. Der EuGH ließ die rückwirkende Berichtigung unbeanstandet. Die Notwendigkeit einer einheitlichen Auslegung der Gemeinschaftsverordnungen schließe eine isolierte Betrachtung nur einer Sprachfassung aus und gebiete es vielmehr, die Vorschrift im Lichte der anderen Sprachfassungen (die im Streitfall alle korrekt waren) auszulegen und anzuwenden[49]. Allerdings – so dürfte das Urteil richtig zu verstehen sein – muß der Wirtschaftsbeteiligte die anderen Sprachfassungen nur bei begründetem Anlaß heranziehen. Dies war hier der Fall, da in der deutschen Textfassung der KN-Code für Sauerkirschen richtig angegeben war, der Widerspruch also durch Heranziehung der anderen Sprachfassungen hätte aufgelöst werden können[50].

41 EuGH, HFR 1997, 262.

42 EuGH, Slg. 1993 I-1819.

43 EuGH, Slg. 1990 I-2535.

44 FG Baden-Württemberg, ZfZ 1992, 323; FG Bremen, ZfZ 1994, 46.

45 So ausdrücklich EuGH, Slg. 1990 I-2535 (Abs. 17 der Gründe); s. auch BFH, Urt. vom 6. November 1990 VII R 65/86, BFH/NV 1991, 640.

46 EuGH, Slg. 1990 I-2535 (Abs. 22 der Gründe).

47 EuGH, Urt. vom 12. Juli 1989 Rs. 161/88 – Binder –, Slg. 1989, 2415; s. dazu Lux, Nacherhebung bei einem Fehler im Deutschen Gebrauchszolltarif (DGebrZT), ZfZ 1990, 73. S. auch EuGH, Urt. vom 28. Juni 1990 Rs. C-80/89 – Behn –, Slg. 1990 I-2659 (falscher Zollsatz im DGebrZT).

48 EuGH, Slg. 1989, 2415 (Abs. 19).

49 EuGH, Urt. vom 17. Oktober 1996 Rs. C-64/95 – Lubella – (Abs. 17), Slg. 1996 I-5105.

50 Vgl. Abs. 18 der Gründe.

Im Grunde verlangt der EuGH, daß der Wirtschaftsteilnehmer am Tag der Veröffentlichung einer Verordnung beim Amt für amtliche Veröffentlichungen der EG in Luxemburg zur Lektüre des Amtsblatts in der betreffenden Amtssprache parat steht, den Text kritisch durchliest und, sofern er das Ganze nicht so recht versteht oder Zweifel hat, sich auch noch *andere Sprachfassungen des ABl.* verschafft und diese, wohl unter Zuhilfenahme von Dolmetschern oder Übersetzern, noch einmal an den betreffenden Stellen studiert. Das ist ein unhaltbarer Zustand, der angesichts der zahlreichen Fehler in den Rechtstexten, der kurzfristigen, bisweilen sogar rückwirkenden Inkraftsetzung der EG-Vorschriften[51] und der Unsitte der Rückdatierung des Zeitpunkts der Auslegung des ABl.[52] m.E. auch nicht mit dem Ziel der Sicherung der einheitlichen Rechtsanwendung in der Gemeinschaft gerechtfertigt werden kann. Hier sind die nationalen Gerichte aufgerufen, bei der ihnen zukommenden Prüfung des Einzelfalls in geeigneten Fällen abzuhelfen und berechtigtem Vertrauen des Wirtschaftsteilnehmers in den Text seiner jeweiligen Sprachfassung zum Sieg zu verhelfen. Denn wo die Gerechtigkeit im Einzelfall stirbt, wird auf die Dauer auch die Rechtskultur in ihrer Gesamtheit absterben. Ich brauche nicht weiter auszuführen, daß sich das Gemeinschaftsrecht in einzelnen Bereichen hier bereits auf gefährlichem Terrain befindet.

Auch die Rechtsprechung der deutschen *Finanzgerichtsbarkeit* muß hier noch lernfähiger werden. Einige *Ansätze zugunsten des Vertrauensschutzes sind aber bereits erkennbar und sollen hier nicht übergangen werden. So hat der BFH entschieden, daß einem Wirtschaftsteilnehmer die Verletzung der ihm obliegenden Informationspflicht hinsichtlich der zutreffenden Tarifierung einer Ware dann nicht mehr vorgehalten werden kann, wenn die zuständige Zollstelle einen zunächst im Hinblick auf die Tarifierung vorläufig erteilten Zollbescheid auf Grund des Ergebnisses eines (unzutreffenden) amtlichen Zolltarifgutachtens für endgültig erklärt und dabei ausdrücklich darauf hinweist, daß nach dem Untersuchungsergebnis die angemeldete und dem Zollbescheid zugrunde gelegte Tarifierung richtig sei[53]. Das Vertrauen ist auch dann schutzwürdig, wenn die Zollbehörde einem Antrag auf Erstattung von Zoll in einem förmlichen Erstattungsverfahren bei höchstrichterlich noch nicht eindeutig geklärter Sachlage entsprochen hat, denn dann wäre es unverhältnismäßig, vom Zollschuldner zu verlangen, die behördliche Entscheidung anhand der geltenden Rechtsvorschriften einer nochmaligen Prüfung zu unterziehen[54]. Die Einholung einer verbindlichen Zolltarifauskunft gehört nur dann zu den Sorgfaltspflichten des Beteiligten, wenn begründeter Anlaß für deren Einholung bestand[55], wenn also z. B. unterschiedliche Einreihungen der gleichen Ware durch verschiedene Zollstellen in der Branche bekanntgeworden sind[56]. Die Tendenz geht dahin, das Vertrauen des Beteiligten jedenfalls dann zu schützen, wenn die Zollbehörde in einem besonderen Prüfungsverfahren* den von ihr begangenen Irrtum

---

51 Jüngstes Beispiel hierfür ist die VO (EG) Nr. 82/97 zur Änderung des ZK, die am 21.1.1997 im ABl. EG Nr. L 17/1 verkündet, aber bereits zum 1.1.1997 in Kraft gesetzt worden ist. Immerhin hat sich die Kommission dazu verstanden, die Aufhebung einer tariflichen Abgabenbegünstigung trotz früheren Inkrafttretens der VO erst ab dem Zeitpunkt der tatsächlichen Veröffentlichung der VO im ABl. wirken zu lassen, vgl. VSF Z 09 01 Abs. 64 mit Hinweis auf die Entscheidung der Kommission vom 6. Oktober 1994 – REM 11/94 –.

52 Kritisch hierzu erfreulicherweise EuG, Urt. vom 22. Januar 1997 Rs. T-115/94 – Opel Austria – (Abs. 124 ff.): Maßgeblich ist das tatsächliche Datum der Veröffentlichung; absichtliche Rückdatierung verstößt gegen den Grundsatz der Rechtssicherheit und macht die betreffende VO nichtig. Zum EuG-Urteil s. Witte, Vertrauensschutz und Rechtssicherheit, AW-Prax 1997, 205.

53 BFH, Urt. vom 7. September 1993 VII R 128/92, BFH/NV 1994, 672. Es handelt sich dabei um einen nicht in der amtlichen Sammlung veröffentlichen Teil des Urteils in BFHE 172, 561.

54 BFH/NV 1994, 65.

55 Vgl. FG Baden-Württemberg, EFG 1994, 156.

56 BFH, Urt. vom 20. August 1991 VII R 123/89, BFH/NV 1992, 285; s. auch Witte/Alexander, Zollkodex, Art. 220 Rz. 23.

nachhaltig bestätigt hat. Bloßes Nichtentdecken von Fehlern bei einer Betriebsprüfung reicht ebensowenig aus wie einfache unverbindliche mündliche Auskünfte des Prüfers oder anderer Zollbeamten[57].

c) Einhaltung aller geltenden Vorschriften über die Zollanmeldung

Weniger Probleme bereitet die letzte Voraussetzung des Art. 220 Abs. 2 Buchst. b ZK für das Absehen von der Nacherhebung. Der Zollschuldner muß alle *geltenden Bestimmungen über die Zollanmeldung eingehalten* haben. Hier ist anerkannt, daß unrichtige Erklärungen dann nicht schaden, wenn sie selbst nur Folge falscher Auskünfte der Zollbehörden sind oder der Zollschuldner in gutem Glauben vernünftigerweise nur die angemeldeten Daten kennen oder sich beschaffen konnte[58]. Das gilt auch für die unzutreffende zolltarifliche Ansprache einer Ware in der Zollanmeldung, sofern nur klar und deutlich („befundgerecht") die betreffende Ware bezeichnet ist, so daß die Zollbehörde sofort und zweifelsfrei die fehlende Übereinstimmung mit der richtigen Tarifposition hätte feststellen können[59]. Hingegen gehört die zutreffende Beantwortung der Fragen in der Zollwertanmeldung D.V. 1 zu den geltenden Bestimmungen, bei deren vorwerfbarer Nichtbeachtung der Beteiligte keinen Anspruch auf Verzicht auf eine Zollnacherhebung hat[60].

III. Vertrauensschutz bei Erlaß/Erstattung

Leider läßt die mir zustehende beschränkte Zeit keine ausführliche Darstellung des Problems des Vertrauensschutzes bei Erlaß und Erstattung mehr zu[61]. Ich möchte mich daher auf einige wenige Bemerkungen zu der sog. Fallgruppe 4 (*Erlaß/Erstattung in Sonderfällen nach Art. 239 ZK*)[62] beschränken, jener bekanntlich auf Billigkeitserwägungen beruhenden Generalklausel[63], in deren Rahmen gerade auch zur Verwirklichung des Vertrauensschutzes in anderen als den praktisch am häufigsten vorkommenden und ausdrücklich geregelten Fällen Abgaben erlassen oder erstattet werden können, sofern weder betrügerische Absicht noch offensichtliche Fahrlässigkeit des Beteiligten vorliegt.

Auch hier ist die Entwicklung ständig im Fluß. Zu erwähnen ist die Ergänzung des *Positivkatalogs* in Art. 900 Abs. 1 ZKDVO – Fälle, in denen die Zollbehörden ohne Einschaltung der Kommission in eigener Verantwortung erlassen oder erstatten dürfen, hier Buchst. o – durch die 6. ÄnderungsVO (EG) Nr. 3254/94[64], wonach rückwirkend ab 1.1.1994 die Möglichkeit geschaffen wurde, Ansprüche auf Gemeinschaftsbehandlung oder auf Präferenzgewährung auch in Fällen zur Geltung zu bringen, in denen die Zollschuld anders als durch Überführung in den zollrechtlich freien Verkehr entstanden

---

57 Zum Diskussionsstand vgl. Witte/Alexander, Zollkodex, Art. 220 Rz. 24 f.
58 EuGH, Slg. 1991 I-3277; Slg. 1996 I-2465 (Abs. 107 ff.).
59 EuGH, Slg. 1993 I-1819; BFH, Urt. vom 4. Juli 1996 VII R 75/95, BFH/NV 1997, 75; vom 4. Juli 1996 VII R 114/95, BFH/NV 1997, 158.
60 So für die Frage Nr. 14 (Anmeldung der unentgeltlich oder zu ermäßigten Preisen gelieferten Beistellungen) BFH, Beschl. vom 9. Januar 1997 VII B 164/96, n.v.
61 Zur Darstellung der vier Fallgruppen von Erlaß/Erstattung nach dem Zollkodexrecht s. Huchatz, Erstattung und Erlaß von Einfuhr- oder Ausfuhrabgaben im Zollkodex, ZfZ 1993, 226; zum Erlaß und zur Erstattung aus Billigkeit (Art. 13 Erlaß-/ErstattungsVO, Art. 239 ZK) s. Gellert, a.a.O. (Fn. 30); zu einem Spezialproblem vgl. Koenig, Zur Anwendbarkeit des gemeinschaftsrechtlichen Erstattungsanspruchs für überzahlte Eingangsabgaben aufgrund einer „Rückwirkung" von Erläuterungen der EG-Kommission betreffend die Wareneinreihung in die Kombinierte Nomenklatur, ZfZ 1993, 8.
62 Früher Art. 13 Erlaß-/ErstattungsVO.
63 Vgl. zuletzt EuGH, Urt. vom 18. Januar 1996 Rs. C-446/93 – SEIM –, Slg. 1996 I-99 Abs. 41.
64 ABl. EG Nr. L 346/1 vom 31.12.1994. Vgl. dazu den BMF-Erlaß in VSF N 08 95 Nr. 72 vom 16.2.1995.

und dem Beteiligten keine besonders schwerwiegende Sorgfaltspflichtverletzung zur Last zu legen ist. Auf derselben Linie liegt der zum 1.1.1997 neu in den ZK eingefügte Art. 212 a[65], der außertarifliche Zollbefreiungen (als Rückware u. a.) im Grundsatz auch dann zur Wirkung kommen läßt, wenn die Zollschuld infolge vorschriftswidrigen Verbringens, Entziehens oder sonstiger Pflichtverletzung entstanden ist. Nennen möchte ich ferner den Vorlagebeschluß des BFH zu Art. 905 Abs. 1 ZKDVO, mit dem der Zollsenat vom EuGH wissen möchte, ob dann, wenn die Voraussetzungen des Art. 900 Abs. 1 Buchst. a ZKDVO nicht erfüllt sind (Erlaß/Erstattung ist bei Diebstahl von Zolllagergut davon abhängig daß die Ware in ihrem ursprünglichen Zustand kurzfristig wiedergefunden wird), die Zollbehörde gleichwohl einen besonderen Fall i. S. des Art. 239 ZK annehmen und diesen ins Kommissionsverfahren einbringen kann, namentlich in einem Härtefall, wenn das Risiko des Diebstahls nicht versicherbar gewesen sein sollte und die Zollerhebung zur Vernichtung der wirtschaftlichen Existenz des Lagerinhabers führen würde[66]. Insgesamt erscheint eine Weiterentwicklung des Positivkatalogs in Art. 900 Abs. 1 ZKDVO aufgrund der Entscheidungspraxis der Kommission geboten und wünschenswert.

Bemerkenswert für das Systemverständnis scheint mir das Urteil des Gerichts erster Instanz vom 5. Juni 1996 in der Rs. T-75/95 – Günzler Aluminium –[67], in dem das Gericht in einem Fall, in dem die klagende Firma Rechtsschutz gegen eine im Kommissionsverfahren nach Art. 905 ff. ZKDVO verfügte Ablehnung des Erlasses von Einfuhrabgaben begehrte, auf die *Zweckgleichheit der Rechtsgedanken* der Art. 13 Erlaß-/ErstattungsVO (Art. 239 ZK) und Art. 5 Abs. 2 NacherhebungsVO (Art. 220 Abs. 2 Buchst. b ZK) hingewiesen hat und infolgedessen trotz der vorgängigen Behandlung des Falles durch die Verwaltungsorgane auch eine Austauschbarkeit des Prüfungsmaßstabes für möglich hielt und den Fall tatsächlich abschließend nach Art. 5 Abs. 2 NacherhebungsVO beurteilte. Beide Vorschriften verfolgten den „gleichen Zweck, nämlich die Nachzahlung von Einfuhr- oder Ausfuhrabgaben auf die Fälle zu beschränken, in denen sie gerechtfertigt und mit einem so wesentlichen Grundsatz wie dem des Vertrauensschutzes vereinbar ist". Das Kriterium der Erkennbarkeit des Irrtums in Art. 5 Abs. 2 NacherhebungsVO entspreche dem Kriterium der offensichtlichen Fahrlässigkeit in Art. 13 Erlaß-/ErstattungsVO[68]. Wenn dem so ist, dürfte es der Rechtsprechung nicht schwerfallen, allmählich ein in sich geschlossenes und widerspruchsfreies Korrektursystem bei der Zollerhebung zu entwickln. Erlaß bzw. Erstattung aus besonderen Gründen des Vertrauensschutzes (Art. 239 ZK) verdient derjenige, dem gegenüber die Zollbehörde, hätte sie unter den konkreten Umständen des Falles weniger als die gesetzlich geschuldeten Abgaben erhoben, auch nicht nacherheben dürfte.

Abschließend möchte ich noch auf einen *verfahrensrechtlichen Gesichtspunkt* hinweisen. Zunehmend wird vertreten, in Fällen, in denen die nationalen Zollbehörden wegen der Überschreitung der 2000-ECU-Grenze nicht selbst über das Absehen von der Nacherhebung bzw. wegen Zuweisung des Falles zum Negativkatalog des Art. 904 ZKDVO nicht selbst über Erlaß oder Erstattung entscheiden dürften, sei auch den nationalen Gerichten (in Deutschland den Finanzgerichten) die Entscheidungskompetenz ent-

---

65 Vgl. Art. 1 Nr. 16 der VO (EG) Nr. 82/97 (ABl. EG Nr. L 17/1 vom 21.1.1997). Zur neuen Vorschrift vgl. Witte, Zollfreiheit auch bei Verfehlungen, AW-Prax 1997, 188.

66 BFH, Beschl. vom 26. November 1996 VII R 106/95, n.v. = Rs. C-86/97 – Woltmann –, ABl. EG Nr. C 131/7 vom 26.4.1997; zur Vorentscheidung s. FG Brandenburg, EFG 1995, 1067.

67 EuG, Slg. 1996 II-497.

68 Ähnlich ist bereits das Urt. des FG Düsseldorf, EFG 1995, 982, zu verstehen, wonach Art. 5 Abs. 2 Unterabs. 1 der NacherhebungsVO einen gesetzlich geregelten Fall des Vertrauensschutzes darstelle, der daneben einen weitergehenden Vertrauensschutz durch einen Billigkeitserlaß nach Art. 13 Erlaß-/ErstattungsVO ausschließe.

zogen; dem nationalen Gericht sei es verwehrt, sich an die Stelle der Kommission zu setzen[69]. Das ist ein merkwürdiges Verständnis von *Gewaltenteilung*. Die entsprechenden Regelungen in Art. 871 und Art. 905 ZKDVO regeln ausschließlich die Kompetenzverteilung zwischen den nationalen Zollbehörden und der Kommission in ihrer Eigenschaft als Verwaltungsbehörde. Eine Kompetenzeinschränkung der nationalen Gerichte ist damit weder beabsichtigt noch verbunden. Sie kontrollieren die Tätigkeit der nationalen Zollbehörden und entscheiden mithin ohne Bindung an die 2000-ECU-Grenze und ohne Bindung an die Fallkataloge der Art. 900-904 ZKDVO, aber unter Beachtung ihrer ggf. bestehenden Vorlageverpflichtung bzw. -berechtigung gem. Art. 177 Abs. 2 und 3 EGV. Erst wenn das Hauptzollamt das Vorlageverfahren gegenüber der Kommission eingeleitet hat, entfällt das Rechtsschutzbedürfnis für eine Anfechtungs- oder Verpflichtungsklage vor dem nationalen Gericht. Von wenig Mut und Respekt gegenüber der Gerichtsbarkeit zeugt die vom BMF getroffene Anordnung, in allen Fällen der Klageerhebung gegen eine ablehnende Vorlageentscheidung der Zollverwaltung den Vorgang unverzüglich doch der Kommission zur Entscheidung vorzulegen und dies dem Gericht mitzuteilen[70]. Die befürchtete Haushaltsanlastung trotz einer entgegenstehenden rechtskräftigen Entscheidung eines nationalen Gerichts scheint mir – ich bin Optimist – unvorstellbar, und gäbe es sie tatsächlich doch, müßte die Bundesrepublik Deutschland den Mut aufbringen, hiergegen zu klagen und die dem GG immanenten Ideen zur Gewaltenteilung auch vor dem EuGH durchzusetzen.

Die hier vertretene Auffassung hat mit dem Gesichtspunkt und der Einstellung mehr oder weniger großer Gemeinschaftsrechtsfreundlichkeit nichts zu tun, denn sie betrifft nicht die Auslegung von Gemeinschaftsrecht, sondern die *Kompetenzabgrenzung zwischen rechtsprechender und vollziehender Gewalt*. Diese ist nicht Gegenstand der Vorschriften über die Nacherhebung bzw. den Erlaß oder die Erstattung oder überhaupt irgendwelcher zollrechtlicher Regelungen. Wer im übrigen das Verwaltungsverfahren bei der Kommission kennt, wird noch weniger geneigt sein, diesem Verfahren zu vertrauen. Es ermangelt, wie das Gericht erster Instanz in einem Fall festgestellt hat, wesentlicher kontradiktorischer Elemente[71]. Trotz der Stärkung des Anhörungsrechts des Beteiligten im Vorstadium des eigentlichen Ausschußverfahrens aufgrund der Änderungen der Art. 871 Abs. 1 und 905 Abs. 2 ZKDVO durch die kürzlich ergangene VO (EG) Nr. 12/97 zur Änderung der ZKDVO[72] ist der Grundsatz „audiatur et altera pars" nur ungenügend verwirklicht. Hinzu kommt, daß die Vertreter der Mitgliedstaaten, die im Ausschuß an der Entscheidungsfindung mitzuwirken haben, teilweise gar nicht anwesend, häufig nicht vorbereitet und mitunter nicht erkennbar fachkundig sind. Es besteht daher auch insoweit kein Anlaß, dem Kommissionsverfahren eine Präferenz einzuräumen.

IV. Ausblick

Die Untersuchung hat ergeben, daß es durchaus einige Ansatzpunkte für die Verbesserung des Vertrauensschutzes im Bereich von Nacherhebung und von Erlaß/Erstattung gibt. Dabei muß es das Ziel sein, das Handelsrisiko, das derzeit – bis auf die Fälle der verbindlichen Auskünfte – im wesentlichen beim Einführer liegt, in vertretbaren Grenzen auf die Zollverwaltungen zu verlagern und damit letztlich den eigenen Einnahmen der Gemeinschaft anzulasten.

---

69 Für die Nacherhebung vgl. Gellert, a.a.O. (Fn. 30), ZfZ 1997, 2, 6; ders., Zur Frage, wann ein Urteil in einer Zolltarifsache vorliegt, ZfZ 1997, 106; für Erlaß/Erstattung Hess. FG, ZfZ 1997, 92.

70 Vgl. den BMF-Erlaß in VSF N 49 95 Nr. 424 vom 17.11.1995.

71 EuG, Urt. vom 9. November 1995 Rs. T-346/94 –France-aviation–, Slg. 1995 II-2841; s. auch die anhängige Klage in der Rs. T-22/96 – Langdon –, ABl. EG Nr. C 158/14 vom 1.6.1996.

72 ABl. EG Nr. L 9/1 vom 13.1.1997.

Wenig Hoffnung setze ich dabei auf das vom Rat in Auftrag gegebene Suchen nach einer Gesamtlösung für die Beitreibung der Zollschuld, denn schon die Bezeichnung dieses Auftrags läßt es wenig wahrscheinlich erscheinen, daß der Grundsatz der Nachentrichtung zu Unrecht erhobener Einfuhrabgaben ernstlich zur Diskussion stehen könnte. Eine Gesamtlösung müßte im übrigen bereits an einem ganz anderen Punkt ansetzen, nämlich bei der Frage der Entstehung der Zollschuld. Bekanntlich wird hier in Deutschland amtlich, wohl in Übereinstimmung mit der Kommission, die Auffassung vertreten, bei einer Konkurrenz der Zollschuldentstehungstatbestände der Art. 203 ZK (Entziehen aus der zollamtlichen Überwachung) und Art. 204 ZK (Pflichtverletzung) sei Art. 203 ZK vorrangig, mit der Folge, daß in zahlreichen Fällen eine sog. Heilung der Zollschuld über die „es sei denn-Klausel" des Art. 204 Abs. 1 ZK ausscheidet. Was bei dieser nach dem Wortlaut vertretbaren Auslegung geschieht, ist nichts anderes als eine Verkennung des Wirtschaftszollgedankens als eines der wesentlichen Ziele des ZK[73]. Wie aber, frage ich mich, soll jemand, der bei der (erstmaligen) Erhebung der Zollschuld den Wirtschaftszollgedanken immer mehr zurückdrängt, bei der Nacherhebung der Zollschuld plötzlich anderen Sinnes werden und sich ernstlich um den Vertrauensschutz des Zollschuldners Gedanken machen?

Eher darf Hoffnung in die *Weiterentwicklung der Rechtsprechung* gesetzt werden. Nachdem der EuGH mit seinem Urteil „Faroe Seafood" in einer wichtigen Fallgruppe den Weg hinweg über die „Irrtumsklippe" gewiesen hat, dürfte sich das Problem des Vertrauensschutzes künftig in allen Fallgruppen zumeist auf die Prüfung der Nichterkennbarkeit des Irrtums für den Zollschuldner konzentrieren. Hier müssen die übersteigerten Sorgfaltsanforderungen unbedingt auf ein vernünftiges, dem Zollschuldner und der Allgemeinheit vermittelbares Maß zurückgeführt werden. Man muß sich wieder auf den in seiner Sprache veröffentlichten Gesetzestext im ABl. der EG verlassen dürfen. Fehler und mehrdeutige Auslegungen müssen zu Lasten der Gemeinschaft gehen; rückwirkende Gesetzesänderungen oder kurzfristige und unvorbereitete Einführung neuen Rechts müssen tabu sein; durch zollamtliche Nachprüfungen bestätigtes Vertrauen muß geschützt bleiben. Insgesamt ist hier die Rechtsprechung der nationalen Gerichte im Rahmen der ihnen zukommenden Gesamtbetrachtung aller Umstände des einzelnen Falles gefordert. Das Motto muß sein: mehr Mut zur eigenen Entscheidung, mehr Mut zur billigen und gerechten Lösung des Einzelfalles!

---

73 Vgl. den sechsten Erwägungsgrund des ZK: „Angesichts der großen Bedeutung des Außenhandels der Gemeinschaft sollten Zollförmlichkeiten und Kontrollmaßnahmen möglichst vermieden, zumindest aber in geringstmöglichem Umfang gehalten werden." Zum entsprechenden Problem im Rahmen der Gewährung der Zollvergünstigung nach passiver Veredelung s. Schulz/Zimmermann/Müller-Eiselt, Der Veredelungsverkehr, Bd. I, Kap. 41 Ziff. 1 und 2.

Vertrauensschutz und Geheimhaltungspflicht, insbesondere im Bereich von IT-Verfahren

Dr. Klaus Friedrich,
Rechtsanwalt, BDO Deutsche Warentreuhand AG, Frankfurt am Main

Inhalt

I.   Vertrauend – vertraulich – geheim

Geheimnisse zu haben ist jedermanns Recht. Der gläserne Mensch ist zerbrechlich – nicht nur im Wortsinne als Geschöpf des Hygienischen Museums zu Dresden, sondern auch als geistiges Wesen, das bei Entzug dessen, was es für sich bewahren will, nicht mehr als Individuum bestehen kann. Das Unternehmen, dessen Geheimnisse offenbar sind, ist auf dem Markt ebenso zerbrechlich. Jemandem etwas anvertrauen, heißt im Sprachgebrauch jedoch auch: jemandem eine nicht allen bekannte Tatsache *vertrauensvoll* offenlegen. Es ist kein Zufall, daß das Adjektiv „vertraulich" einerseits einen Bezug zu „vertrauend" hat, andererseits aber auch synonym zu „geheim" ist.

Wenn daher ein Art. 14 des Zollkodex (ZK) der „Person" die Verpflichtung auferlegt, der Zollbehörde auf deren Verlangen alle zollrechtlich relevanten Unterlagen zur Verfügung zu stellen und Angaben zu machen, so ist es nur folgerichtig, sogleich in Art. 15 dieses Kodex auch ein Zollgeheimnis zu statuieren, das die unbefugte Weitergabe vertraulicher Daten durch die Finanzbehörde verbietet. Mit dieser unmittelbaren Nachbarschaft beider Bestimmungen demonstriert das gemeinschaftliche Zollrecht viel besser als die nationale Abgabenordnung (AO) die innere Verquickung von zollamtlichem Erkundungsrecht mit zollamtlicher Verschwiegenheitspflicht. Nur weil Art. 15 ZK – oder § 30 AO[1] – die Offenbarung von zollrelevanten Angaben (§ 90 AO) auf einen eng begrenzten Kreis befugter Adressaten beschränkt, kann überhaupt ein Art. 14 gerechtfertigt werden. Daher ist der Schutz des Vertrauens der Zollbeteiligten in die Einhaltung dieser Pflicht von überragender Bedeutung für ein funktionierendes Zollrecht. Neu ist das Junktim Art. 14/15 ZK aber in der Sache auch gemeinschaftsrechtlich nicht. Es findet sein Vorbild in Art. 213/214 des Vertrags zur Gründung der Europäischen Gemeinschaft (EGV), die das Auskunftsrecht der Kommission und die Verschwiegenheitspflicht der Gemeinschaftsorgane sowie ihrer Bediensteten als dessen zwingende Folge[2] normieren[3].

---

[1] Zum Verhältnis beider Vorschriften zueinander Friedrich, in: Schwarz/Wockenfoth, Zollrecht, 3. Aufl., Art. 15 ZK Tz. 3, 7, 8; ders., StuW 1995, 24.

[2] Hummer, in: Grabitz/Hilf, Kommentar zur Europäischen Union, Art. 214 EGV Tz. 2 (8. Erg.-Lfg. Mai 1995).

[3] S. auch Art. 20 Verordnung Nr. 17 v. 06.02.62, ABl EG 13/204, betr. Verschwiegenheitspflicht in kartellrechtlichen Sachen, ferner Mitteilung der Kommission 97/C 23/03, ABl EG Nr. C 23 v. 23.01.97.

II.   Zielrichtung der Thematik

Vertrauensschutz und Geheimhaltungspflicht sind immer nur in einer Richtung zu sehen, nämlich aus der Perspektive des privaten „Wirtschaftsteilnehmers" – im ZK ganz
unpersönlich „Person" genannt (Art. 4 Nr. 1) – in Richtung Zollbehörde. Natürlich sollte zwischen Wirtschaftsteilnehmer und Behörde beiderseitiges Vertrauen bestehen.
Aber der Behörde als hoheitlicher Institution sind die Mittel des Verwaltungsakts – der
zollrechtlichen „Entscheidung" (Art. 4 Nr. 5 ZK) – gegeben, wenn sie kein Vertrauen
(mehr) zu der „Person" hat *und* das Gesetz zollamtliche Reaktionen darauf zuläßt. Das
ist ihr Vertrauensschutz[4]. Auch gibt es (soweit ich sehe) keine Regelung, die dem Privaten gegenüber der Behörde Vertraulichkeitspflichten auferlegen würde. Was die
Behörde mitzuteilen hat, präsentiert sich prinzipiell als der Öffentlichkeit zugänglich,
soweit nicht Rechte Dritter wie etwa deren Steuergeheimnis oder der Datenschutz (§ 1
Abs. 1 Bundesdatenschutzgesetz – BDSG) entgegenstehen. Die Amtsverschwiegenheit
des Beamten (§ 61 Bundesbeamtengesetz) bezieht sich nicht auf Rechtsanwendung,
wenn sie sich nach außen manifestiert. Die Wiedergabe des Zolltarifs, schriftlich oder
jetzt auch elektronisch, seine Anwendung auf den Einzelfall sind keine „Verschlußsachen". „Verschlußsachen" sind in verschiedenen Kategorien eingestufte Tatsachen, die
im öffentlichen Interesse als geheimhaltungsbedürftig angesehen werden (§ 4 Sicher-
heitsüberprüfungsgesetz – SÜG)[5]. Sie stehen der Einstufung durch die Behörde offen.
Schon daraus zeigt sich ihr grundlegender Unterschied zum prinzipiell rigiden Zollgeheimnis.

III.   Vertrauensschutz und Geheimhaltung außerhalb von IT-Verfahren

Gewiß stellt sich die Frage nach dem Vertrauensschutz nicht nur da, wo es um Geheimhaltungspflichten geht. Was der Elektronische Zolltarif (EZT) etwa dem Benutzer an-
zubieten hat, mag – vielleicht – einen Vertrauensschutz begründen; deren Datenschutz
leitet sich aber nicht aus Geheimhaltungsinteressen ab. Das Absehen von Zollnacherhebung gemäß Art. 220 Abs. 2 Buchst. b) ZK ist eine die Belange des Zollschuldners
berücksichtigende Vorschrift per excellence, jedoch als solche ohne Geheimhaltungs-
bezug. Andererseits: Geheimhaltungspflichten ohne Vertrauensschutz sind kaum denkbar. Maßnahmen des Vertrauensschutzes sind präventiv angelegte Sicherungsmaßnahmen; werden sie nicht getroffen oder nicht eingehalten, stellt sich die Frage nach Wie-
dergutmachung in welcher rechtlichen Einkleidung auch immer. In aller Regel wird die
Antwort hierauf – eigenartigerweise – in Rechtsmaterien außerhalb des Zoll- oder auch
allgemeinen Steuerrechts gesucht, nämlich in denen des Straf-, Zivil- oder Disziplinar-
rechts. Eine zollrechtliche Sanktionsvorschrift existiert nicht[6]. Die vielleicht nahelie-
gende Begründung, eine solche sei nicht erforderlich, weil der Vertrauensschutz nur
dadurch gebrochen werden könne, daß die Zollbehörden *Dritten* das Zollgeheimnis
einer „Person" offenbaren und damit stets ein „außerzollrechtlicher" Bezug gegeben
sei, geht fehl; denn sehr wohl können zumal im internationalen Zollrecht innerhalb dieses Verwaltungszweigs Zollgeheimnisse offenbart werden. Meist wird zwar eine solche
Offenbarung als „befugt" und damit als rechtens anzusehen sein[7]. Im nationalen Recht

---

4   Der ZK spricht dieses Thema etwa in Art. 86 1. Gedankenstrich an: Bietet ein Antragsteller etwa keine „Ge-
    währ" für die ordnungsgemäße Durchführung des begehrten Zollverfahrens – ist er also nicht vertrauenswür-
    dig –, darf die Behörde den Antrag ablehnen. Auch die Anordnung einer Außenprüfung, Art. 13 ZK i. V. m.
    §§ 193 ff. AO, dient letztlich der Überprüfung des Vertrauens in die Richtigkeit der steuererheblichen An-
    gaben.

5   Vom 20.04.94, BGBl I S. 867.

6   Auf diesen Komplex gehen die AO- und Zollkommentare eher en passant ein.

7   Zum nationalen Recht s. etwa Tipke/Kruse, AO/FGO, 16. Aufl., § 30 AO Tz. 31.

sei etwa an die Amtshilfebestimmungen (§§ 111 ff., 117 AO), im Gemeinschaftsrecht an die EG-Amtshilfeverordnung[8] erinnert. Es bleibt aber ein nicht unerhebliches Restpotential, wie an *Beispiel 1* gezeigt werden mag:

Das deutsche Hauptzollamt X führt beim Unternehmen U eine Außenprüfung durch und stellt dabei fest, daß U Nichtgemeinschaftsware mit einer zollrechtlichen Mindestpreisregelung[9] an den englischen Abnehmer A zu einem Preis geliefert hat, der nach Vermutung des Hauptzollamtes künstlich auf den Mindestpreis hochgeschleust worden ist. X hält eine Spontanmitteilung an die EU-Kommission und den englischen Zoll wegen Verdachts einer Unregelmäßigkeit für erforderlich. Der englische Zoll sieht einen Mißbrauch für gegeben und bittet X (auf dem Dienstweg) um Angabe der Einkaufspreise von U. X teilt diese mit, der englische Zoll erhebt auf dieser Grundlage bei A Zoll nach. A ist erstens über die Nacherhebung empört und beschwert sich bei U, zweitens jedoch empört ihn auch die hohe Handelsspanne, die U anscheinend einkalkuliert hat.

In diesem Beispielsfall ist es so, daß eine ordnungsgemäße Verzollung bei A als Zollanmelder zwingend die Verwertung von Geschäftsgeheimnissen (Einkaufspreis) des Lieferanten U voraussetzt und mithin eben so zwingend zu einer Offenbarung von Steuergeheimnissen gegenüber dem Unternehmen A führen muß. Unterstellt, daß sich U korrekt verhalten hat, erhebt sich die Frage, ob das Hauptzollamt X die Daten überhaupt an andere Zollverwaltungen wie die englische und (wenn man es so sieht) die „Zollverwaltung" der EU-Kommission weitergeben durfte. Die Weitergabe durch X mag nun zwar nach Art. 14 Buchst. b EG-Amtshilfeverordnung gedeckt sein, falls die Spontanmitteilung auf Informationen über „Vorgänge" beruht, die nach Ansicht (!) der Behörde (siehe Text des Artikels) einer Zoll- oder Agrarregelung „zuwiderlaufen". Wie aber, wenn sich die Ansicht später als unzutreffend herausstellt? Wenn hier ein Amtshaftungsanspruch nicht in Frage kommt, weil die Weitergabe durch jenen Art. 14 gedeckt war, dann wäre aber doch an einen Folgenbeseitigungsanspruch[10] oder einen enteignungsgleichen Eingriff mit Entschädigungsfolge („dulde und liquidiere") zu denken. Ob die Voraussetzungen hierfür erfüllt sind, ist freilich sehr zweifelhaft[11]. Mindestens wird man den Betroffenen mit Blick auf die Rechtsweggarantie des Artikels 19 Abs. 4 des Grundgesetzes (GG) einen – effektiven – Rechtsschutz nicht versagen dürfen. Wenn Artikel 19 Abs. 4 in seinem dritten Satz eine Durchbrechung dieses elementaren und auch durch Gemeinschaftsrecht nicht begrenzbaren Rechts[12] auf Beschreitung des Rechtsweges nur auf die Fälle des Artikels 10 Abs. 2 Satz 2 GG beschränkt – also auf die Kataloge der §§ 2, 3 des Gesetzes „G10"[13] –, dann müssen ähnliche Prinzipien auch in unserem Anwendungsfall durchschlagen, wobei ich nicht verkenne, daß sich damit schwierige Fragen etwa des Verhältnisses des Gemeinschaftsrechts zum nationalen Recht, insbesondere zum GG auftun. Es ist daher zu verlangen, daß Spontanmitteilungen rechtzeitig vor deren Erteilung dem Betroffenen anzukündigen sind, damit dieser die Möglichkeit hat, etwa auf dem Wege einer vorbeugenden Unterlassungsklage das zuständige nationale Gericht anzurufen. Ausnahmen hiervon lassen sich nur rechtfertigen, wenn die besonderen Belange der Gemeinschaft eine Spontanmitteilung ohne

---

8 Verordnung (EG) Nr. 515/97 v. 13.03.97 ABl (EG) Nr. L 82/1 v. 22.03.97, berichtigt in ABl (EG) Nr. L 123/25 v. 15.05.97. Sie gilt allerdings erst ab 13.03.98 (nicht: 1997) und löst die bisher gewöhnlich so genannte, „Unterstützungsverordnung (EWG) Nr. 1468/81 mit ihrem Geheimhaltungs"-Artikel 19 ab. Zur Unterstützungsverordnung und zu anderen Rechtsgrundlagen überblicksmäßig Klinkhammer, ZfZ 1996, 37.

9 Z.B. im Agrarmarktordnungs- oder Antidumpingzollrecht denkbar.

10 Dazu Tipke/Kruse, a.a.O. § 33 FGO Tz. 12.

11 Beim enteignungsgleichen Eingriff müßte wohl der (verfassungsrechtliche) Eigentumsbegriff ausgedehnt werden, um den Eingriff zu bejahen.

12 So unlängst BVerfG im Beschluß vom 25.01.95, HFR 96, 212 = Schwarz/Wockenfoth, a.a.O. E 2542.

13 Vom 13.08.68, BGBl. I S. 949 mit späteren Änderungen.

vorherige Information des Betroffenen rechtfertigen. Zu denken wäre etwa an Fälle der Gefahr im Verzuge. Die Finanzgerichtsordnung würde nicht unbedingt ein Hindernis zur schnellen Abklärung der Rechtslage darstellen, denkt man etwa an das Rechtsinstitut der einstweiligen Anordnung (§ 114 der Finanzgerichtsordnung – FGO). Aber der Rechtsweg muß im Prinzip auch deswegen eröffnet sein, weil bei einer Spontanmitteilung ohne vorherige Information des Betroffenen zwar ein Schadensersatzanspruch nach § 839 des Bürgerlichen Gesetzbuches in Verbindung mit Artikel 34 GG gegeben sein mag, der Nachweis des Schadens aber sehr häufig nicht gelingen wird.

Wurde auch Artikel 15 des Zollkodex und das geltende Recht, auf das diese Bestimmung verweist, gebrochen? Die EG-Amtshilfeverordnung läßt Spontanmitteilungen zu, wenn die mitteilende Behörde solche für „dienlich" erachtet. Das liest sich so, als läge es im Ermessen der Zollbehörde, das weiterzugeben, das ihrer Ansicht nach der Einhaltung einer Zollregelung dienlich ist. Wäre dem so, dann würde über eine solche Ermessensregelung das von Artikel 15 prinzipiell geschützte Zollgeheimnis weitgehend ausgehebelt, ja es würde in Fällen wie dem dargestellten die Geheimhaltungspflicht nahezu ins Leere laufen lassen. Deshalb bleibt nichts anderes übrig, auch wenn das Ergebnis mit Unwägbarkeiten verbunden ist, eine Abwägung vorzunehmen: Bevor Betriebsgeheimnisse und dergleichen wem auch immer offenbart werden, muß das eine solche Offenbarung erlaubende, den Grundsatz des Artikels 15 Zollkodex durchbrechende Recht in besonderem Maße darauf abgeklopft werden, ob es im jeweiligen Einzelfall die Durchbrechung des Zollgeheimnisses rechtfertigt. Dabei ist in besonderem Maße zu berücksichtigen, daß das Steuergeheimnis gewissermaßen zu den abgabenrechtlichen Grundrechten gehört, weil ihr Schutz nicht nur ein Funktionieren der Verwaltung ermöglicht, sondern auch die natürlichen wie juristischen Personen zustehenden Persönlichkeitsrechte schützt. Die Weitergabe von Betriebsgeheimnissen an Dritte ist daher in dem Maße zu unterlassen, in dem der betreffenden Person berechtigter Vertrauensschutz zuzubilligen ist, und diese Frage wiederum kann nicht davon losgelöst werden, ob die von der Person vertretene Rechtsauffassung vertretbar erscheint, selbst wenn man sie aus der Sicht der Zollverwaltung selbst nicht vertritt, und ob ein Hinweggehen über diese Rechtsauffassung jener Person einen Schaden zufügen könnte, der nur schwer oder gar nicht mehr reparabel ist, etwa weil Abnehmer die Geschäftsbeziehungen auflösen oder gar Regreßansprüche stellen. Die EG-Unterstützungsverordnung und auch das sonst in Betracht kommende geltende Recht darf also nicht isoliert von Artikel 15 gesehen werden; es berechtigt nicht schon von sich aus zur Weitergabe von vertraulichen Angaben, sondern nur bei Auslegung jenes geltenden Rechts mit Blick auf die Grundsatzvorschrift des Artikels 15 ZK.

Das *Beispiel 2* nimmt sich des mit der neuen EG-Amtshilfeverordnung in Art. 23 ff. kreierten „Zollinformationssystems" „ZIS" an:

In das ZIS dürfen – Art. 24 a.a.O. – nach Maßgabe des Art. 25 auch personenbezogene Daten aufgenommen werden. Immer aber ist es Zweck des ZIS, Handlungen zu verhindern, zu ermitteln und zu bekämpfen, die der Zoll- oder Agrarregelung zuwiderlaufen (Art. 23 Abs. 2 a.a.O.). – Nun der Fall: Unternehmer U interpretiert mit beachtlichen Gründen die Zollregelung so, die Zollbehörde Z dagegen legt diese Regelung mit ebenfalls beachtlichen Gründen anders aus. Sie hält die Auslegung durch U „daher" (?) für einen Fall von Art. 23 Abs. 2 a.a.O. und gibt Daten über U im ZIS ein, die dann die Zollbehörde eines anderen EG-Landes abruft und verwertet. –

Hier und im Zusammenhang mit ZIS überhaupt stellt sich eine Fülle von Fragen, die mindestens in den Grundzügen bis zum Geltungseintritt der Verordnung geregelt werden müssen (vgl. auch Art. 34 Abs. 1 der Verordnung) und unter denen mir diese einfallen:

- Wenn sich nach Artikel 36 Abs. 1 jener Verordnung die Rechte des Betroffenen hinsichtlich der im ZIS gespeicherten personenbezogenen Daten, „insbesondere das Recht auf Auskunft", nach nationalem Recht des Wohnsitzstaates als auch nach Gemeinschaftsrecht richtet, sobald die Durchführungsbestimmungen gemäß Artikel 34 Abs. 1 der Verordnung erlassen sind, kann es zu Konkurrenzproblemen kommen. Welches Gericht soll zudem zuständig sein?

- Artikel 31 Abs. 1 geht davon aus, daß sich die Aufnahme der Daten in das ZIS nach dem betreffenden nationalen Recht richtet. Wie aber soll gewährleistet werden, daß die nationalen Rechte einen etwa gleichen Standard zum Datenschutz vorsehen?

- Wer kontrolliert Artikel 35 Abs. 1 der Verordnung, wonach es, von Artikel 30 Abs. 1 a.a.O. abgesehen, den ZIS-Partnern untersagt ist, die Daten zu anderen als den in der Verordnung vorgesehenen Zwecken zu verwenden? Wie ist der Schutz gewährleistet, wenn Daten – was gemäß Artikel 29 Abs. 3 a.a.O. möglich ist – an internationale Organisationen übermittelt werden?

So sehr es verständlich und darüber hinaus begrüßenswert ist, daß sich die Gemeinschaft effektive Regelungen zum Schutz ihrer finanziellen Interessen schafft[14], so sehr muß auch die Gefahr der damit einhergehenden Verletzung der Belange der Wirtschaftsteilnehmer gebannt werden. Ich habe jedoch die erhebliche Befürchtung, daß jedenfalls gegenwärtig ein effektiver Schutz der Wirtschaftsteilnehmer nicht durchgehend gewährleistet ist. Haftungsrechtlich wird sich noch erweisen müssen, ob und in welchem Umfang auch die Gemeinschaft nach Art. 215 Abs. 2 EGV (außervertragliche Haftung) zur Verantwortung gezogen werden kann, falls EG-Organe oder ihre Bediensteten durch unsachgemäße Handhabung des ZIS Schäden verursachen[15].

IV. Insbesondere: IT-Verfahren

Vertrauensschutz und Geheimhaltungspflicht gewinnen praktisch dort zusätzliche Bedeutung, wo gewissermaßen die Technik die Löcher in die Wand des Geheimhaltungsschutzes bohrt. Datenübermittlungen sind in besonderem Maße eine solche Schwachstelle. Transporte sind seit alters her – wer wüßte dies nicht spätestens seit den Postkutschenüberfällen? – leichteres Ziel von Attacken als abgesicherte Anlagen; dies gilt auch für den Nachrichtentransport. Die Gefahr des Geheimnisbruchs liegt hier aber gewöhnlich nicht – wie im Beispielsfall 1 – in einer unrichtigen oder doch problematischen Gesetzesanwendung, sondern vielmehr schlicht in internen Pannen oder – keineswegs mehr schlicht – in gezielten Abhöraktionen von außen. Der „Hacker" wird vielleicht auch im Zollrecht noch seinen Einstand feiern, falls er nicht schon da ist: Einer Anfrage der Europaparlamentarier Maij-Weggen und Pex an die EU-Kommission vom 23.09.96[16] entnehmen wir, daß laut niederländischer Zeitung de Telegraaf[17] der CIA Computer der EU-Kommission und des Europaparlaments angezapft haben soll, um vertrauliche Handelsdaten zu erlangen. Die Kommission hat dementiert, daß sie über solche Informationen verfüge. Sie habe vielmehr in den letzten Jahren alles unternommen, um die Sicherheit ihrer Computernetze zu verbessern. Aber die Datensicherung bleibt im Zeitalter zunehmender Vernetzung ein immer dringlicheres Problem.

---

14 Grundlegend Verordnung (EG, EURATOM) Nr. 2988/95 vom 18.12.95, ABl. EG Nr. L 312/1 vom 23.12.95.
15 Skepsis ist wohl angebracht, wenn man die Rechtsprechung des Europäischen Gerichtshofs (EuGH) verfolgt. Kritisch zu den „zwei Zungen" des EuGH Müller-Eiselt, Der Veredelungsverkehr 1994 ff., II 1/115 ff. m.w.N.
16 ABl. EG Nr. C 11/98 vom 13.01.97.
17 Vom 06.08.96.

ZK bzw. ZKDVO lassen jedenfalls[18] im Bereich der Zollanmeldungen den EDV-Einsatz zu. Art. 61 Buchst. b) ZK überläßt allerdings die Regelungsdetails dem Ausschußverfahren, und der Ausschuß hat seine Befugnis mit der Verordnung (EG) Nr. 3665/93[19] genutzt, indem er die Art. 4 a und 4 b ZKDVO neu eingefügt und die Art. 222-224 ZKDVO betr. EDV-Einsatz novelliert hat. Dabei wurde die Gefahr des unerlaubten Zugriffs durchaus gesehen, wie Art. 4 a Abs. 2 ZKDVO beweist. Aber diese Bestimmung verlangt nur „Vorkehrungen ... zur Gewährleistung der Angabensicherheit", ohne Standards festzulegen. Manche Kommentatoren[20] folgern hieraus ein weitgehendes Behördenermessen. Aber diesem Ermessen darf nicht das Zollgeheimnis geopfert werden. Zwar verbietet Art. 15 ZK seinem Wortlaut nach nur die (aktive) Weitergabe geschützter Angaben. Spätestens bei § 30 AO wird aber klar, daß jedes Bekanntmachen geschützter Daten, auch das fahrlässige, ohne Offenbarungswillen erfolgende, das Steuergeheimnis verletzt[21]. Das behördliche Ermessen findet also dort seine Grenzen, wo der EDV-Einsatz das Steuergeheimnis verletzt oder auch nur verletzen könnte.

Wenn man die in der ZKDVO angesprochenen „Informatikverfahren" (IT-Verfahren) darauf durchsehen will, welche Schutzmaßnahmen zur Sicherung der Geschäftsgeheimnisse des Importeurs getroffen werden müssen oder dürfen, ist es sinnvoll, sich zunächst die schriftlichen Verfahren der Zollanmeldung vor Augen zu halten, weil die Schriftlichkeit einer Zollanmeldung die Pilotfunktion für alle anderen Arten von Zollanmeldungen (EDV, Mündlichkeit, konkludentes Verhalten) abgibt und die darauf fixierten Vorschriften der Art. 62 bis 76 ZK folgerichtig, wenn auch naturgemäß nur sinngemäß, für das IT-Verfahren gelten (Art. 77 ZK)[22]. Bei schriftlichen Zollanmeldungen ist normalerweise die „Schnittstelle", von der an das Steuergeheimnis verletzt werden kann, der Zeitpunkt der Entgegennahme der Zollanmeldung – nicht erst der der Annahme dieser Zollanmeldung (Art. 63 ZK). Mit der Abgabe der Zollanmeldung (Art. 62 Abs. 1 ZK) wird die Zollbehörde in die Lage versetzt, Kenntnis von den in der Anmeldung enthaltenen geschützten Angaben zu erlangen, wobei die vom Zollmelder damit notgedrungene einhergehende Preisgabe von Betriebsgeheimnissen noch dadurch verstärkt werden kann, daß gemäß Art. 62 Abs. 2 ZK der Anmeldung alle zollrelevanten Unterlagen beizufügen sind, die, von Ausnahmen abgesehen (Art. 200 ZKDVO), zudem bei der Zollbehörde verbleiben. Das bedeutet zugleich auch, daß bis zur Abgabe der Zollanmeldung normalerweise kein Steuergeheimnis verletzt werden kann. Beauftragt der Zollmelder einen Dritten, etwa eine Spedition, mit der Zollanmeldung und offenbart dieser anderen Geschäftsgeheimnisse seines Auftraggebers, ist kein Fall des Art. 15 ZK oder § 30 AO gegeben; Adressat eines Vertrauensschutzes ist hier nicht die Zollbehörde, sondern ein Privater. Der Schutz dieses Vertrauens, der für den Anmelder natürlich auch hier gegeben sein muß, realisiert sich in anderen Bestimmungen etwa zivilrechtlicher Art. Erwähnt sei hier nur die Beweislastumkehr-Regel des § 8 BDSG.

Überträgt man dieses Prinzip auf das IT-Verfahren, so wird man in verschiedener Weise differenzieren müssen. Erfolgt die Dateneingabe durch eine Zollstelle („Benutzer-

---

18 Ob der EDV-Einsatz auch in anderen zollrechtlichen Bereichen zulässig ist, sei hier nicht weiter erörtert. Die Frage wird im Prinzip aber gewiß zu bejahen sein. Der EZT ist ein Beispiel. Zu „ARGUS" (Kontrollverfahren bei Ausfuhrerstattungen) Schrömbges, ZfZ 1996, 362 ff.

19 ABl. EG Nr. L 335/1 vom 31.12.93.

20 So R. Schmidt, in: Dorsch, Zollrecht, 55. Erg.-Lfg. 11/94, B I/61 Anhang Tz. 15, 18, Henke, in: Witte/Wolffgang, Lehrbuch des europäischen Zollrechts, 2. Aufl. 1995, Tz. 326; ders., in: Witte, ZK, 1994, Art. 61 Tz. 3 ff.

21 Statt vieler Tipke/Kruse, a.a.O. § 30 AO Tz. 31 m.w.N.

22 Zum Ganzen informativ Rogmann, AW-Prax 1995, S. 197 ff., Rogmann stellt in Frage (S. 201), ob die Verfahren ALFA und DOUANE IT-Verfahren sind, da zusätzlich ausgedruckte Zollanmeldungen vorzulegen seien. Von der Praxis her bejaht er aber die Frage.

eingabe")[23], so muß die Zollbehörde in vollem Umfang für den Schutz der von ihr eingegebenen Daten sorgen. Der Grund liegt zollrechtlich darin, daß eine solche Benutzereingabe die Vorlage einer schriftlichen Anmeldung durch den Importeur voraussetzt, so daß bereits von da an dessen Belangen Rechnung zu tragen ist. Zudem verbietet § 5 BDSG die unbefugte Verarbeitung oder Nutzung personenbezogener Daten. Überhaupt offenbart sich das in Art. 15 ZK lediglich erwähnte Datenschutzrecht hier als Zwilling des Steuergeheimnisses. Die Risikosphäre liegt mithin bei der Zollverwaltung. Eine Berechtigung, dieses Risiko zu verringern oder auf Dritte überzuwälzen etc., existiert nicht. Die Zollverwaltung hat nach den technisch gegebenen und ökonomisch gerechtfertigten Prämissen die Pflicht, diesen Schutz der Dateneingabe etwa durch Einschaltung von Codewörtern, durch Zugangskontrollen etc. soweit wie möglich zu sichern (§ 9 BDSG).

Wie, ist freilich eine behördeninterne Verwaltungsangelegenheit, die der Wirtschaftsteilnehmer vom Prinzip her rechtlich nicht steuern kann, sieht man einmal von den datenschutzrechtlichen Ansprüchen wie dem auf Berichtigung unrichtiger Daten (§ 35 Abs. 1 BDSG) ab. Dem Wirtschaftsteilnehmer ist nur – aber dann auch in vollem Umfange – zuzugestehen, daß ihm eine Verletzung der Datensicherung mit der Folge unbefugter Datenoffenbarung die Rechte einräumt, die auch sonst als Folgen der Verletzung des Steuergeheimnisses auftreten. Nationalrechtlich sei hier an § 30 Abs. 2 Nr. 3 AO (Verbot des unbefugten Datenabrufs) und Abs. 6 desselben Paragraphen (Befugnis zum Datenabruf)[24] erinnert[25].

Die Verletzung einer Datensicherung muß nicht zwingend das Steuergeheimnis verletzen, aber sie beeinträchtigt das Vertrauen in die Funktionsfähigkeit der Verwaltung. Wenn etwa Daten verlorengehen, ist nicht schon deshalb ein Geheimnis gebrochen. Aber der Wirtschaftsbeteiligte wird verunsichert, und er muß damit rechnen, daß ein ähnlicher Vorgang künftig zu Geheimnisbruch führen könnte. Ob ihm prozeßrechtlich bei einer solchen Konstellation etwa ein vorbeugender Unterlassungsanspruch auf Dateneingabe oder etwa ein positiver Leistungsanspruch auf nur gesicherte Weitergabe zusteht, muß hier ausgeklammert werden. Jedenfalls ist es Sache der Zollverwaltung, auf ihre Gefahr und Kosten eine erneute Dateneingabe vorzunehmen und die dazu benötigten Angaben, die ja in der schriftlichen Zollanmeldung noch vorliegen müßten[26], neu zu beschaffen. Das schützenswerte Vertrauen des Wirtschaftsteilnehmers rechtfertigt es, ihn von allen Mehrbelastungen fehlerhafter Dateneingaben zu entlasten. Ist der Datenschutz nicht eingehalten und kommt es zu einer Verletzung des Steuergeheimnisses durch Offenbarung an Dritte, muß jedoch weiter gefragt werden, auf welche Verhaltensweise diese Verletzung zurückzuführen ist, weil sich daran die Konsequenzen knüpfen: Es ist etwas anderes, ob etwa irrtümlicherweise Dritten eine an sich geschützte Angabe offenbart wird oder ob dies vorsätzlich durch einen Zollbediensteten geschieht. Es ist auch etwas anderes, ob die Schutzmaßnahmen so unzureichend sind, daß Dritte in das Datensystem einbrechen können. Prinzipiell gilt hier, daß dem Wirtschaftsteilnehmer bei einer Verletzung der Datensicherung die Ansprüche zustehen, die er auch sonst als Folge der Verletzung des Steuergeheimnisses hat, weil das Steuergeheimnis auch das Verbot des unbefugten Datenabrufs (§ 30 Abs. 2 Nr. 3 mit Abs. 6 AO) umfaßt. Manifestiert sich in der Datenschutzverletzung ein schwere Beeinträchtigung des Persönlichkeitsrechts des Betroffenen, ist aber auch an einen Ersatz immate-

---

23 Vgl. Rogmann, a.a.O., S. 198.
24 Eingefügt durch StBereinG 1986.
25 Die in Abs. 6 S. 4 a.a.O. eingeräumte Ermächtigung, hierzu durch Rechtsverordnung nähere Regelungen zu treffen, ist bisher noch nicht ausgenutzt worden und für den Zollbereich jedenfalls solange unbedenklich, wie das Gemeinschaftsrecht noch keine eigenen Vorschriften erlassen hat.
26 Unterlagen müssen bei der Behörde mindestens 10 Jahre aufbewahrt werden [?].

riellen Schadens über § 7 Abs. 2 BDSG zu denken, wenngleich Absatz 3 dieses Paragraphen ein Limit von 250.000,00 DM normiert. Aber auch die unverschuldete Datenschutzverletzung kann – wenngleich wiederum nur bis zum eben erwähnten Limit – eine Schadensersatzpflicht auslösen (§ 7 Abs. 1 BDSG); die sonst seltene Gefährdungshaftung ist also hier nicht ausgeschlossen.

Anders liegt es, wenn die Daten durch Wirtschaftsteilnehmer eingegeben werden („Teilnehmereingabe")[27]. Hier ist zunächst einmal Voraussetzung, daß der Teilnehmer zu einer solchen Eingabe befugt ist. Die Befugnis wiederum leitet sich aus einer zollamtlichen Bewilligung ab (vgl. Art. 4 a, 4 b ZKDVO). Die „Modalitäten" der Bewilligung stehen im Ermessen der Zollbehörde, aber dieses Ermessen ist gemäß dem nach wie vor anwendbaren § 5 AO zweckgerecht auszuüben. „Zweckgerecht" bedeutet, daß sich die bewilligende Zollbehörde darauf beschränken darf, die Datensicherheit zu verlangen, die *ihrem* Interesse an Schutz vor Manipulationen hinreichende Rechnung trägt. Geht es dagegen – auch – um Sicherungsmaßnahmen zum Schutz der Wirtschaftsteilnehmers eben vor unbefugten Geheimnisoffenbarungen, ist dieser aufgerufen, die entsprechenden Maßnahmen zu ergreifen. Sie sind zwar ebenfalls zu bewilligen und müssen, wenn sie mit den Belangen der Zollbehörde im Einklang stehen, auch bewilligt werden Eine Prüfung von Amts wegen findet *insofern* indessen nicht statt. Wird demnach in diesem Bereich eine Angabe wegen fehlender Schutzmaßnahmen Dritten offenbart, so kann die Zollbehörde nur belangt werden, wenn sie pflichtwidrig einen Antrag des Betroffenen auf Bewilligung der die konkrete Datenweitergabe verhindernden Sicherung abgelehnt hatte.

Allerdings ist es schwierig, die Konsequenzen im einzelnen zu umreißen. Schon die Kausalitätsfrage kann erhebliche Probleme aufwerfen: Da die Beweislastumkehr-Vorschrift des § 8 BDSG nur für nicht-öffentliche speichernde Stellen gilt, könnte der Wirtschaftsteilnehmer jedenfalls nicht gegenüber der Zollbehörde mit Erfolg verlangen, diese habe Beweis darüber anzutreten, daß die Datenverletzung auf einen von ihr zu vertretende „Entscheidung" zurückzuführen ist[28]. Erst mit der Überspielung der Daten auf den Computer der Zollbehörde kehren sich die Verantwortungsbereiche um.

V. Zusammenfassung und Thesen

Habe ich am Anfang vom gläsernen Menschen gesprochen, der tunlichst im deutschen Hygienemuseum zu Dresden verbleiben sollte, so möchte ich am Schluß auf die Gefahr der Orwellschen Realisierung im Bereich der Elektronik hinweisen. Alles Recht lebt vom guten Willen der Beteiligten, es korrekt anzuwenden. Für die Zollbehörde mag dieser Appell zunächst einmal an den Wirtschaftsteilnehmer und dann erst an sie selbst gehen. Der Wirtschaftsteilnehmer wiederum sieht es genau umgekehrt. Aber das hier erörterte Thema ist doch eines, bei dem die Korrektheit der Zollverwaltung im Zentrum des Interesses steht. Vielleicht von der organisierten Kriminalität, die es gewiß auch in unserer Materie gibt, abgesehen, sammelt die Zollbehörde Daten über den Wirtschaftsteilnehmer, und nicht umgekehrt. Das gibt den Grund, deren Verhalten kritisch zu beobachten.

Die Fragen, die erörtert werden mußten oder hätten erörtert werden können, harren nach wie vor einer Beantwortung. Aber schon jetzt sollte mindestens das Problembewußtsein geweckt werden. Meine Thesen, die gewiß nicht vollständig sein wollen, lauten:

---

27 Rogman, a.a.O. S. 199.
28 § 8 BDSG gilt aber, wenn der Wirtschaftsteilnehmer seinerseits private Dritte, z. B. Speditionen, mit der Abgabe von IT-Anmeldungen beauftragt.

1. Das Recht der Zollbehörden auf Vorlage von Unterlagen und Informationen durch den Wirtschaftsbeteiligten ist ohne Vertrauen in die Vertraulichkeit dieser Informationen nicht denkbar. Der Zollkodex würdigt dieses Junktim durch die enge räumliche Nähe der Vorschriften über die Mitwirkungspflichten des Wirtschaftsteilnehmers einerseits – Artikel 14 – und die Geheimhaltungspflicht der Zollbehörde, Artikel 15, andererseits.

2. Vertrauensschutz und Geheimhaltungspflicht sind Erscheinungsformen des Rechts zugunsten des Wirtschaftsteilnehmers, wenngleich Vertrauen für alle Beteiligten Umgangsnorm sein sollte. Die Belange der Zollverwaltung werden jedoch durch das ihr gegebene Instrumentarium hoheitlicher Maßnahmen („Entscheidungen") hinreichend geschützt.

3. Das Zollgeheimnis (Steuergeheimnis) als Sicherungsmittel der Geheimhaltung ist generell latent gefährdet. Dies gilt namentlich im Bereich der internationalen Amtshilfe, wie sie jetzt durch die neue EG-Amtshilfeverordnung[29] geregelt ist. Das Recht der Behörde, „ihrer Ansicht nach" (Artikel 14 Buchstabe der Verordnung) einer Zoll- oder Agrarregelung zuwiderlaufende Vorgänge spontan der Behörde eines anderen EG-Mitgliedstaates mitzuteilen, wenn sie es „als dienlich erachtet" (Artikel 14 a.a.O.), erlaubt keine Sorglosigkeit in der Interpretation dessen, was „dienlich" ist.

4. Auch die befugte Offenbarung eines Steuergeheimnisses schließt einen Vertrauensschutz des Betroffenen nicht aus. Ob der alte Satz des „dulde und liquidiere" hier nach geltendem Recht (etwa als enteignungsgleicher Eingriff) zu einem subjektiven Recht auf Schadensbeseitigung führen kann, ist allerdings sehr zweifelhaft.

5. Wird ein Steuergeheimnis unbefugt offenbart, sind die Konsequenzen außerhalb des Zollrechts zu suchen. In Betracht kommen vor allem Schadensersatzansprüche sowie strafrechtliche und beamtenrechtliche Konsequenzen.

6. Elektronische Datenverarbeitungssysteme sind in besonderem Maße nach verschärften Anforderungen an Geheimhaltungspflicht und Vertrauensschutz zu etablieren. Vor allem das aufgrund der EG-Amtshilfeverordnung zu schaffende Zollinformationssystem „ZIS" wird sich noch nach strengen Kriterien zu bewähren haben.

7. Auch IT-Verfahren müssen geschützt werden. Über die lapidare Bestimmung des Artikels 4 a Abs. 2 der Zollkodex-Durchführungsverordnung hinaus[30] wären spezielle Regelungen mit Gesetzesqualität sehr zu begrüßen. Sie stehen immer noch aus.

8. Bei IT-Verfahren ist zu differenzieren:

   Erfolgt die Dateneingabe durch eine Zollstelle („Benutzereingabe"), so muß die Zollbehörde in vollem Umfang für den Schutz der von ihr eingegebenen Daten sorgen. Ein wie auch immer gearteter Ermessensspielraum besteht nicht. Da die Dateneingabe aufgrund von schriftlichen Zollanmeldungen des Wirtschaftsteilnehmers erfolgt, ist vom Zeitpunkt ab der Entgegennahme der Zollanmeldung durch die Zollbehörde diese aufgerufen, die ihr anvertrauten Betriebsgeheimnisse etc. in besonderem Maße zu schützen. Die Zollverwaltung darf diese Aufgabe weder durch Senkung des Schutzniveaus verkleinern noch das Risiko auf andere überwälzen. Allerdings muß nicht jede Verletzung der Datensicherung zwingend auch eine Verletzung des Steuergeheimnisses darstellen. Im übrigen richten sich die Konsequenzen aus einem unerlaubten Datenzugriff nach der Art der „Datenverletzung" (etwa Versehentliche Weitergabe? Bewußte Weitergabe durch Zollbedienstete? Zugriff auf Daten durch „Hacker"?).

---

29 Verordnung (EG) Nr. 515/97 des Rates vom 13.03.1997, ABl. EG Nr. L 82/1 vom 22.03.1997.
30 Verpflichtung u. a. zum Schutz vor unerlaubtem Datenzugriff.

9. Werden Daten durch Wirtschaftsbeteiligte eingegeben („Teilnehmereingabe"), liegt das Risiko dieser Dateneingabe dagegen bis zur Überspielung prinzipiell beim Wirtschaftsbeteiligten. Insofern kann ein Steuergeheimnis nicht verletzt und der Vertrauensschutz nicht gestört werden.

Da die Modalitäten der Teilnehmereingabe zollamtlich bewilligt werden müssen, kann es sein, daß die Bewilligung zu niedrige Anforderungen an den Datenschutz stellt. Auch in diesen Fällen wird jedoch in der Regel weder eine Verletzung des Vertrauensschutzes noch eine Durchbrechung des Steuergeheimnisses anzunehmen sein, wenn der unzureichende Datenschutz gebrochen wird. Das Vertrauen ist nicht beeinträchtigt, weil dem Wirtschaftsteilnehmer regelmäßig die Befugnis einzuräumen ist, von der bewilligenden Zollbehörde ein höheres Datenschutzniveau zu verlangen. Das Steuergeheimnis wird nicht tangiert, weil nicht Bedienstete der Zollbehörde geheime Daten unbefugt offenbart hätten. Ein Vertrauensschutz des Teilnehmers wäre hier nur dann anzunehmen, wenn die Bewilligung ermessensfehlerhaft zu niedrige Anforderungen an die Dateneingabe stellt und der betreffende Wirtschaftsteilnehmer die daraus resultierenden Gefahren nicht erkennt oder erkennen könnte.

Vertrauensschutz und Geheimhaltungspflicht bei der Übermittlung steuerlicher Daten

Stefan von Ungern-Sternberg, Bereichsleiter DATEV, Nürnberg

Perspektiven der elektronischen Kommunikation

Es wird begründet, warum E-Mail mittelfristig die konventionelle Post und sogar Fax in weiten Bereichen ablösen wird.

EFA***

9. Jahrestagung 19./20. Juni 1997
Nürnberg

Vertrauensschutz und
Geheimhaltungspflicht bei der
Übermittlung Steuerlicher Daten

Folie 1

Perspektiven der elektronischen
Kommunikation im
Steuerberatenden Beruf

These:
E-Mail löst Briefpost und Fax
mittelfristig ab

Folie 2

Begründung:

- E-Mail ist „Abfallprodukt" für Internet-und Textverarbeitungs-programm-Anwender
- E-Mail kann bearbeitet, durch-sucht und gesucht werden
- E-Mail hilft beim Versenden von digitalen Anlagen
- E-Mail braucht weniger Speicher und geht schneller/kostengünstiger zu übertragen

Folie 3

Konsequenz:

- E-Mail spielt im Berufsstand dann eine wichtige Rolle, wenn es gelingt, die Übertragung von steuerlichen Daten über öffent-liche Netze sicher zu gestalten

Folie 4

Abstufung der Vertraulichkeitsanforderungen

Technische und organisatorische Grundlagen Kryptografie

Es wird das Prinzip der wichtigsten Kryptografie-Mechanismen erläutert (öffentlicher/ privater Schlüssel).

Außerdem wird auf das organisatorische Problem des ordnungsgemäßen Verteilens des öffentlichen Schlüssels eingegangen (geschlossene und offene Benutzergruppe).

Es wird auf die unterschiedliche Anwendung des Kryptoverfahrens bei Verschlüsselung der Dateninhalte sowie bei digitaler Signatur eingegangen.

Kryptografie Grundlagen

- Symmetrische Verfahren,
  d. h. Absender und Empfänger
  verwenden den gleichen Schlüssel

- Asymmetrische Verfahren, d. h.
  Absender und Empfänger verwen-
  den unterschiedliche Schlüssel
  (Privater/Öffentlicher Schlüssel)

Folie 5

Symmetrisches Verfahren

Bei großer
Schlüssellänge (z. B. 1024 Bits)
sehr sicher. Das Problem ist die
sichere Übertragung des Schlüssels

Folie 6

Asymmetrisches Verfahren

Bei großer Schlüssellänge ebenfalls
sehr sicher. Der Öffentliche Schlüssel
kann problemlos über
öffentliche Mailbox übertragen
werden.

Folie 7

Schlüsselübergabe

Beide Verfahren haben das
Problem der
vertrauenswürdigen
Schlüsselübergabe.

(Zuordnung des Schlüssels)

Bei persönlichen Kontakten kann der
digitale Schlüssel sicher übergeben
werden

Folie 8

Digitale Signatur

- Das Asymmetrische Verfahren
  wird zur elektronischen Unter-
  schrift verwendet

- Der Absender „unterschreibt" mit
  seinem „privaten Schlüssel" das
  Dokument

- Der Empfänger „prüft" mit dem
  „öffentlichen Schlüssel" die
  Echtheit

Folie 9

Verschlüsseln von Dokumenten

- Der Absender verschlüsselt mit
  dem „öffentlichen Schlüssel" des
  Empfängers das Dokument

- Der Empfänger entschlüsselt mit
  seinem „privaten Schlüssel"

Folie 10

Steuerberater-Praxis

Es werden typische Kommunikationsvorgänge aus der Praxis aufgezeigt, die bei Einsatz elektronischer Post über öffentliche Netze durch Verschlüsselung und digitale Signatur abgesichert werden können, sollen oder müssen.

Einordnung der Kommunikationsanlässe

V. \ S.	Verschlüsselung „kann"	Verschlüsselung „soll"	Verschlüsselung „muß"
digitale Signatur „kann"	1 1		2
digitale Signatur „soll"		17	4 18 7 9 12 13
digitale Signatur „muß"		11 16 14 15	3 5 6 8 10

Folie 11

Rechtliche Aspekte

Es wird der aktuelle Stand des Gesetzgebungsverfahrens bezüglich Telekommunikationsgesetz, Signaturgesetz und Krypto-Regulierung dargelegt.

Historie Signaturgesetz

- Entwurf des BMI in Zusammenarbeit mit Wirtschaft und Wissenschaft (TeleTrusT!)
- Artikel 3 des sog. „Multimediagesetzes" (IuKDG des BMBF)
- grundsätzliche Zustimmung aus der Wirtschaft (Kritik nur an Details)
- Verabschiedet vom Kabinett (Ende 1996)
- Ablehnung im Bundesrat (Feb. 1997)

Folie 12

Status Signaturgesetz

- Vorschlag des Bundesrates: Signaturgesetz aus IuKDC herausnehmen
- aber: Signaturgesetz ist nicht zustimmungspflichtig
- (ehrgeiziger) Plan des BMBF: Signaturgesetz soll am 1. 8. 1997 in Kraft treten
- europäischer Entwurf vorauss. Ende 1997

Folie 13

Kryptokontroverse

- Sicherheitsdienste wollen E-Mail abhören können (zur Verbrechensbekämpfung)
- Gegner fürchten den Überwachungsstaat („Hitliste" von Stb. nach Häufigkeit von „Luxemburg" in der Mail)
- führende Juristen halten Krypto-Regulierung für verfassungswidrig

(Folien von Prof. Roßnagel)

Folie 14

Vertraulichkeitsschutz vs Innere Sicherheit

Regulierungsmöglichkeit 1:
Verbot von Verschüsselung

- Behinderung internationaler Kommunikation
- Kontraproduktive Sicherheitseffekte
- Zweckverfehlung (Al-Capone-Effekt)
- Unvollziehbarkeit (Steganografie)

(Alexander Roßnagel)

Folie 15

Vertraulichkeitsschutz vs Innere Sicherheit

Regulierungsmöglichkeit II:
Zulassung geschwächter Verfahren

- Geringere Sicherheit für alle
- Zweckverfehlung (Al-Capone-Effekt)
- Unvollziehbarkeit (Steganografie)

(Alexander Roßnagel)

Folie 16

Vertraulichkeitsschutz vs Innere Sicherheit

Regulierungsmöglichkeit III:
Zugriff auf geheime Schlüssel

- Treuhänder als Angriffsziel
- Überproportionaler Eingriff in Freiheitsrechte
- Direkter Zugriff von Drittstaaten verstößt gegen Art. 24 GG
- Zweckverfehlung (Al-Capone-Effekt)
- Unvollziehbarkeit (Steganografie)

Folie 17

Vertraulichkeitsschutz vs Innere Sicherheit

Regulierungsmöglichkeit IV:
Keine restriktive Regulierung

- Anerkennung der sozio-technischen Entwicklung
- Vermeidung von Überforderung und Legitimationsverlusten
- Förderung der Rechts- und Bürgersicherheit
- Überwachung an den Endpunkten der Kommunikation im Einzelfall

(Alexander Roßnagel)

Folie 18

Restriktive Regulierung von Verschlüsselung ist verfassungswidrig

Eingriff in Verschlüsselungsfreiheit

- dient zwar einem anerkannten Allgemeininteresse (Verbrechensbekämpfung)
- ist aber ungeeignet, den Zweck zu erreichen
  - Verschlüsselungsverfahren weltweit verfügbar
  - Verschlüsselung nicht erkennbar (Steganografie)
- und dem Betroffenen nicht zuzumuten
  - Sicherheitseinbußen
  - hoher und teurer Verwaltungsaufwand

(Alexander Roßnagel)

Folie 19

Kryptokontroverse – national

- BMI geteilt, BMBF und BMJ dagegen
- Wirtschaftsverbände massiv dagegen
- „Staatssekretärsrunde": staatliche Infrastruktur wird erstellt, Nutzung jedoch freiwillig
- dennoch: Rede von Bundesinnenminister Kanther

Folie 20

Kryptokontroverse – international

- USA: intern keine Regulierung, aber Exportbeschränkung (Lockerung: key recovery! – Escape von MS: KryptoAPI)
- UK: unklar wegen Regierungswechsel, aber Analogon zur „Staatssekretärsrunde" in D.
- FRA: Verschlüsselung nur mit Sondergenehmigung (d. h. praktisch staatliche Überwachung)

Folie 21

Telekommunikationsgesetz (Teil II)

- Ausweitung der Überwachungsvorschriften (§ 88 (4) TKG) auf alle Diensteanbieter, die Telekommunikationsdienste „geschäftsmäßig" anbieten
- Ausweitung auf „geschlossene Benutzergruppen"
- Kryptierdienst zählt nicht zum Telekom Dienst, damit im Abhörfall keine Mitwirkungspflicht (J. Bizer DuD 21 1997)

Folie 22

Empfehlung für die Steuerberater-Praxis

Es wird das aktuelle Produkt der DATEV für sicheres und vertrauenswürdiges Übermitteln von steuerlichen Daten demonstriert.

Diskussion zu den Referaten von Rechtsanwältin Düsing, Dr. Müller-Eiselt, Dr. Friedrich und Bereichsleiter von Ungern-Sternberg

Moderation: Prof. Dr. Dirk Ehlers,
Institut für Wirtschaftsverwaltungsrecht
der Westfälischen Wilhelms-Universität Münster

Zunächst wurde in der Diskussion mehr allgemein auf die Unterschiede des Rechtsschutzes nach europäischem Gemeinschaftsrecht und nach deutschem Recht eingegangen. Dr. Müller-Eiselt kritisierte sowohl die Rechtsprechung des Europäischen Gerichtshofs als auch des Bundesverfassungsgerichts. So sei nicht einzusehen, warum sich vor dem Europäischen Gerichtshof weder ein Mitgliedstaat noch ein Bürger auf die Einhaltung der GATT-Vorschriften berufen könne. Umgekehrt erzeuge etwa die Rechtsprechung des Bundesverfassungsgerichts zum gesetzlichen Richter sowohl bei den europäischen Rechtsprechungsinstanzen als auch in den anderen Mitgliedstaaten der Europäischen Gemeinschaft Unverständnis. Rechtsanwältin Düsing machte darauf aufmerksam, daß zwar der Kampf gegen die Bananenmarktordnung ein deutsches Phänomen gewesen sei, im übrigen der Vertrauensschutz nicht nur in Deutschland, sondern auch in den anderen Mitgliedstaaten der Europäischen Gemeinschaft sehr hochgehalten werde. So hätten insbesondere die Gerichte aus England, Irland und den Niederlanden den Europäischen Gerichtshof gegen die Quotenregelungen der Milchmarktordnung angerufen. Hier sei es zu einer konzertierten Aktion gegen die europäischen Regelungen über die Grenzen hinweg gekommen. Von seiten des Diskussionsleiters wurde auf die Notwendigkeit, aber auch die Schwierigkeiten einer horizontalen Rechtsvergleichung in Europa hingewiesen.

Speziellere Anfragen bezogen sich auf die Entstehung der Einfuhrzollschuld, die Nacherhebung sowie die Erstattung und den Erlaß von Abgaben. Dr. Müller-Eiselt betonte, daß Rechtsfragen, welche die Auslegung der „Es sei denn"-Klausel des Art. 204 Abs. 1 ZK betreffen, dem EuGH vorgelegt werden würden, die Anwendung der feststehenden Rechtsgrundsätze auf den Einzelfall dagegen eine Angelegenheit der nationalen (Finanz-)Gerichte sei. In der Faroe Seafood-Entscheidung habe der Europäische Gerichtshof einen Ansatz gefunden, die „Irrtumsklippe" des Art. 220 Abs. 2 b Zollkodex zu überspringen. Doch sei dies darauf zurückzuführen, daß sich im entschiedenen Einzelfall ein passiver Irrtum in einen aktiven Irrtum verwandelt habe. Nur bei Vorliegen dieser Voraussetzung könne in eine Abwägung der Sorgfaltspflichten des Zollschuldners eingetreten werden. Von seiten der Gerichtsbarkeit (Richter am FG Alexander) wurde darauf hingewiesen, daß in den Nacherhebungsfällen im Regelfall der Darlegungslast nicht genügt werde, weil die Berater es versäumten, die Nichterkennbarkeit des Irrtums plausibel zu machen. Professor Witte plädierte dafür, klar zwischen dem Entstehen der Zollschuld und Erlaß bzw. Erstattung zu unterscheiden. Es gehe nicht an, aus allgemeinen Gerechtigkeitserwägungen bereits das Entstehen einer Zollschuld zu verneinen. Dem Wirtschaftszollgedanken könne erst in dem Bereich von Erstattung und Erlaß Rechnung getragen werden. Dr. Müller-Eiselt machte nochmals klar, daß er insoweit eine andere Auffassung vertritt, weil man die Entziehungsfälle nicht von vornherein zu weit fassen dürfe. Letztlich werde der EuGH die Rechtsfrage zu entscheiden haben. Bei Zugrundelegung der von Dr. Müller-Eiselt kritisierten Ansicht sei es widersprüchlich, Art. 859 ZKDVO in die passive Veredlung hinein zu projizieren. Positiv gewürdigt wurde von mehreren Diskussionsteilnehmern sowie von Dr. Müller-Eiselt der neue Art. 212 a ZK. Gerügt wurde allerdings, daß die Erwägungsgründe nicht mit dem Text übereinstimmten. Nach Auffassung von Dr. Müller-Eiselt gehe im Falle einer Kollision von Text und Erwägungsgründen der Text vor. Einig war man sich darüber, daß Art. 212 a ZK auf halbem Wege stehengeblieben ist. Ein Diskussionsteilnehmer meinte, daß Art. 212 a strafrechtliche Begriffe verwende, der Europäischen Gemeinschaft aber die Kompetenz für den Erlaß strafrechtlicher Vorschriften fehle.

Verschiedene Diskussionsteilnehmer kritisierten, daß die Amts- und Rechtshilfevorschriften dem Datenschutz nicht hinreichend Rechnung trügen. Da immer mehr Zollrechtsamtshilfeabkommen mit Drittstaaten außerhalb der Europäischen Gemeinschaft abgeschlossen würden, bestehe die Gefahr, daß geheimhaltungsbedürftige Daten weltweit gestreut würden. Auch die Rechtsprechung des Bundesfinanzhofs habe es versäumt, das informationelle Selbstbestimmungsrecht im Bereich des Steuer- und Zollrechts hinreichend zu schützen. Ministerialrat Lichtenberg (Bundesministerium der Finanzen) wies demgegenüber auf § 28 des Zollverwaltungsgesetzes, § 5 a des Finanzverwaltungsgesetzes sowie auf verschiedene bereichsspezifische Datenschutzregelungen hin, die in Vorbereitung seien. Man müsse aber auch bedenken, daß der Datenschutz nicht dazu da sei, die Amtshilfe zu verhindern. Art 209 a EGV, der den Schutz der finanziellen Interessen der Europäischen Gemeinschaft vor Betrügereien betreffe, müsse umfassend verstanden werden. Verschiedene Diskussionsteilnehmer wiesen darauf hin, daß Zuwiderhandlungen im Bereich des Zollrechts und Beihilferechts nicht mit Betrügereien gleichgesetzt werden dürften. Im übrigen könne nicht schlichtweg von einer Zuwiderhandlung gesprochen werden, wenn beispielsweise ein Importeur fundiert eine andere Auffassung als die Zollverwaltung vertrete. Es dürfe nicht allein auf die Ansicht der Zollverwaltung ankommen, zumal bedacht werden müsse, daß bei Annahme einer Zuwiderhandlung durch die Weitergabe der Daten irreparable Schäden eintreten könnten.

Außenwirtschaftsrecht –
Kriegswaffenkontrollrecht
Textsammlung mit Einführung
Rechtsstand: April 1997

6., überarbeitete Auflage

ISBN 3-88784-771-7
1997, 244 Seiten, 16,5 x 24,4 cm, kartoniert,
DM 46,– / ÖS 336,– / SFr. 42,–

Hemmnisse und Sanktionen in der EU
Tagungsband der 8. Jahrestagung des EFA
am 27./28. Juni 1996 in Wien

Hrsg.: Europäisches Forum für Außenwirtschaft,
Verbrauchsteuern und Zoll e.V. (EFA)
ISBN 3-88784-734-2
1996, 168 Seiten, A5, kartoniert,
DM 78,– / ÖS 569,– / SFr. 69,–

Das Internet als Informationsquelle
für den Im- und Export
ISBN 3-88784-800-4
Oktober 1997, 112 Seiten, A5, kartoniert, DM 48,–/ÖS 350,–/SFr. 44,–

Zollpräferenzen
ISBN 3-88784-738-5
ca. Januar 1998, ca. 140 Seiten, A5, kartoniert, ca. DM 68,–/ÖS 496,–/SFr. 60,–

Marktordnungsrecht
Marktordnungswaren im grenzüberschreitenden Warenverkehr
ISBN 3-88784-736-9
1997, 160 Seiten, 16,5 x 24,4 cm, kartoniert, DM 58,–

Der Ausfuhrverantwortliche
Aufgaben und Risiken
ISBN 3-88784-812-8
Oktober 1997, 128 Seiten, 16,5 x 24,4 cm, kartoniert, DM 78,–/ÖS 569,–/SFr. 69,–

Bundesanzeiger Verlag
Postfach 10 05 34 · 50445 Köln

http://www.bundesanzeiger.de

Sichere Führung durch das Außenwirtschafts- und Zollrecht

Einsteigen, mitfahren,
Know-how erwerben
und aktiv nutzen

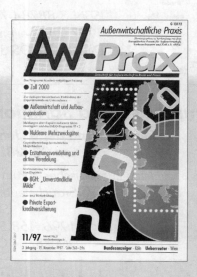

AW-Prax ist die anerkannte praxisbezogene Fachzeitschrift im deutschsprachigen Raum, die über die wesentlichen Bereiche des Zoll- und Außenwirtschaftsrechts in Deutschland, Österreich und der Schweiz aktuell und zuverlässig informiert.

Die Leserschaft

AW-Prax richtet sich an Praktiker und Entscheidungsträger in ex- und importierenden Unternehmen, Speditionen, Industrie- und Handelskammern, rechts-, wirtschafts- und steuerberatenden Berufen, Wirtschaftsverbänden, Banken und Versicherungen.

Erscheinungsweise:	monatlich
Jahresabonnement:	DM 440,–
	ÖS 3.121,–
	sfr 391,–
	(zzgl. Versandkosten)

Fordern Sie ein kostenloses Probeexemplar an!

Per Fax an **02 21/20 29-278;**
ab 01.04.1998: Fax 02 21/97 66 80-278

Oder einsenden an:

Bundesanzeiger Verlag
Postfach 10 05 34 • 50445 Köln

Aufbereitet für den Berufsalltag

Das AW-Prax Themenspektrum:

- ✗ Zollkodex
- ✗ Sonstiges Zollrecht
- ✗ Gemeinsamer Zolltarif
- ✗ GATT
- ✗ Andere Handelsabkommen
- ✗ Außenhandelsfinanzierung
- ✗ Exportkontrollrecht
- ✗ Außenwirtschaftsrecht anderer Länder
- ✗ Internationaler Kapital- und Zahlungsverkehr
- ✗ Exportkreditversicherung
- ✗ Kreditbürgschaften
- ✗ Verbrauchsteuern
- ✗ INTRA-Handelsstatistik
- ✗ Transportrecht
- ✗ Transportversicherung
- ✗ Vertragsrecht

Bundesanzeiger
Verlag